Inhalt

BEACH
& BAY

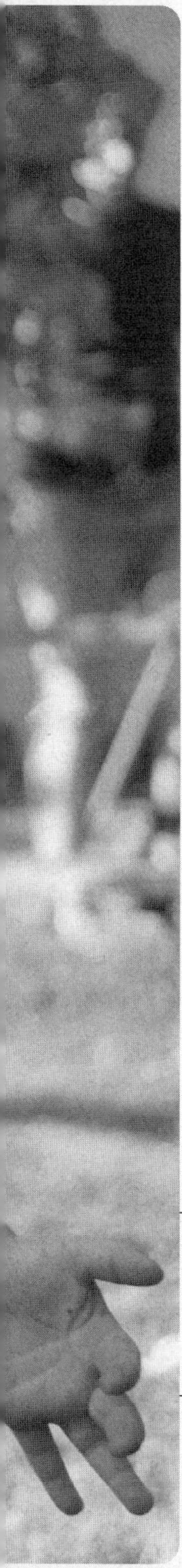

Einführung

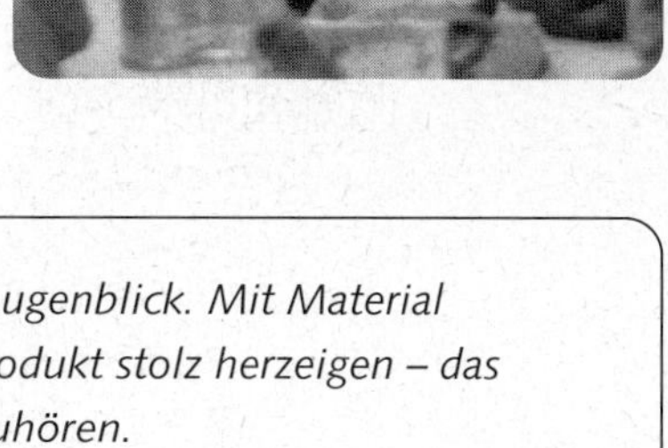

Zweijährige leben aktiv und nur für den Augenblick. Mit Material interessante Objekte gestalten und das Produkt stolz herzeigen – das gefällt ihnen besser als ruhig sitzen und zuhören.

Eltern, Kind und Umwelt

Das dritte Lebensjahr ist für die geistige, seelische und körperliche Entwicklung Ihres Kindes wohl ebenso bedeutsam wie das vorhergehende.

Die Baby- und Kleinkindphase ist am Ende des dritten Lebensjahres abgeschlossen. Dann beginnt das Vorschulalter. Sie werden es bemerken: Ihr Kind wird zunehmend selbständiger. Es leistet oft heftigen Widerstand gegen die Anordnungen der Erwachsenen. Die Eltern müssen sich daran gewöhnen, dass es nicht nur einen eigenen Willen hat, sondern diesen auch durchsetzt.

Ein Grund für diese deutlichen Veränderungen ist seine geistige Leistungsfähigkeit. Das Kind kann immer präziser zwischen «Ich» und «Nicht-Ich» unterscheiden. Die Sprachentwicklung macht große Fortschritte, es versteht immer mehr von dem, was es hört. Auch seine Muskeln, seinen gesamten Körper weiß es jetzt gezielt einzusetzen. Eine wesentliche Erleichterung für Sie ist, dass es im Laufe des dritten Lebensjahres sauber wird.

Stellt man die äußerlich messbaren Fortschritte in den ersten Lebensjahren graphisch dar, so erhält man eine Kurve, die anfangs steil ansteigt und dann von Jahr zu Jahr flacher wird. In seinen ersten Lebensjahren lernt das Kind leicht, es nimmt alle Anregungen begierig auf. Wenn Sie in späteren Jahren Entwicklungsrückstände ausgleichen bzw. aufholen wollen, müssen Sie als Eltern bzw. die Erzieherinnen und Lehrerinnen größere Anstrengungen unternehmen. Auch für Ihr Kind kann das belastend werden.

Deshalb sollte Ihnen immer bewusst sein, dass Ihr Kind ein günstiges, kindgemäßes «Klima» braucht, Eltern, die sich ihm liebevoll und

Bübchen

positiv zuwenden, und eine Umwelt, von der das Kind Anregung und Motivation erhält.

Bedenken Sie einmal, was Ihr Kind in diesen ersten Jahren gelernt hat: zu sehen, zu hören, zu riechen, zu tasten und zu schmecken. Es kann denken und sprechen und hat über all das hinaus schon sehr viel Wissen gespeichert.

Auch mit seinem Körper kann es schon gut umgehen, seine Hände, Arme und Beine gezielt einsetzen. Es kann Freude, Trauer und Wut empfinden und auch ausdrücken. Es ist neugierig auf seine Umwelt und bereit, Kontakt mit anderen Menschen aufzunehmen und zu vertiefen. Alle diese Fähigkeiten entwickeln und vervollkommnen sich von Tag zu Tag mehr.

Ihnen fällt die Aufgabe zu, immer wieder Situationen zu schaffen, die Ihr Kind in einer ihm gemäßen Weise anregen und fördern, sodass alles, was es lernt, zu einem fest verankerten Besitz wird.

Die Anregungen in diesem Band helfen Ihnen dabei. Sie finden Spiele und Übungen für alle Entwicklungs- und Lernbereiche, die Ihrem Kind Spaß machen werden und die auf das Alter eines etwas überdurchschnittlich entwickelten Kindes abgestimmt sind (damit wird berücksichtigt, dass Sie vermutlich auch bereits im vergangenen Jahr in dieser Art mit Ihrem Kind gespielt und gearbeitet haben).

Wenn Sie den Entwicklungsstand Ihres Kindes mit dem eines älteren Geschwisters oder anderen Kindes im selben Alter vergleichen, werden Sie sicher Unterschiede feststellen. Dafür kann es verschiedene Gründe geben. Jedes Kind entwickelt sich in seinen verschiedenen Bereichen spezifisch schnell. Manches Kind überspringt einen an sich logischen Entwicklungsschritt und holt ihn später nach. Anlass zu Sorge besteht erst, wenn die Entwicklung in mehreren Bereichen bis zu drei oder vier Monaten verzögert verläuft – sprechen Sie dann sowohl mit einem Arzt als auch mit einem Kinderpsychologen. Bei einem Vorsprung in mehreren Bereichen sollten Sie auf die weitere Förderung und Anregung dieser Punkte achten, aber auch darauf, dass es in anderen Bereichen nicht unverhältnismäßig weit zurückbleibt.

Die Förderung des Kindes in allen Lernbereichen ist die Aufgabe beider Eltern. Jeder von Ihnen hat auf bestimmten Gebieten besondere pädagogische Fähigkeiten und kann an das Kind unterschiedliche Erfahrungen und Kenntnisse weitergeben.

Es ist aber nicht nur Ihre Aufgabe, Ihr Kind gezielt zu fördern. Sie können darüber hinaus seine Umgebung mit- und umgestalten. Beginnen Sie im Kinderzimmer. Trennen Sie sich von Möbeln, die nur für Erwachsene praktisch sind, aber nicht für Ihr Kind. Wählen Sie die Einrichtung so, dass sie Ihrem Kind gefällt, dass es sie vielleicht auch farblich mitbestimmt. Natürlich müssen Sie bei der Gestaltung des Zimmers vor allem auf die Sicherheit des Kindes achten.

Untersuchungen haben ergeben, dass gerade die differenzierte und anregende Umwelt des Kindes seine Entwicklung außerordentlich günstig beeinflusst. Es kann darin bewusst und unbewusst die Reize und Lernimpulse aufnehmen, die es für seinen nächsten Lernschritt braucht. Stimmen Sie darüber hinaus auch die anderen Räume Ihrer Wohnung auf die Bedürfnisse des Kindes ab. Sie muss sicher sein, sie sollte genügend Spielraum bieten, veränderbar sein, zu Aktivitäten anregen und möglichst wenig «verbotene» Bereiche enthalten. Ihr Kind hat dann viele Möglichkeiten für eigenes Tun und Mittun.

Auch an die nähere Umgebung des von Ihnen bewohnten Hauses sollten Sie denken. Ist sie langweilig oder gefährlich, suchen Sie so oft wie möglich ein geeigneteres Umfeld auf. Wenn Sie in einer Stadtwohnung leben, sollten Sie unbedingt jede Woche einmal hinausfahren, z. B. einen Spielplatz aufsuchen, der zu neuen Aktivitäten herausfordert.

Es ist wichtig, dass Sie Ihr Kind nicht nur mit anderen Kindern, sondern auch oft mit anderen Erwachsenen zusammenkommen lassen. Fremde können oft in kurzer Zeit ganz neue Lernimpulse geben oder sein Interesse für etwas wecken. Dabei lernt es zugleich, sich auf andere einzustellen – auf Erwachsene ebenso wie auf Kinder.

Praktische Hinweise

Thematischer Überblick

Im Mittelpunkt eines jeden Bandes der Elternbuch-Reihe stehen die Entwicklungsanregungen (Bände 1 bis 3) bzw. das Lernspielprogramm für das Vorschulalter (Bände 4 bis 6). Im Übrigen werden in den einzelnen Bänden bestimmte Themenbereiche schwerpunktartig betont. In den Bänden 2 bis 4 finden Sie die folgenden Schwerpunkte:

Elternbuch 2:
Sauberkeitserziehung; Spielen und Spielzeug; Kinderkrankheiten; Entwicklungsanregungen.

Elternbuch 3:
Ernährung; Kinderzimmer; Sexualität; Erziehungsziele und -stile; Entwicklungsanregungen.

Elternbuch 4:
Kindergarten; Umwelt; Verhaltensauffälligkeiten und -störungen; Lernspielprogramm.

Was Sie noch wissen sollten

Machen Sie es sich zur Regel, das Elternbuch 3 mehrmals in der Woche zur Hand zu nehmen. Lesen Sie die Kapitel, die Sie gerade besonders interessieren. Und denken Sie daran, die Entwicklungsanregungen regelmäßig durchzuführen.

Noch ein Hinweis: Dieses Buch wendet sich an Mütter und Väter in gleicher Weise. Jeder von Ihnen sollte sich mit Erziehungsfragen auseinander setzen und sich bei der Förderung der Entwicklung intensiv beteiligen. In der Regel spreche ich Sie ganz persönlich an. Mit diesem «Sie» sind meistens beide Elternteile, Vater und Mutter, gemeint.

Für die sprachlich-logisch nicht konsequente, aber vielleicht ausgewogene Entscheidung, nicht immer nur die weibliche Form bei Berufsgruppen zu verwenden, sondern auch die kürzere männliche, bitte ich um Verständnis. Der Einfachheit halber schreibe ich in der Regel von Erzieherinnen und Lehrerinnen einerseits und von Ärzten und Kindertherapeuten andererseits.

Die erste Fassung der Elternbuch-Reihe wurde bereits in den siebziger Jahren entwickelt, eine grundlegende Neubearbeitung erfolgte in den Jahren 1990–1992. Von vielen Lesern habe ich Anregungen aufgreifen können, und ich danke allen sehr herzlich dafür!

Besonders ist auch den Kindern und Eltern zu danken, die sich für Fotoaufnahmen zur Verfügung gestellt haben! Die Überarbeitungen, die natürlich auch dem Verlag immer wieder Arbeit gemacht haben, besonders auch Frau Wirt, die die redaktionelle Bearbeitung umsichtig und genau übernommen hat – besten Dank dafür –, wurden notwendig wegen des stetigen Wandels unserer Gesellschaft, teilweise auch wegen neuer wissenschaftlicher Erkenntnisse.

Die größere Differenzierung der Gesellschaft, die Berücksichtigung der verschiedenen Familienformen im Einzelnen und der Regionen innerhalb des deutschen Sprachraums können im Elternbuch 3 aufgrund des beschränkten Raums nur angeschnitten werden – aber die Übertragung der Zielsetzungen und der wichtigen Inhalte auf Ihre Lebenssituation wird Ihnen sicher keine größeren Schwierigkeiten bereiten.

Eine besondere Bitte noch: Denken Sie daran, dass Ihr Kind später gern einmal in die Vergangenheit zurückblickt. Führen Sie deshalb ein Tagebuch mit Fotos für Ihr Kind. Versuchen Sie, wenigstens jedes Vierteljahr einmal die Entwicklungsschritte Ihres Kindes festzuhalten: seine neuen Fähigkeiten und Fertigkeiten, Körper, Größe und Gewicht ebenso wie besondere Erlebnisse, die besten Freunde und Freundinnen, die bevorzugten Spiele usw. Gute Bilder zur Illustration zu machen, ist nicht schwierig. Und falls Ihnen gerade keine besonderen Bildideen einfallen, können Sie immer noch nachsehen, was die Fotografen für Band 3 eingefangen haben.

Ein Kind gut erziehen heißt mitfühlen, mitdenken und beim Handeln von den Bedürfnissen und Möglichkeiten des Kindes ausgehen: Wenn das Elternbuch 3 dazu beiträgt, hat es sein Ziel erreicht.

Der Körper des Kindes

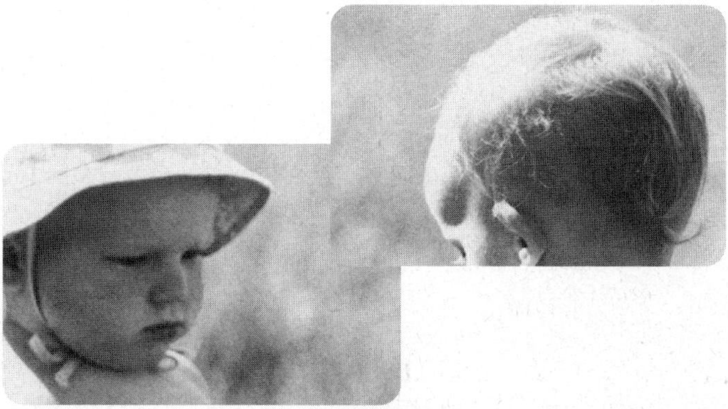

Der Körper wird beim zweijährigen Kind zum Objekt großen Interesses. Sieht das andere Kind genauso aus wie ich? Der Vergleich mit dem eigenen Spiegelbild zeigt doch Unterschiede ... Und das muss erst einmal verarbeitet werden!

So verändert sich der Körper im dritten Lebensjahr

Körperwachstum und Gewicht

Die körperliche Entwicklung verläuft nun etwas langsamer als in den beiden vergangenen Jahren. Sowohl Mädchen als auch Jungen wachsen in diesem Lebensjahr durchschnittlich 7,5 bis 8,5 cm. Mit 36 Monaten sind Jungen im Durchschnitt 97 cm, Mädchen 96 cm groß (Abweichungen von fünf bis sechs Zentimetern nach oben und unten sind normal). In den ersten Monaten dieses Lebensjahres wird das Kind jeweils ca. 6,7 mm größer, danach verringert sich das Wachstumstempo deutlich.

Das Körpergewicht steigt (wie im vergangenen Jahr) um etwas mehr als zwei Kilogramm. Mit drei Jahren wiegen Jungen durchschnittlich 14,5 kg; Mädchen sind gewöhnlich ein halbes Kilo leichter (die normale Schwankungsbreite liegt bei drei Kilogramm mehr oder weniger). Das Gewicht steigt etwa gleichmäßig während des ganzen dritten Lebensjahres. Es ist jedoch mit jahreszeitlichen Schwankungen zu rechnen. Im Herbst nimmt das Kind mehr zu, im Frühjahr und Sommer weniger.

Die angegebenen Größen- und Gewichtsmaße (siehe auch Übersichten S. 244f.) ändern sich übrigens ständig geringfügig schon innerhalb weniger Jahre: Die Kinder werden heute größer und schwerer als gleichaltrige Kinder früherer Jahrzehnte. Wissenschaftliche Untersuchungen haben außerdem gezeigt, dass auch viele andere Entwicklungsvorgänge einschließlich der psychischen Entwicklung beschleunigt verlaufen (harmonische Akzeleration).

Übrigens können Sie schon jetzt erfahren, wie groß Ihr Kind als Erwachsener einmal sein wird. Man kann das anhand von Röntgenaufnahmen der Hand (Wachstumsfugen) ziemlich genau bestimmen. Für die Vorausberechnung wird auch die Größe der Eltern mit berücksichtigt.

Körperproportionen

Der Kopf wächst im Verhältnis zum übrigen Körper nicht mehr so schnell. Beim Neugeborenen betrug sein Umfang noch ein Drittel der gesamten Körpergröße, jetzt entspricht er nur noch einem Fünftel. Der Kopfumfang nimmt um ein bis 1,5 cm zu. Danach ist das Schädelwachstum fast abgeschlossen. Mit drei Jahren hat der Kopf einen Umfang von rund 51,5 cm bei Jungen, von 49,5 cm bei Mädchen (es können allerdings auch zwei cm mehr oder weniger sein). Die Fontanellen sollten spätestens zu Beginn des dritten Lebensjahres geschlossen sein. Der Hirnschädel bleibt im Verhältnis zum Gesichtsschädel im Wachstum zurück. Dadurch verliert das Kind sein «babyhaftes» Aussehen, es wirkt «erwachsener». Die Extremitäten, vor allem die Arme, wachsen schnell. Die Schultern und das Becken werden proportional zur Körperhöhe breiter. Es gibt dabei noch keine Unterschiede zwischen Jungen und Mädchen.

Mit der Änderung der Körperproportionen verlagert sich der Schwerpunkt des Körpers immer mehr nach unten. Beim Säugling befand sich der Nabel noch unterhalb der Körpermitte. Inzwischen sind die unteren Körperpartien gewachsen, der Nabel liegt nun in der Mitte. (Beim Erwachsenen ist er weit oberhalb der Körpermitte.) Durch die Verlagerung des Körperschwerpunkts fällt es dem Kind leichter, das Gleichgewicht zu halten.

Weitere körperliche Reifungsprozesse

Von wesentlicher Bedeutung ist natürlich die Weiterentwicklung des Zentralnervensystems. Das Gehirn nimmt an Volumen zu. Gleichzeitig wird die Faltung der Gehirnoberfläche komplizierter. Zwischen den Nervenzellen entstehen zunehmend Verbindungen, die unter anderem das Ordnen und Abrufen gesammelter Informationen ermöglichen.

Deshalb kann man gerade in diesem Alter eine deutliche Zunahme geistiger Leistungen, vor allem des Gedächtnisses, beobachten. Im folgenden, dem vierten Lebensjahr ist das Gehirnwachstum weitgehend abgeschlossen.

Der kindliche Organismus wird insgesamt belastbarer. Herz und Lunge wachsen, und damit steigt die körperliche Leistungsfähigkeit. Sie hängt mehr von der Funktionstüchtigkeit des Herz-Kreislauf-Systems als von der Muskelkraft ab. Die Leistungsfähigkeit von Herz und Kreislauf ist – proportional zur Körpergröße – genauso groß wie beim Erwachsenen.

Eine ausreichende körperliche Belastung ist jetzt wichtig. Sie beugt einem Zurückbleiben der muskulären Entwicklung vor und fördert außerdem Gelenkigkeit und gute Körperbeherrschung. Das erhöht die Freude des Kindes an der Bewegung.
Sie brauchen nicht zu befürchten, dass Sie Ihr Kind überanstrengen. Kleinere Kinder schützen sich instinktiv davor und wehren sich sogar heftig, wenn von ihnen zu viel verlangt wird. Sie sollten nur dafür sorgen, dass zwischen den Belastungsphasen Pausen gemacht werden.

Grobmotorik und Feinmotorik

Wenn die aufrechte Haltung und das Gehen keine Anstrengung mehr für das Kind bedeuten, verlegt es sein Interesse ganz auf eine fast akrobatische Vervollkommnung seiner Fähigkeiten. Es rennt sehr viel und versucht, schnell scharfe Kurven zu nehmen, es balanciert mit Vorliebe über niedrige Mauern, probiert verschiedene Hüpf- und Springarten aus, es versucht auf einem Bein zu stehen und klettert viel. Zu Beginn des Jahres setzt es beim Treppensteigen immer noch den sichereren Fuß auf die nächste Stufe und zieht den anderen nach, doch gegen Ende kann es wie ein Erwachsener hinauf- und hinunterlaufen und muss sich dabei auch nicht mehr festhalten. Es kann mit geschlossenen Beinen mindestens 20 cm weit hüpfen und springt auf die gleiche Weise aus einer Höhe von etwa 20 cm. Geschickt fährt es mit seinem Dreirad. Wenn es etwas vom Boden aufheben will, hockt es sich dazu nicht mehr hin, sondern bückt sich mit fast geraden Beinen.

Es kann auch seinen Körper besser in Ruhestellung halten, wenn dies für eine Tätigkeit nötig ist. Die Bewegungen werden gezielter und passen sich genauer der jeweiligen Situation an. Vorher bewegte sich bei einer Tätigkeit noch der ganze Körper mit, was präzise Handlungen erschwerte. Doch nun gelingen ihm immer feinere Bewegungen, die viel Konzentration und die Koordi-

nation einzelner Muskelgruppen und Sinnesorgane erfordern. Gegen Ende des dritten Lebensjahres kann das Kind Deckel von Flaschen entfernen, einzelne Buchseiten umwenden, einen Turm aus mehreren Klötzchen bauen, komplizierte Formen in die richtigen Öffnungen stecken und große Perlen auffädeln. Außerdem weiß es mit Geräten wie Schere und Besteck gut umzugehen.

Im Laufe des Jahres lernt das Kind, sich weitgehend selbst an- und aus-

zuziehen. Es kann bald Knöpfe auf- und zumachen, ein kleines Tablett mit Geschirr sicher tragen und z. B. Besteck abtrocknen, ohne dabei viel fallen zu lassen. Es kann sich also schon recht gut selbst bedienen und kleine, sinnvolle Aufgaben übernehmen. Jungen und Mädchen sind gleich geschickt.

Rechts- und Linkshändigkeit

In den ersten beiden Jahren verwendet das Kind die linke und die rechte Hand in gleicher Weise. Erst zwischen dem dritten und fünften Lebensjahr verfestigt sich die Rechts- oder Linkshändigkeit.

Früher wurde in den Schulen Linkshändern das Schreiben mit der rechten Hand aufgezwungen. Nur wenige Kinder, die im Alltag überwiegend als Linkshänder handelten, konnten sich damit arrangieren. Bei vielen anderen waren, abgesehen von einer sehr ungelenken Schriftführung, psychische Beeinträchtigungen die Folge. Sie konnten Wörter nicht zusammenhängend schreiben, ließen Buchstaben und Silben aus oder vertauschten sie, oder sie fingen an zu stottern.

Wenn jemand mit der linken Hand schreibt, kommt es oft zur Verkrampfung im angewinkelten linken Arm – insbesondere, wenn die Eltern oder der Lehrer das Schreiben mit der linken Hand negativ bewerten. Wegen des zusätzlichen Kraftaufwands erreichen Linkshänder durchschnittlich nur etwa vier Fünftel der Schreibgeschwindigkeit von Rechtshändern.

Inzwischen wird den Kindern von Eltern, Erzieherinnen und Lehrerinnen weithin überlassen, mit welcher Hand sie schreiben, zeichnen oder malen wollen. Dadurch werden unnötige psychische Belastungen vermieden. In den USA wird das rechts- oder linkshändige Schreiben in gleicher Weise akzeptiert – dort schreiben ca. 20 Prozent der Kinder mit der linken Hand. Übrigens neigen etwas mehr Jungen als Mädchen zum Schreiben mit der linken Hand: Das Verhältnis beträgt 53 Prozent zu 47 Prozent. Auch die Gesellschaft übt einen Einfluss aus: In einer «rechtshändigen» Gesellschaft entstehen mehr Rechtshänder aufgrund des ständig gegebenen Vorbilds. In einigen Städten gibt es Geschäfte, in denen die verschiedensten Gebrauchsgegenstände für Linkshänder (z. B. Scheren) angeboten werden – damit können Sie Ihrem Kind gegebenenfalls helfen.

Unterstützen Sie es in der Ausbildung seiner bevorzugten (dominanten) Hand. Wenn es mit dieser schon gut umgehen kann, sollten Sie auch die andere Hand in ihrer Weiterentwicklung fördern – durch abwechselndes Werfen eines Balls mit der einen, dann mit der anderen Hand, durch beidhändiges, gleichzeitiges Malen großer Kreise an einer Tafel usw.

Die Förderung der Geschicklichkeit beider Hände ist nicht nur allgemein wichtig, sondern auch, weil durch einen Unfall eine Hand zeitweilig oder dauernd beeinträchtigt werden kann. Da die meisten Geräte auf Rechtshänder abgestimmt sind, hat es ein Linkshänder im Allgemeinen etwas schwerer. Er muss bei vielen Bewegungen umdenken. Auch dies ist ein Gesichtspunkt für die Förderung der schwächeren Hand.

Früherkennungs-Untersuchung

In diesem Lebensjahr ist keine Früherkennungs-Untersuchung vorgesehen. Die letzte war zwischen dem 21. und 24. Lebensmonat, die nächste ist für das vierte Lebensjahr vorgesehen. Sollten Sie die siebte Früherkennungs-Untersuchung am Ende des zweiten Lebensjahres nicht gemacht haben, bemühen Sie sich jetzt darum.

Unabhängig von den empfohlenen Früherkennungs-Untersuchungen sollten Sie einmal in jedem Halbjahr einen Kinderarzt aufsuchen, auch wenn kein direkter Anlass besteht. So vermeiden Sie, dass Gesundheits- oder Entwicklungsschäden nicht rechtzeitig erkannt und behandelt werden. Außerdem lernt Ihr Arzt das Kind besser kennen, und Ihr Kind gewinnt Vertrauen zu ihm.

Der Tagesrhythmus – Anpassung und Selbstregulation

Elterlicher und kindlicher Rhythmus

Der Tagesrhythmus des Kindes passt sich in diesem Jahr immer mehr dem der Familie an, es kann nun fast alle Aktivitäten der Familie (Schlaf-, Essens- und Wachzeiten) miterleben. Das ist natürlich eine große Bereicherung für das Kind. In vielen südlichen Ländern stehen die Kinder schon mit zweieinhalb Jahren mit ihren Eltern auf und gehen kaum früher als diese zu Bett. Allerdings machen sie dort in der Regel einen längeren Mittagsschlaf.

Neigen wir nicht dazu, das Kind aus der Erwachsenenwelt auszuschließen, durch eigene Räume, Spielaktivitäten, Extra-Mahlzeiten? Wir sind stolz auf unsere kindbezogene Erziehung, die sich ganz auf das Kind einstellen will. Sie birgt aber auch die Gefahr, dass es so in eine andere Welt abgeschoben wird. Legen wir es nicht manchmal nur deshalb früh ins Bett, damit wir auch mal unsere Ruhe haben? Sind wir nicht gelegentlich ganz froh, wenn es während unserer eigenen Mahlzeit schon ruhig schläft? Gerade wenn man sich in seinem Tagesablauf zu sehr auf das Kind einstellen muss (oder glaubt, es zu müssen), wächst das Bedürfnis, sich bestimmte Zeiten für persönliche Dinge frei zu halten.

Selbstregulation und Regelmäßigkeit

Ein gesundes Kleinkind reguliert seine vitalen Bedürfnisse zuverlässig selbst. Es nimmt sich genügend Schlaf und Nahrung, einmal mehr, einmal weniger – je nach Bedarf. Unbewusst schützt es sich sowohl vor Mangel als auch vor Überfluss. Selbst unter ungünstigen oder sich ständig ändernden Bedingungen bewahrt es diese Fähigkeit in hohem Maße. Nur wenn es krank ist

oder sich psychisch belastende Krisensituationen der Familie einstellen, kann ihm diese Fähigkeit zur Selbstregulation vorübergehend verloren gehen. Sie brauchen Ihrem Kind also nie etwas aufzudrängen. Wenn es zum Beispiel eine Zeit lang mittags nicht schlafen will – das kommt in diesem Alter häufig vor –, so sollten Sie nicht darauf bestehen. Sicher wird es dann am Abend früher müde sein oder morgens später aufwachen als sonst. Schläft es dagegen mittags ausgiebig, kann es abends kaum vor 22 oder 23 Uhr einschlafen.

Ein Zwang zur Regelmäßigkeit würde den kindlichen Organismus sogar aus dem Gleichgewicht bringen, statt ihm zu nützen. Das soll natürlich nicht heißen, dass keinerlei Tagesrhythmus notwendig ist. Ein Kind, dem nicht regelmäßig die Möglichkeit zum Schlafen und Essen angeboten wird, fühlt sich vielleicht unsicher oder gar vernachlässigt. Regelmäßigkeit gibt ihm ein Gefühl der Geborgenheit und Sicherheit, sie schafft Klarheit und Überschaubarkeit von Situationen und Abläufen.

Die richtige Mitte finden Sie, wenn Sie sich an Angebot und Nachfrage orientieren. So bieten Sie zum Beispiel dem Kind überwiegend zu bestimmten Zeiten das Essen an – wenn es noch keinen Hunger hat, darf es später essen. Ein anderes Mal warten Sie darauf, dass es sich selbst meldet, wenn es hungrig oder durstig ist. So lernt Ihr Kind diese Regel. Abweichungen davon erlebt es als Ausnahme. Es erfährt schon früh, dass Ausnahmen und Flexibilität nicht zur Regellosigkeit und zum Verlust der Ordnung führen müssen. Und es merkt, dass Regeln kein Selbstzweck sind, sondern ein sinnvolles Hilfsmittel zur Organisation und Koordination eigener und gemeinsamer Aktivitäten. Sie brauchen nicht zu befürchten, dass Sie Ihr Kind mit dieser flexiblen Tageseinteilung verwöhnen. Es wird dadurch nicht anspruchsvoll oder eigensinnig, sondern im Gegenteil ruhig und entspannt. Denn es kann ja sicher sein, dass seine Bedürfnisse befriedigt werden.

Ihr Kind kann sich gerade dann gut mit sich selbst beschäftigen, wenn es durch die Integration in den üblichen familiären Ablauf genügend Abwechslung und Kontaktmöglichkeiten bekommt. Auch Sie selbst werden mehr Zeit für eigene Interessen und Beschäftigungen während des Tages finden, wenn Sie Ihrem Kind viel Freiheit für seine Aktivitäten lassen.

Vorschläge zur Tageseinteilung

Wenn morgens bei Ihnen Hektik herrscht, weil ein Familienmitglied das Haus pünktlich verlassen muss, lassen Sie Ihr Kind lieber noch schlafen. Dafür kann es dann abends länger aufbleiben. Wenn es schon früher aufwacht, versuchen Sie es daran zu gewöhnen, noch eine Weile ruhig in seinem Bett zu spielen und vielleicht an einem Knäckebrot zu knabbern.

Nach dem Waschen und Frühstücken ist Ihr Kind allmählich zu lebhafteren Spielen aufgelegt. Es sollte nun bald Gelegenheit haben, sich an der frischen Luft auszutoben. Dabei holt es sich gleich den nötigen Hunger für das (gemeinsame) Mittagessen. Anschließend spielt es sich noch eine Weile in seinem Zimmer müde oder betrachtet mit Ihnen ein Bilderbuch. Wenn es nicht schlafen will, kann es sich nun eine Stunde allein beschäftigen.

Nachmittags sollte es so oft wie möglich mit anderen Kindern spielen, viel mit nahezu gleichaltrigen, zwischendurch aber auch mit jüngeren oder älteren Kindern. Suchen Sie dazu möglichst immer mal wieder andere Spielplätze auf. Achten Sie darauf, dass Ihr Kind andere Wohnungen kennen lernt oder auch andere Terrassen und Gärten. Ihr Kind lernt bei solchen verschiedenartigen Aktivitäten nicht nur viel, indem es sich auf die unterschiedlichen Situationen einstellen muss, es lernt ebenso dabei von Ihnen selbst die dazu erforderliche Initiative, die Vorbereitungen usw. kennen – vorausgesetzt wiederum, dass Sie Ihr Kind daran teilhaben lassen und mit ihm darüber sprechen.

Planen Sie feste Tage und Zeiten ein, zu denen Sie sich in der Aufsicht mit anderen Eltern abwechseln. Vielleicht können Sie es darüber hinaus einrichten, dass sich mehrere Eltern an einem Abend in der Woche zum Gedankenaustausch treffen. So kann jeder den Erziehungsstil des anderen verfolgen, daraus Anregungen beziehen oder sich kritisch damit auseinander setzen.

Abends wird das Spiel wieder ruhiger. Für solche Entspannungsphasen sollten Sie geeignetes Spielzeug bereithalten: Bilderbücher, Lege- und Steckspiele usw., Dinge also, die Ruhe und Geduld erfordern. In diesen Zeiten lernt das Kind auch, sich mit sich selbst zu beschäftigen und sich auf eine Sache zu konzentrieren. Sie können das unterstüt-

zen, indem Sie selbst einer ruhigen Tätigkeit nachgehen, z. B. ein Buch lesen, mit Bekannten telefonieren, ein Musikinstrument spielen oder einem sonstigen Hobby nachgehen. Das Fernsehen, wenn es denn unbedingt sein muss, bringt um diese Tageszeit [abends] keine Sendung, die für ein Kind im dritten Lebensjahr geeignet wäre. Etwas anderes ist es, wenn Sie die eine oder andere gute Kindersendung mit dem Videorecorder aufgezeichnet haben und sie gemeinsam ansehen, ganz oder in für Ihr Kind verständlichen Ausschnitten.

Zwischen 20 und 22 Uhr geht Ihr Kind dann schlafen, das ist – nach einem Mittagsschlaf – nicht zu spät. Die weit verbreitete Praxis, dass ein Kind um 19 Uhr ins Bett gebracht wird, hat allenfalls für die Eltern Vorteile, sie entspricht nicht dem Kind und seinem Wunsch nach Teilnahme am Leben der Erwachsenen.

Umwelt

Spielplätze können sicher nur als Ausschnitt einer wesentlich reichhaltigeren Umwelt gesehen werden. Dennoch können Kinder dort viele wichtige Erfahrungen machen: mit Material, mit Objekten, mit anderen Kindern

Wie Sie das Kinderzimmer gestalten können

Ihr Kind braucht einen eigenen Bereich

Je größer das Kinderzimmer ist, desto besser ist das natürlich für Ihr Kind. Wenn Sie ihm vorerst aber wegen beengter Wohnverhältnisse noch kein eigenes Zimmer einrichten können, sollte ihm wenigstens ein möglichst großer Bereich in einem Zimmer allein «gehören».

Das Kinderzimmer sollte auf keinen Fall kleiner als zwölf Quadratmeter sein. So viel Fläche ist nötig, damit sich das Kind beim Spielen richtig ausbreiten kann. (Als reine Spielfläche braucht es wenigstens 2,50 mal 3 m.) In vielen Wohnungen sind die Kinderzimmer wesentlich kleiner konzipiert als das Elternschlafzimmer. Wenn das auch bei Ihnen zutrifft, sollten Sie tauschen. Schließlich brauchen Sie diesen Raum (fast) nur zum Schlafen. Das Kinderzimmer wird dagegen ständig benutzt. Das bedeutet natürlich eine gewisse Einschränkung für Sie!

Lassen Sie Ihr Kind bei der Auswahl der Möbel und Farben für sein Zimmer mitreden. Damit fördern Sie seine Selbständigkeit. Und die selbst (mit)gestaltete Einrichtung macht den Aufenthalt und das Spielen im eigenen Zimmer verlockender.

Aber auch die übrigen Räume sollten kindgerecht sein. Räumen Sie kostbare Vasen und andere zerbrechliche oder empfindliche Dinge beiseite. Sorgen Sie dafür, dass sich Ihr Kind ungehemmt in der Wohnung bewegen kann und dass nicht zu viele Verbote erforderlich sind. Wenn es nicht dauernd hören muss: «Fass das nicht an … Vorsicht, gleich zerbrichst du die Vase … Komm nicht mit deinen Marmeladenfingern an die gute Decke …», dann ist ein Kind einsichtiger, wenn ihm etwas verboten werden muss.

Ein äußeres Zeichen für die Gleichberechtigung zwischen Kind und Eltern könnte zum Beispiel auch die gleichartige Einrichtung im Kinder- und Wohnzimmer sein (zum Beispiel drei Tische desselben Bautyps, jedoch in unterschiedlicher Größe, von denen einer oder zwei im Wohnzimmer stehen, die man aber bei Bedarf alle aneinander stellen kann). Im Kinderzimmer sollte auch eine Elternecke eingerichtet werden, z. B. mit einem bequemen Stuhl. Sie können von dort aus Ihrem Kind beim Spielen zuschauen, einfach bloß dabei sein, können dort etwas lesen, während Ihr Kind spielt, und ihm zwischendurch einen Tipp geben und seine Fragen beantworten.

Bitte verändern Sie nichts im Kinderzimmer, ohne vorher mit Ihrem Kind darüber zu sprechen und es gewissermaßen «um Erlaubnis» zu fragen. So bekommt es früh ein Gefühl dafür, dass man den persönlichen Bereich eines Menschen respektiert. Schimpfen Sie nicht, wenn Ihr Kind in seinem Zimmer Schätze wie Steine, ein Vogelnest, Zeichnungen, einen Ast, Autoteile, große Schachteln oder Ähnliches aufbewahren möchte! Sie stellen ja auch allerlei Gegenstände in Ihre Wohnung, die andere nicht schön finden, die Ihnen aber etwas bedeuten. Ihr Kind sollte das gleiche Recht haben.

Eine durchdachte Einrichtung des Kinderzimmers ist vor allem dann wichtig, wenn Sie in der Stadt wohnen. Auf dem Land kann ein Kind im Allgemeinen täglich lange draußen spielen, ist also weniger auf die Innenräume angewiesen. !

Lage das Kinderzimmers

- Ein Kinderzimmer sollte möglichst hell und sonnig sein, also an der Südost- bis Westseite des Hauses liegen.
- Ein Kind im Alter von zwei bis drei Jahren sollten Sie wenigstens in Hörweite haben. Dann hat es auch die Möglichkeit, häufig zu Ihnen zu kommen, um seine Fragen loszuwerden oder Ihre Zuwendung zu spüren. Das Kinderzimmer müsste also in der Nähe des Raumes liegen, in dem Sie sich am meisten aufhalten (in der Nähe der Küche, des Wohnzimmers oder Ihres Arbeitsraumes). Das hat allerdings auch einen Nachteil. Beim Schlafen wird das Kind möglicherweise durch Geräusche aus der Küche oder durch Unterhaltungen im Wohnzimmer gestört.
- Wenn Sie ein Haus allein bewohnen, können Sie diesen Nachteil ausgleichen, indem Sie das Kinderschlafzimmer in den ersten Stock und den Spielraum in das elterliche Wohnzimmer legen. Vom sechsten Lebensjahr an ist es ideal, im Keller einen Hobbyraum zu haben. Dann kann das Kind so viele Freunde zum Toben, Malen und Werken einladen, wie es mag, ohne dass jemand durch Lärm und Tohuwabohu gestört wird.
- Ein Kinderzimmer muss gut zu lüften sein. Tagsüber sollte die Raumtemperatur zwischen 19 und 21 Grad liegen, nachts um drei bis vier Grad tiefer.
- Wenn Sie an einer sehr belebten Straße oder an einem Bahnhof wohnen, verlegen Sie das Kinderzimmer möglichst an eine ruhige Stelle des Hauses.

Leider lassen sich häufig nicht alle Wünsche gleichzeitig erfüllen. Dann müssen Sie die Vor- und Nachteile gegeneinander abwägen und sie mit allen Mitbewohnern eingehend diskutieren.

Farben im Kinderzimmer

Es ist wissenschaftlich erwiesen, dass Farben unsere Stimmung und unser Leistungsvermögen wesentlich beeinflussen. Deshalb wird in diesem Kapitel die Farbgestaltung von (Kinder-)Wohnräumen ausführlich dargestellt. Farbige Wände können ein Zimmer vergrößern oder verkleinern.

Der Deckenanstrich sollte bei einem niedrigen Raum hell sein. Dann bekommt man nicht das Gefühl, von der Decke erdrückt zu werden. Ist der Raum breit, werden die Wände durch dunklere und intensive Farben betont. Sie werden dadurch «hereingeholt». Bei einem hohen Raum können Sie für die Wände auch eine Tapete mit unauffälligen Querstreifen wählen und die Decke mit aktiven, dunkleren Farben – evtl. auch über den oberen Teil der Wände fortgesetzt – optisch «nach unten ziehen».

Im Allgemeinen sollten die Wände im Kinderzimmer in gebrochenem Weiß oder in warmen Pastelltönen gehalten sein. Auch eine unterschiedliche Gestaltung der verschiedenen Wände einschließlich der Decke ist möglich. So kommen die selbst gemalten Bilder besser zur Geltung. In den ersten Lebensjahren mögen Kinder am liebsten die Farbe Rot. Rot ist jedoch als Wandfarbe eher ungeeignet. Verwenden Sie keine grelle Farbe. Das macht Ihr Kind zerfahren und nervös.

Wandanstriche für Kinderzimmer

Wirkung	Farbtöne
vergrößernd	**hell**
	z. B. Weiß, Rosa, lichtes Rot, Gelb, Orange, Ocker, Hellblau
verkleinernd	**dunkel**
	z. B. Mittelrot, Dunkelblau, Braun

Für den Fußboden sind harmonisch abgestimmte unempfindliche Farbtöne zu empfehlen. Wenn der Raum extrem hoch ist, können Sie statt eines dunkleren Deckenanstrichs eine Abhängung anbringen: Sie ziehen z. B. eine Stoffbespannung so ein, dass die Raumhöhe wie 2,30 m hoch wirkt.

Bei kleinen und großen Farbflächen, die aneinander stoßen, sollten Sie die Komplementär- und Kontrastfarben beachten. Gut zueinander passen die Komplementärfarben Gelb-Violett, Orange-Blau, Rot-Grün, dazu noch Schwarz-Weiß. Mehr harmonisch ergänzen sich die folgenden Kombinationen: Rosa-Grau; Blau-Weiß; Hellblau-

Braun; Gelb-Schwarz; Rot-Weiß; Gelb-Blau; Gelb-Grün; Hellblau-Schwarz.
Kombinationen, die jeweils in der Helligkeit abgestuft sind, wirken zum Beispiel hübsch bei Vorhängen oder Kissenbezügen. Reizvoll kann es auch sein, wenn mehrere helle und dunklere Farben «absteigend» verwendet werden (zum Beispiel bei Stuhllehne, Sitzfläche und Stuhlbeinen).

Farbwirkungen

Farbton	kleine Fläche (z. B. Einrichtungsgegenstand)	große Fläche (z. B. Wände, Fußboden, Teppich)
Orange	die Aufmerksamkeit erregend	dynamisch, anregend, höchstens für eine Zimmerwand geeignet
Hellrot	freundlich, anregend	aggressiv, aufreizend
Mittelrot	stimmt optimistisch, hebt Gegenstände hervor	aggressiv, aufreizend; gut zur optischen Verkleinerung, z. B. bei einzelnen Wänden
Dunkelrot	etwas bedrückend	bedrückend
Hellgelb	freundlich	regt an, hellt das Zimmer auf, schafft gelockerte, leichte Atmosphäre
Dunkelgelb	warm	warm, z. B. als Teppichboden sehr einladend
Grüngelb	«giftig»	unangenehm, abstoßend
Lindgrün	an den Frühling erinnernd	aufdringlich
Dunkelgrün	satt, beruhigend	beruhigend, kräftig, ausgleichend, gut zur Entspannung der Augen, z. B. geeignet für Vorhänge
Türkis	auffallend, aufreizend	grell, unruhig, kalt, nicht zu empfehlen für ein Kinderzimmer
Hellblau	sehr verträglich, gut zum Kombinieren mit anderen Farben	wässrig, kühl, gut für Zimmer, die zu wenig Sonneneinstrahlung haben
Mittelblau	kühl, sachlich, sauber	unpersönlich, abweisend, ernst
Dunkelblau	langweilig, unentschlossen	ruhig, ausgleichend

Rosa	appetitlich, sanft	ausdruckslos
Violett	anziehend, interessant	depressiv, lethargisch, undurchsichtig
helles Violett	lieblich, distanziert	unterkühlt, ausdrucksschwach
Braun	nicht sehr dynamisch, ausgleichend	beschwerend, massiv, undynamisch
Grau	fahl, langweilig	neutralisierend, sachlich, langweilig
Schwarz	gute Kontrastwirkung zu fast allen Farben, wirkt«wertvoll»	traurig, beschwerend

Die obige Übersicht gibt Ihnen einen guten Anhaltspunkt für Farbentscheidungen. Selbstverständlich kommt es aber im Einzelnen auf den Farbwert an und auf die Wechselbeziehung der verschiedenen Farben in einem Raum. Auch die modebedingten Farbtrends können Sie in Ihre Überlegungen einbeziehen. Über die Wirkung von Farben bei großen und kleinen Flächen können Sie sich in der Übersicht orientieren.

Praktische Vorschläge für die Einrichtung

Im Kinderzimmer muss man spielen, toben und malen dürfen. Kaufen Sie also keine edlen Möbel, die geschont werden sollen! Vielleicht finden Sie über Annoncen einige geeignete Sachen, die Sie dann lieber mit fröhlichen Farben bemalen.

Bett

Bis zum zweiten oder dritten Lebensjahr kann Ihr Kind im Gitterbettchen schlafen. Danach sind variable Betten, die mitwachsen, am günstigsten (Größe 90 mal 190 oder 100 mal 200 cm). Bitte kaufen Sie in diesem Alter noch kein Etagenbett (ab 7. Lebensjahr, wenn Ihr Kind sehr ruhig schläft). Es ist einfach zu gefährlich.

Bettwäsche und weiteres Zubehör

Für das Bett brauchen Sie eine Matratze mit einem abnehmbaren Bezug, mehrere Laken, (Nässe absorbierende) Unterlagen, eine Bettdecke sowie ein flaches Kopfkissen mit Bezügen.

Schränke und Regale

Ein großer Kleiderschrank ist jetzt noch nicht nötig. Ihr Kind braucht vor allem viel Platz für sein Spielzeug. Praktisch sind offene Regale oder Schränke. Im Handel gibt es auch spezielle Anbaumöbel für Kinder. In die Regale oder Schränke stellen Sie ein paar bunte Besteck- oder Werkzeugkästen (statt Schubladen). Sie sind besonders für Kleinkram (Malstifte, Bauklötze, Steine usw.) sehr nützlich.

Tisch und Stühle

Der Tisch darf keine scharfen Kanten haben. Stellen Sie nur praktische und stabile Möbelstücke ins Kinderzimmer. Außerdem sollten die Möbel so beweglich sein, dass Ihr Kind sie im Spiel zum Beispiel zum Bau eines Hauses, Schiffes oder Lastwagens verwenden kann (Würfelelemente eignen sich besonders gut dazu). Gefährlich sind Klappstühle. Sie werden zwar häufig in Kindergröße angeboten, haben aber große Nachteile: Sie kippen leichter um als feste Stühle, und Ihr Kind kann sich die Finger einklemmen. Die Höhe des Sitzes und der Tischplatte kann verstellbar sein. Sie sollte für ein Kind in diesem Lebensjahr 25 bis 30 cm (Sitz) bzw. 45 bis 50 cm (Tischplatte) betragen.

Wände

Gestalten Sie die Wände so, dass aus einer «illegalen» Malaktion etc. kein Drama entsteht. Das heißt: Wählen Sie eine abwaschbare Tapete oder einen wasserfesten Anstrich. Als Malwand beschaffen Sie eine große Hartfaserplatte, die Sie in einem geeigneten Farbton grundieren. Unten sollte die Platte einen Vorsprung haben (Leiste mit Rille), damit sich fließende Farbe und Staub von Farbmalstiften oder Kreide dort ablagern.
Wichtig ist auch eine Pinnwand. Dazu eignen sich insbesondere grundierte Dämmplatten (Ihr Kind muss eine Nadel eindrücken können). Dort können Fotos, Zeichnungen, Postkarten und andere Dinge aufgehängt werden.

Fußboden

Am besten ist ein warmer Holzboden, Teppichboden oder auch ein Belag aus Teppichfliesen. Er ist warm, lässt sich leicht verlegen und kann stellenweise auch mal ersetzt werden. Der Teppichbelag sollte so kurzflorig sein, dass Spielsachen mit Rädern gut darauf rollen.

Fenster

Achten Sie auf die Sicherheit für Ihr Kind. Irgendwann versucht es, das Fenster zu öffnen, klettert möglicherweise auf der Fensterbank

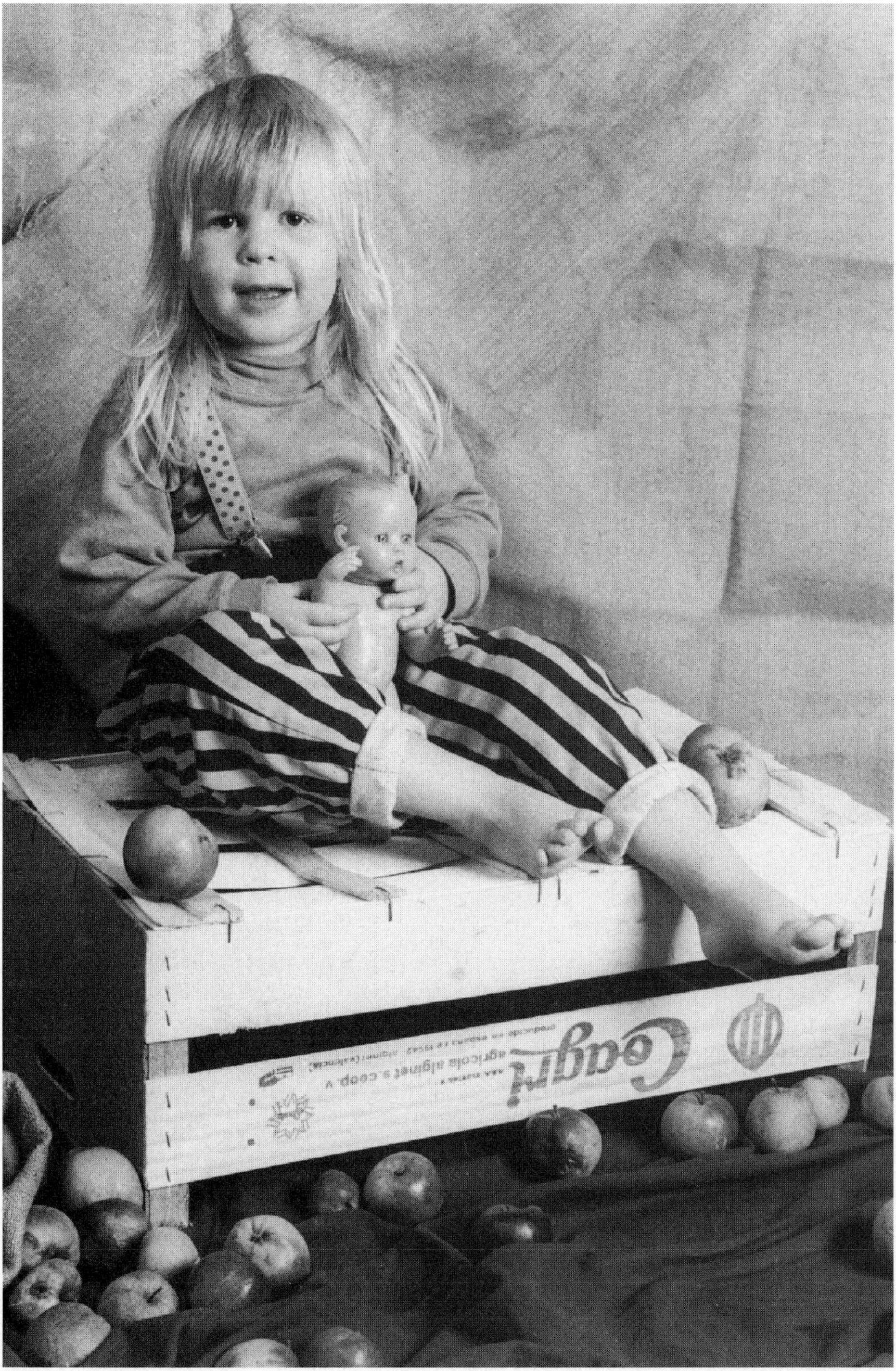
Coagri
agricola alginet s. coop. v

herum oder lehnt sich zu weit hinaus. Bei Kippfenstern, so weit sie sich nicht auch schwenken lassen, droht weniger Gefahr. Lassen Sie sich durch einen Fachmann beraten, wie Sie die Fenster des Kinderzimmers sichern können, welche Beschläge geeignet sind usw. Sie sollten das Fenster auch verdunkeln können, vor allem, wenn es nach Süden zeigt. Manche Kinder brauchen auch Dunkelheit, um tief und lange schlafen zu können.

Beleuchtung

Zu empfehlen sind verstellbare und schwenkbare Arbeitslampen. Sie lassen sich überall befestigen. Die Deckenbeleuchtung sollte blendfrei sein und warmes Licht abstrahlen. Alle Steckdosen müssen natürlich besonders geschützt sein, gegebenenfalls durch eine Fehlerstrom-Schutzschaltung, die nur ein Fachmann installieren kann.

Weitere Tipps

- An einer Steckdose können Sie bei Bedarf eine kleine Orientierungslampe anbringen, die im Dunkeln leuchtet – das kann Ihrem Kind helfen, wenn es sehr unruhig schläft.
- Aus bunten Stoffresten können Sie mit etwas Geschick originelle Kissenbezüge nähen und mit Schaumstoff-Flocken füllen (in Form eines Fisches, eines Dampfers, eines Käfers usw.).
- Stellen Sie eine Sprossenwand, eine Leiter oder ein Klettergerät ins Kinderzimmer. Ein Klettergerät kann auf der einen Seite eine Sprossenwand, auf der anderen zwei Kletterstangen, eine Reckstange und/oder eine Schaukel mit Tauen haben. Darunter muss eine Matte liegen. Leiten Sie Ihr Kind zum Gebrauch der Geräte an, bis es sicher damit umgehen kann.
- Praktisch sind aufhängbare Spieltiere aus festem Stoff mit Bauch, die das Kind mit Kleinkram füllen kann.
- Bauen Sie ein kleines Podest im Kinderzimmer. Sie können es aus Holzkisten anfertigen oder einen alten Tisch dazu verwenden, dessen Beine Sie absägen und dessen Seiten Sie überziehen. Dann hat Ihr Kind eine Art Bühne, auf der es größer ist und bestimmte Spiele (zum Beispiel Theatervorstellungen) spielen kann. Wenn es daneben auf dem Boden sitzt, hat es einen großen Tisch.
- Auch mit Plastik- oder Papprohren (Durchmesser sechs bis zehn Zentimeter, Länge ein bis zwei Meter) kann man viel anfangen: zum Beispiel Murmeln durchlaufen lassen oder sich Botschaften ins Ohr flüstern.

In dieser Kleidung fühlt sich Ihr Kind wohl

Jedes Kind rutscht gern auf dem Boden herum. Achten Sie deshalb beim Kauf von Kinderkleidung darauf, dass sie in der Maschine leicht zu waschen ist. Der Stoff sollte luftdurchlässig sein, damit die Haut des Kindes atmen kann. Ist das nicht der Fall, besteht erhöhte Erkältungsgefahr, da die Haut von einem feuchten Film überzogen sein kann und dann übermäßig abkühlt. Am hautfreundlichsten sind Naturfasern wie Baumwolle, Wolle, Leinen und Mischgewebe aus diesen drei Fasertypen. Synthetische Fasern wie Dralon, Perlon, Nylon usw. sind für Kinderkleidung weniger geeignet. Vertretbar ist ein Kunstfaseranteil bis etwa 30 Prozent, wenn Ihr Kind dies verträgt. Allergische Reaktionen sollten Sie sofort Ihrem Kinderarzt mitteilen.

Es versteht sich von selbst, dass die Stoffe von solider Qualität sein müssen. Sie können die Hosen am Knie mit Lederflicken oder bunten Motivflicken verstärken – fragen Sie aber Ihr Kind, ob ihm das gefällt. Versteckte Säume helfen, die Kleider mit dem Kind wachsen zu lassen.

Denken Sie beim Kauf von Kleidung daran, dass Ihr Kind schnell wächst und dass es das neue Kleidungsstück nur verhältnismäßig kurze Zeit tragen kann. Lassen Sie sich nicht dazu verleiten, bei mehreren Geschwistern dem jüngeren Kind ständig oder fast ausschließlich die Kleider des älteren aufzunötigen. Denn dann fühlt sich das jüngere dem älteren Kind gegenüber benachteiligt und reagiert mit Neid und Aggressionen darauf.

Farbe und Muster

Achten Sie auf harmonische und freundliche Farbkombinationen. Stimmen Sie die Grundfarben der Garderobe Ihres Kindes mit seinem

Haar und seiner Haut ab und suchen Sie bei späteren Einkäufen möglichst Farbtöne aus, die zu den schon vorhandenen passen. Das dient auch der Geschmacksbildung Ihres Kindes.

Leuchtende, frohe Farben und lustige Motive gefallen Kindern besonders gut. Sie haben außerdem den Vorteil, dass sie weniger empfindlich sind als helle Farben. Und schließlich fällt Ihr Kind damit besser im Straßenverkehr auf (Sicherheit!). Das Muster soll natürlich zum Schnitt und zur Körpergröße passen: Kleine und klare Designs stehen Kindern im Allgemeinen besser als große Muster. Lassen Sie Ihr Kind oft selbst wählen, was es anziehen möchte: Legen Sie ihm aber nur Dinge vor, die zueinander passen.

Zwar ist es kein vordringliches Ziel, dass Ihr Kind besonders schick, attraktiv oder modern gekleidet ist. Es gilt aber nach wie vor die Regel, dass Kleidung dazu beiträgt, anderen Menschen den Zugang zu erleichtern, dass die Wahrnehmung anderer auch davon abhängt, wie

man gekleidet ist. Verstecken Sie Ihr Kind deshalb nicht in allzu unauffälliger Kleidung – es erhält sonst weniger Ansprache, Zuspruch und Zuwendung von anderen Kindern und Erwachsenen.

Kleidung für alle Gelegenheiten

Damit Ihr Kind ungehindert herumkriechen und sich im Laufen üben kann, braucht es viel Bewegungsfreiheit in seiner Kleidung. Einengende Gürtel und hautenge Hosen sind in jedem Fall störend. Je nach Jahreszeit und besonderer Situation ist spezifische Kleidung erforderlich:

- Im Frühling und Herbst eignen sich sowohl für Jungen als auch für Mädchen am besten unempfindliche Rutschhosen. Darunter kann Ihr Kind dann noch ein Trikothemdchen oder einen leichten Pulli mit langen oder kurzen Ärmeln tragen und bei kühler Witterung noch eine Strickjacke oder einen Pullover darüber.
- Im Sommer fühlt sich Ihr Kind am wohlsten in einer kurzen Hose aus Baumwolle.
- Im Winter braucht es warme Strumpfhosen unter der Rutschhose. Dicke Pullover und Wolljacken ziehen Sie ihm nur an, wenn es im Freien spielt. Für draußen haben sich Overalls besonders bewährt, da sie Bewegungsfreiheit lassen und sich gut am Körper anschmiegen. Sehr bequem und warm sind auch weit geschnittene Kapuzenmäntel oder Ponchos aus festem Wollstoff.
  Zur Winterausrüstung gehören unbedingt auch Fausthandschuhe (evtl. mit einer Kordel über den Schulter-Nacken-Bereich verbinden, damit sie nicht verloren gehen), außerdem eine Mütze, die die Ohren bedeckt, ein Wollschal und ein warmer Fußsack für den Sportwagen.
- Im Regen ist Ihr Kind in einer Regenjacke und -hose oder einem Umhang mit Kapuze am besten geschützt. Diese Kleidung ist zwar nicht luftdurchlässig, aber sie wird ja auch nur für kurze Zeit getragen. Auch ein Anorak kann den Regen eine Weile abhalten, ideal in Verbindung mit einer wasserdichten Regenhose.
- Zum Schlafen eignet sich am besten ein Schlafanzug aus Frottee oder Baumwolljersey – am besten einteilig, sodass der ganze Körper warm gehalten wird.

Schuhe

Lassen Sie Ihr Kind möglichst viel barfuß laufen. Seine Fußmuskeln festigen sich, wenn der Fuß richtig abrollen kann und die Zehen Halt suchen müssen. Barfuß gehen kann es fast überall: auf dem Teppich, aber vor allem draußen, auf dem Rasen, im Sandkasten usw.

Für die Straße und für Steinfußböden braucht Ihr Kind Schuhe. Sie müssen sorgfältig ausgesucht werden, denn sie beeinflussen die Entwicklung des Fußes und die Haltung. Falsches Schuhwerk kann zu bleibenden Schäden führen, da das Knochenwachstum des Fußes noch nicht abgeschlossen ist.

Hohe Schuhe sind zu empfehlen, damit die schwachen Fußgelenke nicht umknicken können. Das Oberleder eines guten Kinderschuhs ist luftdurchlässig und weich. Die Sohle muss biegsam sein. Da die meisten Kinder mit leicht ausgestellten Füßen laufen, sollte die Ferse grundsätzlich verstärkt sein. Kleinere Fehlhaltungen werden jedoch bei viel Bewegung auf unebenem Gelände von selbst korrigiert.

! Prüfen Sie alle vier Wochen, ob noch etwa ein Zentimeter Luft zwischen der großen Zehe und der Schuhspitze ist: so viel ist notwendig!

Gummistiefel sind ungesund, da die Feuchtigkeit nicht verdunsten kann. Dennoch werden sie gern gekauft, weil die Kinder darin so gut im Matsch spielen können. Um einer Fußschweißbildung entgegenzuwirken, sollte Ihr Kind solche Schuhe nicht länger als ein- bis eineinhalb Stunden tragen, oder – wenn die Gummistiefel groß genug sind – es kann darin so genannte Sokkets (auch: Wärmesocken, Thermosocken, wattierte Innenschuhe) anziehen.

Der Urlaub ist für Ihr Kind ein Höhepunkt im Jahr

Worauf es im Urlaub ankommt

Sie können Ihr Kind jetzt schon ohne große Umstände und Risiken mit in den Urlaub nehmen. In der ungewohnten Umgebung erlebt es sich selbst in einer neuen Weise, es schöpft die Möglichkeiten aus, die es zu Hause nicht hat. Es genießt zum Beispiel das Gefühl, durch hohes Gras zu laufen, im Wasser eines Baches zu planschen, am Sandstrand zu spielen usw. Und vor allem genießt es, dass die Familie in Ruhe gemeinsam frühstücken kann, dass die Erwachsenen zum Spielen, Erzählen und Entdecken so viel Zeit haben. Letztlich ist es nicht so wichtig, wohin Sie verreisen. Es geht vielmehr darum, dass Ihr Kind im Urlaub neue Anregungen für die Wahrnehmung, sein Denken, seine Kreativität und Phantasie, seine Neugier und Bewegungsfähigkeit bekommt und die Familie durch gemeinsame Erlebnisse verbunden ist.

Unterwegs

Reisen mit dem Auto

Ist Ihr Urlaubsziel in vier bis fünf Stunden zu erreichen, so fahren Sie am besten während einer Schlafenszeit Ihres Kindes. Dafür sollten Sie einen TÜV-geprüften Kindersitz haben, den man in Liegestellung bringen kann. Darin ist Ihr Kind – angeschnallt – wirklich sicher.
Wenn es zwischendurch einmal aufwacht, kann einer der Eltern für Unterhaltung sorgen; dazu sollte ein Erwachsener auf dem Rücksitz neben dem Kind Platz nehmen.
Bei längeren Reisen müssen Sie unbedingt mehrere Pausen einlegen, in denen Sie mit Ihrem Kind an die frische Luft gehen. Auf Sauerstoffmangel reagieren Kleinkinder empfindlicher als Erwachsene.
Zum Essen während der Fahrt eignen sich Kekse, Bananen, Zwieback usw., in keinem Fall aber schwer verdauliche, fette Speisen. Das Kind sollte auch schon einen Tag vor der

Abreise nur noch leichte Kost bekommen.

Reisen mit der Bahn

Fahren Sie möglichst nachts mit dem Schlafwagen. Das ist sowohl für Sie als auch für das Kind angenehmer und weniger strapaziös. Außerdem können Sie es tagsüber nicht so gut und bequem betten. Wenn sich eine Tagesfahrt nicht umgehen lässt, müssen Sie dafür sorgen, dass Ihr Kind sich nicht langweilt. Versuchen Sie das mit Fingerspielen, Reimen, Erzählen usw. Machen Sie ab und zu einen Spaziergang durch den Zug, damit es sich bewegen kann; vermutlich hat es Spaß an diesem «fahrenden Haus».
Zeigen Sie ihm, wie alles funktioniert, wie die Landschaft, die Bäume «vorbeisausen», erzählen Sie ihm etwas über den Zug, das Reisen usw. Aber lassen Sie es auf keinen Fall allein, auch nicht für kurze Zeit. Die Umgebung ist ihm ja völlig fremd, und es könnte heftige Angst bekommen.

Reisen mit dem Flugzeug

Bevor Sie sich zu einer Flugreise entschließen, suchen Sie mit Ihrem Kind einen Arzt auf. Denn es ist möglich, dass es den Druckunterschied (trotz Druckausgleich) nicht gut verträgt. Im Allgemeinen aber ist Fliegen für Kinder (vom zweiten Lebensjahr an) die bequemste Reisemöglichkeit. Vermeiden Sie möglichst Flugreisen, die länger als vier bis sechs Stunden dauern, und zeigen Sie beim Fliegen kein Gefühl der Angst.

Wohin können Sie reisen?

Geeignetes Klima

Liegt vom Arzt keine besondere Empfehlung vor, ist Mittelgebirgs- oder mildes Seeklima zu empfehlen, wie zum Beispiel an der Ostsee. Ein Aufenthalt im Hochgebirge oder an der Nordsee ist für Zwei- bis Dreijährige noch wenig geeignet – es sei denn, der Urlaub dauert mindestens drei Wochen, sodass sich der Körper auf das extreme Reizklima umstellen und daran gewöhnen kann.

Auch hohe Temperaturen und starke Sonne sollten Sie vermeiden. In heißen südlichen Gegenden wird der kindliche Organismus stark belastet, und Kleinkinder sind dort besonders anfällig für Darminfektionen.

Geeignete Bademöglichkeiten

Das Wasser sollte nicht kälter als 24 Grad sein, dann macht das Planschen und Spielen darin besonders Spaß. Sehr wichtig ist es, dass das Wasser in Ufernähe seicht und brandungsfrei ist und nur langsam tiefer wird, sodass Ihr Kind gefahrlos darin stehen kann. Diese Möglichkeiten bieten weite, flache Sandstrände am Meer (bzw. auch an Seen) oder natürlich große Kinderplanschbecken. Kies oder Felsstrände sind wenig geeignet.

! Behalten Sie Ihr Kind auch an geeigneten Stränden immer im Auge!

Gewohnte Ernährung

In südlichen Ländern ist es manchmal schwierig, die Kindermahlzeiten selbst zuzubereiten, da die Gefahr einer Infektion durch verschmutztes Obst und Gemüse zu groß ist. Kaufen Sie dort lieber Fertigprodukte für Ihr Kind. Klären Sie vor der Auswahl des Urlaubsziels, ob Sie am Ort Fertignahrung oder Obst, Gemüse und Milch hygienisch verpackt kaufen können. Verzichten Sie auf Reiseziele, bei denen das nicht möglich ist.

Günstiger Zeitpunkt

Nutzen Sie es aus, dass Sie sich mit einem Kleinkind bei der Wahl des Urlaubstermins noch nicht nach den Schulferien richten müssen. In der Vor- und Nachsaison sind die Strände leerer, die Preise niedriger und die Temperaturen erträglicher.

Was Reisebüros anbieten

Viele Reisebüros werben für «kinderfreundliche» Urlaubsorte, in denen es Spielplätze, Kindermenüs, Kindergärten (ggf. mit deutschsprachigen Anleiterinnen) und günstige Kinderpreise gibt (ein Vergleich lohnt sich: die Preise in den verschiedenen Urlaubsländern weichen teilweise erheblich voneinander ab). Folgende Gebiete eignen sich – neben anderen – unter Berücksichtigung von Kosten, Entfernung, Temperatur und Ernährung im Allgemeinen gut für einen Urlaub mit einem zwei- bis dreijährigen Kind:

- Deutschland (z. B. Ostseeküste, Schwarzwald, Bayerischer Wald, Voralpenland, Weserbergland, Harz, Mecklenburgische Seenplatte);
- Österreich (z. B. Kärnten, Burgenland, Alpentäler);
- Italien (z. B. Südtirol, Alpentäler, ausgewählte, saubere Meeresstrände);
- Frankreich (z. B. Mittelmeerküste, Biskaya);
- Dänemark (z. B. Ostseeküste);
- Holland (z. B. Ijsselmeer).

Bis zum vierten Lebensjahr einschließlich sollten Sie Ihr Kind im Urlaub möglichst weitgehend selbst betreuen.

Ärztliche Versorgung

Ein Arzt sollte immer erreichbar sein. Fahren Sie in ein Land, dessen Sprache Sie sprechen können, oder vergewissern Sie sich bei der Reiseplanung, ob Ihnen im Notfall ein Reiseleiter oder Dolmetscher helfen kann. Es wäre leichtsinnig, mit einem Kleinkind in ein Gebiet zu fahren, in dem Sie sich nicht mit dem Arzt verständigen können. Gegenden ohne Arzt sollten Sie nicht aufsuchen.

Ärztliche Hilfe und sogar Krankenhausaufenthalt werden Ihnen im Allgemeinen in allen EU-Ländern von den gesetzlichen Krankenkassen und den Ersatzkassen bezahlt – fragen Sie dennoch zu Ihrer Sicherheit nach (Änderungen sind bei den knappen Kassen immer möglich). Bei Reisen in andere Länder müssen Sie sich unbedingt rechtzeitig vorher informieren und notfalls eine Reiseversicherung abschließen. Erkundigen Sie sich bei Ihrer Krankenkasse nach dem Versicherungsschutz im Ausland. Falls Sie in einem anderen Land einen Arzt benötigen, müssen Sie seine Rechnung zunächst bezahlen. Sie bekommen aber, wenn Sie die Rechnung (auch über Arzneimittel, Krankentransportkosten usw.) der Krankenkasse vorlegen, einen Teilbetrag zurück oder sogar die gesamten Kosten erstattet.

Bitte keine Strapazen

Bei frischer Luft und Sonne können Sie Ihr Kind gefahrlos ein wenig abhärten. Sicher sind Sie auch schon vor Ihrem Urlaub regelmäßig mit ihm im Freien gewesen. Denken Sie daran, dass Luft und Sonneneinwirkung am Urlaubsort vielleicht intensiver sind. Ihr Kind braucht ein bis drei Tage Zeit, um sich langsam an die anderen Temperaturen und den veränderten Luftdruck zu gewöhnen.

Lassen Sie es in den ersten Tagen nicht lange in der Sonne spielen. Achten Sie unbedingt darauf, dass es immer eine Kopfbedeckung trägt. Ein Leinenhütchen mit einem Rand eignet sich gut als Schutz. Anfangs ziehen Sie ihm eine kurze Baumwoll- oder Leinenhose und ein Baumwollhemdchen an, später kann es dann auch nackt herumlaufen (aber steigern Sie diese Zeiten nur schrittweise).

Wenn Ihr Kind am Wasser spielt, weht häufig eine Brise, die über die wahre Stärke der Sonneneinstrahlung hinwegtäuscht. Dabei besteht die Gefahr eines Sonnenstichs, zumindest die eines Sonnenbrandes. Ihr Kind sollte nicht lange und keinesfalls während der Mittagszeit in der prallen Sonne spielen.

Vergessen Sie nie, Ihr Kind mit einer Lotion gegen die Sonnenstrahlung, Lichtschutzfaktor ca. zwölf bis 20, einzucremen!

Bis zu einer Stunde nach einer Mahlzeit sollten Sie Ihr Kind nicht ins Wasser lassen, weil der Organismus durch die Verdauung und gleichzeitige körperliche Anstrengung überlastet wäre. Es ist wichtig, dass Ihr Kind seinen gewohnten Tagesrhythmus beibehalten kann.

Lange Wanderungen, bei denen Ihr Kind im Sportwagen geschoben oder teilweise auf dem Arm getragen wird, sind ungeeignet. Achten Sie bei den Spielen möglichst auch auf Abwechslung: So wird Ihr Kind besonders gut in seiner Entwicklung gefördert.

Wichtige Tipps

- Wenn Sie ins Ausland fahren, benötigen Sie je nach Land einen Personalausweis, einen Reisepass, einen Kinderpass, ein Visum, eine Eintragung im Reisepass der Eltern, einen Besuchs- oder einen Tagesschein. Die aktuellen Regelungen erfahren Sie in einem Reisebüro.
- Lassen Sie sich bei Ihrem Kreditinstitut eine Kreditkarte und Schecks aushändigen, damit unvorhergesehene Kosten gedeckt sind.
- Wenn Sie mit dem Zug fahren, besorgen Sie rechtzeitig Platzkarten.
- Tragen Sie die Adresse eines nahen Verwandten oder Freundes bei sich, damit Ihr Kind bei einem Unfall der Eltern sofort Hilfe erhält. Geben Sie Ihrem Kind auch ein Kärtchen mit Ihrer Urlaubs- und Heimanschrift mit.
- Nehmen Sie auch einige Medikamente für leichtere Gesundheitsstörungen Ihres Kindes mit: Fieberzäpfchen, ein Desinfektionsmittel (zum Beispiel bei Hautverletzungen), ein Mittel gegen Insektenstiche und natürlich einen Erste-Hilfe-Kasten (bzw. die Autoapotheke). Bei einer Erkrankung am Urlaubsort suchen Sie sicherheitshalber baldmöglichst einen Arzt auf.
- Erkundigen Sie sich bei Ihrer Krankenkasse, wie Sie sich bei einer Krankheit oder einem Unfall Ihres Kindes im Ausland verhalten sollen.

Psychische Entwicklung

Ein Kind im dritten Lebensjahr kann schon ganz schön mutig sein: Schließlich könnte die Taube danebenpicken, und ihr lauter Flügelschlag erschreckt mitunter selbst die Großen.

Jetzt wird das Kind zu einer eigenständigen Persönlichkeit

Wahrnehmen

Wahrnehmen als Prozess

Die Sinnesorgane lassen sich mit Fühlern vergleichen. Sie ermöglichen dem Menschen die Orientierung in seiner unmittelbaren Umgebung. Wahrnehmen ist kein passiver Vorgang, bei dem einfach nur bestimmte physikalische Reize von unseren Sinnesorganen aufgenommen und an das Gehirn übermittelt werden. Es ist vielmehr ein aktives «Fühlungnehmen» mit der Umwelt.

Wir nehmen überwiegend das auf, was für uns von Bedeutung ist. Unsere Sinneswahrnehmungen sind durch unsere Erfahrungen und Erwartungen subjektiv gefärbt und keine objektiven Abbildungen der Wirklichkeit: Der Förster bemerkt bei einem Wald vielleicht nur, ob er gesund oder krank ist, der Holzhändler sieht nur die Art der verwertbaren Hölzer, der Spaziergänger bewundert seine Schönheit oder freut sich über den Schatten, den er spendet.

Nicht nur die Funktionstüchtigkeit der Augen, Ohren oder der anderen Sinnesorgane entscheidet über die Differenziertheit der Wahrnehmungen. Die Sinnesorgane dienen lediglich als Empfänger von Reizen, die dem Gehirn zugeleitet werden. Dort werden die Reizeindrücke der verschiedenen Sinnesorgane zusammengefasst und anhand gespeicherter Erfahrungen bewertet. Ohne Kenntnis der Bedeutung der Dinge sind das Sehen, Hören, Riechen usw. chaotisch.

Die Entwicklung der Wahrnehmung ist ein Prozess, bei dem sich die analytische und synthetische Tätigkeit des Gehirns immer mehr erweitert. Dieser Prozess kommt im Grunde nie zum Stillstand. Selbst als Erwachsene üben wir uns noch ständig in der Unterscheidung von neuen optischen und akustischen Signalen, von Geschmacks-, Geruchs- und Tastqualitäten.

Entwicklung der visuellen Wahrnehmung

Im Laufe des dritten Lebensjahres entwickelt das Kind seine Wahrnehmungsfähigkeit weiter. Dabei steht nicht die Entwicklung der visuellen Wahrnehmung selbst im Vordergrund – genau sehen kann das Kind mittlerweile ohne Schwierigkeiten –, vielmehr geht es vielfach um die Verknüpfung des Sehens mit dem Denken und mit der Sprache. Wenn Einzelheiten hervorgehoben werden, Beziehungen zwischen den Teilen wahrgenommen und die verschiedenen Aspekte eines Gegenstands integriert werden, sind stets weiter gehende, kognitive Prozesse beteiligt.

Bisher konnte Ihr Kind kaum einen Gegenstand länger betrachten, ohne ihn gleichzeitig mit den Händen untersuchen zu wollen. Nun lösen sich die Wahrnehmungen allmählich von den Tastempfindungen, da schon genug Erfahrungen als Vergleichsmuster zur Verfügung stehen und das Erkennen eines Gegenstands ermöglichen bzw. erleichtern. Vertraute Dinge erfasst das Kind schon «mit einem Blick». Nicht mehr die Bewegungen der Hand bestimmen die der Augen, sondern die Handbewegungen werden mit den Augen kontrolliert. Das Kind nimmt die Gegenstände nun bereits so in die Hand, dass es sie besser betrachten kann. Die visuelle Wahrnehmung nimmt also allmählich die dominierende Rolle ein, die sie beim Erwachsenen hat. (Beim Kennenlernen unbekannter Dinge benutzt das Kind natürlich auch noch alle übrigen Sinne, vor allem den Geschmacks- und Geruchssinn.)

Es verbringt immer mehr Zeit bei der Betrachtung von Gegenständen und Bildern. Seine Augen irren nicht mehr scheinbar ziellos umher wie früher. Es lenkt seine Blicke bewusst und entwickelt bestimmte Verfahren des Beobachtens und Untersuchens. Anfangs deutet es noch mit der Hand auf das, was es sieht. Später wird es diese Wahrnehmungsstütze nicht mehr brauchen und sie durch Worte ersetzen. Seine Sprachfortschritte helfen wesentlich dabei, diese Orientierungsvorgänge zu differenzieren. Durch sie kann das Kind wahrgenommene Eigenschaften, Merkmale und Zustände voneinander abgrenzen und hervorheben.

Mit Hilfe der Sprache gelingt es ihm auch immer besser, die typischen

Merkmale der Objekte von den untypischen zu unterscheiden. Mit anderen Worten: Es kann Dinge wieder erkennen, auch wenn sie ihm aus einem anderen Blickwinkel, einer anderen Entfernung oder in einer neuen Beleuchtung gezeigt werden. Dadurch entwirft es für sich ein immer genaueres und beständigeres Bezugssystem. Es sieht die Dinge allmählich «so, wie sie sind», und unterscheidet zwischen Phantasie und Wirklichkeit.

Wahrnehmung und Übung

Untersuchungen haben ergeben, dass die Wahrnehmungsschärfe von der Motivation und dem Interesse an der Sache abhängt. So fanden Kinder leichter und rascher die Lücke in einem Kreis, wenn sie dafür «Jäger» spielen und sich überlegen sollten, durch welches Loch ein gefangenes Tier wohl entschlüpfen könnte. Ähnliches gilt auch für differenzierte Wahrnehmungen durch andere Sinne. Die Wahrnehmungsfähigkeit kann also durch immer neue Aufgaben geschult werden, zu deren Lösung eine bestimmte Aufmerksamkeitsrichtung nötig ist. (Beispiele dazu finden Sie bei den Entwicklungsanregungen.)

Inzwischen wurde auch die frühere Auffassung widerlegt, dass Kleinkinder sich vorwiegend an der Farbe eines Gegenstands orientieren: Sie richten sich auch in diesem Alter bereits nach dem Merkmal (sei es Form oder Farbe), das für das Erkennen des Gegenstands wichtig ist. Kleinkinder können eine Vielzahl von feinen Farbunterschieden wahrnehmen, wenn sie sich nur auf die Farbe konzentrieren, zum Beispiel beim Ordnen von Farbplättchen nach Farbqualität und Helligkeit. Dabei nennen sie allerdings noch oft falsche Farben. Hier scheint sich manchmal das Vorwissen über einen Gegenstand stärker durchzusetzen als das, was das Kind tatsächlich von ihm sieht. So wird ein abgebildetes orangefarbenes Huhn vielleicht als weiß bezeichnet, weil das Kind nur weiße Hühner kennt und die «Farbe» Weiß für das Kind zum Huhn gehört; von dieser Kombination kann es nicht abstrahieren. Bei Mischfarben fehlen ihm freilich auch häufig die richtigen Farbnamen.

Der Erwachsene kann die Wahrnehmungsfähigkeit des Kindes also durch bestimmte Anregungen fördern: durch Beobachtungen in der Natur, Hinweise beim Betrachten von Bildern, kleine Spiele usw. Dabei ist sehr wichtig, dass er ihm die zugehörigen Begriffe nennt. So bekommt das Kind eine Orientierungshilfe für das, was es sieht, fühlt oder schmeckt. Es kann die gleichen Merkmale dann leichter auch an anderen neuen Gegenständen und Situationen entdecken, seine Eindrücke miteinander vergleichen und Ähnlichkeiten oder Unterschiede feststellen, also seine Beobachtungsgabe trainieren.

Denken

Das Wissen des Kindes über die Dinge seiner Umgebung nimmt zu. Der Erfahrungsschatz bestimmt sein Handeln. Das Kind schafft sich ein eigenes Weltbild, eine «Weltanschauung».

Erfahrung und Denken

Der zunächst begrenzte Erfahrungsschatz des Kindes erweitert sich mit jeder neuen Erfahrung. Wenn ein Kind zum ersten Mal ein Flugzeug bewusst sieht, sucht es in seiner Erinnerung nach Ähnlichem. Es bemüht sich, seine Erfahrungen zu verallgemeinern – eine wichtige Denkoperation – und Zusammenhänge zwischen verschiedenen Erscheinungen herzustellen. Auch das ist eine kreative Denkleistung. Wenn ein Kind gehört hat, dass ein Vogel fliegen könne, weil er lebendig sei (eine nicht zutreffende Aussage), wird es verallgemeinern: Was fliegt, ist lebendig!

Können zweijährige Kinder logisch denken?

In wissenschaftlichen Untersuchungen wurde geklärt, dass zweijährige Kinder eine große Anzahl logischer Verknüpfungen bei Aussagen verstehen. Insbesondere die Konjunktionen «und», «aber» (die Tulpen haben rote Blüten, aber eine Tulpe hat eine gelbe Blüte), «oder» (den Ball kann ich Michael oder Elke geben), «weil» (weil ich getrunken habe, bin ich nicht mehr durstig) und «wenn» (wenn ich die Tasse fallen lasse, zerbricht sie) können bereits von zweijährigen Kindern richtig angewandt werden. Wenn allerdings eine starke Einstellung gegen eine Aussage spricht, kann die Logik übersprungen werden. Ein Beispiel: Der liebe Hund der Familie beißt nicht, hat das Kind lange erfahren. Nun beißt der liebe Hund doch einen anderen Hund. Das Kind nimmt später seinen Hund in Schutz: «Unser Arnu beißt nicht!»

Durch Fragen versucht das Kind, die Lücken in seinem Wissen auszufüllen. Seine «erfühlten» Annahmen und Standpunkte rühren daher, dass es die Erfahrungen, die es in einer Einzelsituation gemacht hat, per Analogieschluss auf andere Situationen überträgt. Damit geht es weit über den Rahmen seiner Kenntnisse hinaus. Es kann seine Verallgemeinerung noch nicht analysieren und deshalb die Widersprüche zwischen seinem Urteil und der Realität nicht feststellen. Oft beharrt es sogar dann hartnäckig auf seiner «Meinung», wenn es sich mit eigenen Augen von der Unrichtigkeit seiner Aussage überzeugen könnte.

Jetzt nimmt auch seine Fähigkeit zu, zusammengehörende Dinge in Gruppen zu ordnen. Verallgemeinerungen werden oft nach rein äußerlichen, manchmal zufälligen Merkmalen getroffen. Optisch erfassbare Ursachen erkennt das Kind leichter als innere, verborgene. Unter abstrakten Begriffen wie «Zeit» oder «Gerechtigkeit» kann es sich noch nichts vorstellen. Sein Denken beruht noch ganz auf anschaulich-konkreten Vorstellungen, die sich aus der praktischen Tätigkeit ergeben.

Der Einfluss der Sprache auf das Denken

Der Spracherwerb und die Erweiterung der Denkfähigkeit bedingen sich gegenseitig. Die Sprache hilft bei der Analyse der Wirklichkeit und erhält die Vorstellung von den Dingen lebendig, auch wenn man diese nicht mehr wahrnehmen kann. Das Kind entdeckt zum Beispiel eine vorher übersehene Ähnlichkeit zwischen zwei Gegenständen, weil es hört, dass sie einen gemeinsamen Namen haben. Es wird auf Unterschiede aufmerksam, wenn scheinbar gleiche Dinge ganz unterschiedliche Namen tragen.

So ist auch zu erklären, dass der Zusammenhang zwischen Sprechfertigkeit und Intelligenz enger wird. Intelligenztests stützen sich von nun an immer mehr auf die Messung des Sprachniveaus und weniger auf sensomotorische Fertigkeiten wie in früheren Lebensjahren. Intensive Sprachförderung bewirkt insofern eine Zunahme der messbaren Intelligenz.

Gedächtnis und Denken

Die ersten Kindheitserinnerungen Erwachsener reichen gewöhnlich bis ins dritte oder vierte Lebensjahr zurück. Die Fähigkeit, Erinnerungen zu speichern, bildet eine wesentliche Grundlage zur Entwicklung von Gedanken. Denn das Vergleichen, das Finden von Zusammenhängen und das Verallgemeinern setzen Informationen voraus, die bildlich oder durch Wortzeichen im Gedächtnis gespeichert sind. Gedanken sind aber nicht nur die Wiederholung von etwas Gelerntem, sondern das Hervorbringen von neuen Ideen. Dazu muss das vorhandene Wissen «gesichtet» und auf ein Ziel oder Problem gerichtet werden.

Alle diese Fähigkeiten sind natürlich zu Beginn noch unvollkommen. Das Gedächtnis des Kindes arbeitet vorläufig noch unwillkürlich. Es versucht nicht, sich etwas bewusst einzuprägen. Das Speichern von Erinnerungen geschieht sozusagen als ein Nebenprodukt des Tuns. Alle Spiele, die eine aktive Haltung des Kindes erfordern, tragen deshalb zum Einprägen von

Gedächtnisinhalten bei. Dazu gehören zum Beispiel Geschichten, die so erzählt und illustriert werden, dass sich das Kind mit dem Helden identifizieren und seine Handlungen gefühlsmäßig nachvollziehen kann.

Auch Spiele, in deren Verlauf sich das Kind etwas merken muss, fördern das Gedächtnis. Und zwar besonders dann, wenn die Leistung nicht von außen erwartet, sondern vom Kind selbst gewünscht wird.

Allmählich wird die Gedächtnisspanne größer. Das Kind kann nun Wörter oder Handlungen wiederholen, auch wenn das Vorbild nicht mehr sichtbar ist. Mit zwei Jahren weiß es noch nach einer Viertelstunde, wo ein Gegenstand versteckt wurde. Mit drei Jahren erinnert es sich auch nach einer sehr viel größeren Zeitspanne daran. (An Erlebnisse, die Ihr Kind besonders beeindruckten, kann es sich noch nach vielen Monaten erinnern.)

Auch das Kurzzeitgedächtnis kann immer mehr Informationen aufnehmen. Mit zweieinhalb Jahren sind es zwei Silben oder Zahlen, mit drei Jahren bereits drei. Solche Experimente gelingen jedoch nur, wenn das Kind sich in einem guten Allgemeinzustand befindet und wenn es Lust an der Aufgabe hat. Wenn es sich dagegen nicht dafür interessiert, gibt es eine falsche oder gar keine Antwort.

Sprechen und Sprache

Erweiterung des Wortschatzes

Wenn das Kind zwei Jahre alt wird, hat es gewöhnlich begriffen, dass Dinge Namen haben. Es benutzt die ihm bekannten Bezeichnungen und erfragt sogar schon neue. Das Verständnis vertieft sich. Die Wörter sind allmählich nicht mehr situationsgebunden und gewinnen allgemeine Geltung.

Nach der Statistik verwendet ein 24 Monate altes Kind durchschnittlich 250 bis 300 Wörter. Im nächsten halben Jahr erweitert es seinen Wortschatz auf durchschnittlich 500 bis 600 Wörter. Bis zum Ende des dritten Lebensjahres verwendet es 800 bis 1000 Wörter (vgl. Wendt 1997). Bei besonders guter sprachlicher Förderung umfasst der Wortschatz bei einem dreijährigen Kind über 1000 Wörter. Das Kind versteht seine Muttersprache gut, weil es nun alle Laute richtig unterscheiden und erkennen kann. Der Wortschatz von Mädchen ist im Durchschnitt etwas größer. Sie sind den

Jungen in der gesamten Sprachentwicklung auch in den nächsten Lebensjahren überlegen.

Artikulation

Bei der Aussprache macht das Kind noch viele Fehler, besonders bei den Konsonanten. Schwierige Konsonanten wie «k» oder «g» lässt es einfach aus, oder es ersetzt sie durch ähnlich klingende. Folgen zwei Konsonanten in einem Wort aufeinander, so wird häufig einer davon verschluckt. Das geschieht besonders dann, wenn das Kind im Eifer etwas schnell erzählen will.

Wegen solcher Fehler wird das Kind oft nicht richtig verstanden. Vor allem außenstehende Personen wissen meist nicht, was mit den Wörtern gemeint ist. Diese Missverständnisse frustrieren das Kind, denn es will sich ja immer mehr durch Sprache ausdrücken und nicht durch Gesten und Körpersprache wie früher.

Viele Sprechfehler sind bis zum Alter von vier Jahren normal. Sie entstehen, weil das Kind seine Lippen, die Zunge, den Kehlkopf und die Schlundmuskulatur noch nicht richtig koordiniert. Das verbessert sich im Laufe der Zeit durch Übung. Das Kind hat viel Freude an seiner neuen Fähigkeit, sodass es gern und viel redet. Es genießt die zunehmende Unabhängigkeit, die ihm die Sprache verleiht. Mit zweieinhalb Jahren sagt es alles nach, was es hört. Häufig versteht es den Sinn gar nicht. Rhythmische und wiederkehrende Äußerungen machen ihm am meisten Spaß. Es prägt sie sich besonders gut ein.

Erwerb der Grammatik

Wenn dem Kind ein Wortschatz von ungefähr 80 bis 130 Wörtern zur Verfügung steht, bildet es allmählich Sätze mit mehr als einem Wort. Gewöhnlich gegen Ende des zweiten Lebensjahres reiht es hauptsächlich Substantive in abgewandelter Form aneinander.

Die «echten» Zweiwortsätze bestehen aus einem Hauptwort und einem Tätigkeits- oder Eigenschaftswort. (Die Sprache ist eben für das Kind noch sehr mit Handlungen verbunden.) Bald kommen einige Pronomina hinzu. Konjunktionen, Hilfsverben, Artikel und Präpositionen werden im Allgemeinen noch nicht benutzt. Die Anzahl der verwendeten Wörter pro Satz steigt langsam an. Die Sprachstatistik stellte fest: Mit zwei Jahren gebrauchen Kinder durchschnittlich 1,7 Wörter pro Satz, mit zweieinhalb Jahren sind es 2,4 Wörter und mit drei Jahren 3,3 Wörter.

Die Sätze bekommen zunehmend eine verständliche, grammatikalische Struktur. Das Kind verwendet die Hauptwörter allmählich im jeweils richtigen Fall, und es benutzt die Tätigkeitswörter in verschiedenen Zeitformen. Mit etwa zweieinhalb Jahren fängt es an, zusammengesetzte Sätze zu sprechen. Es nimmt Konjunktionen wie «und», «aber», «weil» und «wie» in seinen Wortschatz auf. Gegen Ende des Jahres kann es alle wichtigen Grundmuster von Sätzen bilden. Es beherrscht dann auch fast alle Kasusbildungen.

Sprachförderung

Der Wortschatz wird durch das vorbildliche Sprechen von Erwachsenen (und Kindern) selbstverständlich entwickelt, es kann auch durch direktes Lehren, Vorsprechen und Nachsprechenlassen erweitert werden. (Eine wichtige Rolle spielt dabei auch die Anzahl verschiedenartiger Kontakte, die dem Kind offen stehen, weil jeder Mensch einen etwas anderen Grundwortschatz gebraucht.) Durch welche Prozesse der rasche Erwerb der komplizierten grammatikalischen Struktur zustande kommt, ist noch nicht endgültig geklärt.

Das Vorbild der Erwachsenen ist, wie schon erwähnt, besonders wichtig. Wenn Sie viel, deutlich und freundlich mit dem Kind sprechen, lernt es selbstverständlich leichter. Durch Ihr Sprechen erwirbt es mit jedem Satz mehr Grammatik.

In Untersuchungen wurde erforscht, welche Art der Sprachförderung besonders erfolgreich ist. Man kam dabei zu folgendem Ergebnis: Es hat wenig Sinn, das Kind zu korrigieren und seine falsch formulierten Sätze richtig zu wiederholen. Besser ist es, wenn der Erwachsene den kindlichen Gedankengang in der Antwort einfach fortsetzt und damit zeigt, dass er es verstanden hat. Durch aufmerksames Zuhören ermuntert er das Kind zum Sprechen. In der Antwort bietet er ihm zugleich neue und bessere Satzmuster an. Es ist eigentlich ganz selbstverständlich, dass dem Kind das Sprechen mehr Spaß macht, wenn man darauf eingeht und seine Bemühungen lobt, als wenn man Kritik übt und es in seinem Gedankengang unterbricht, um es zu verbessern.

Bedeutung für die Entwicklung

Das Kind spricht jetzt gern und viel, es redet sogar mit sich selbst. Beim Spielen «denkt es laut» und erklärt, was es gerade macht oder machen will. So werden seine Handlungen durch die Sprache ergänzt und geistig strukturiert. Dieses Sprechen ist nicht nur eine zusätzliche Übung in der Sprachentwicklung, sondern auch eine entscheidende Hilfe für die Förderung des Denkens.

Auch das soziale Verhalten wirkt verstärkend auf die Sprechentwicklung. Kinder erleben, dass die Verständigung mit anderen besser klappt, wenn man sich gut ausdrücken kann. Sie fühlen sich sicherer und müssen nicht stumm abseits stehen oder die Mutter bzw. den Vater ständig als «Dolmetscher» vorschieben. Die Sprache ist ein wichtiges Hilfsmittel beim Erwerb von vielfältigen Verhaltensweisen.

Stottern als Durchgangsstadium

Fehler in der Aussprache sind – wie schon erwähnt wurde – bei allen Kindern bis zum Alter von vier Jahren ganz normal. Zwischen zweieinhalb und dreieinhalb Jahren neigen außerdem viele zum Stottern. Ein Grund dafür ist, dass Kinder oft schneller reden wollen, als sie können. Ihre Gedanken sind schneller als die Zunge, vor allem dann, wenn sie aufgeregt sind. Lassen Sie Ihrem Kind Zeit. Bei Ermahnungen verkrampft es sich nur zusätzlich (und daraus könnte sich bei häufigen, ungünstigen Wiederholungen eine ernsthafte Störung ergeben).

Auch eine strenge und zu penible Disziplin im Elternhaus erhöht eher die Neigung zum Stottern. Eltern, die sich schulmeisterlich und perfektionistisch um die Sprechentwicklung kümmern und Druck auf das Kind ausüben, werden manchmal dadurch zur Ursache für das Stottern ihres Kindes. Machen Sie es sich zur Regel, geduldig zuzuhören. Drängen und ermahnen Sie es nicht, wenn es stottert, und zügeln Sie eventuell Ihr eigenes Sprechtempo einige Zeit.

Gemeinsames Singen und rhythmisches Sprechen wirken übrigens entspannend und beruhigend auf Kinder, die überhastet sprechen.

Die Entwicklung der Handlungen

«Ich kann das allein!» Diesen Ausspruch werden Sie jetzt sehr oft hören. Ihr Kind beweist damit seinen verstärkten Wunsch nach Selbständigkeit. Es möchte ohne Hilfe der Erwachsenen etwas können. Unterstützen Sie diesen Wunsch in jeder Hinsicht. Das Gefühl, etwas allein getan zu haben, hilft Ihrem Kind wesentlich beim Aufbau seines Selbstbewusstseins.

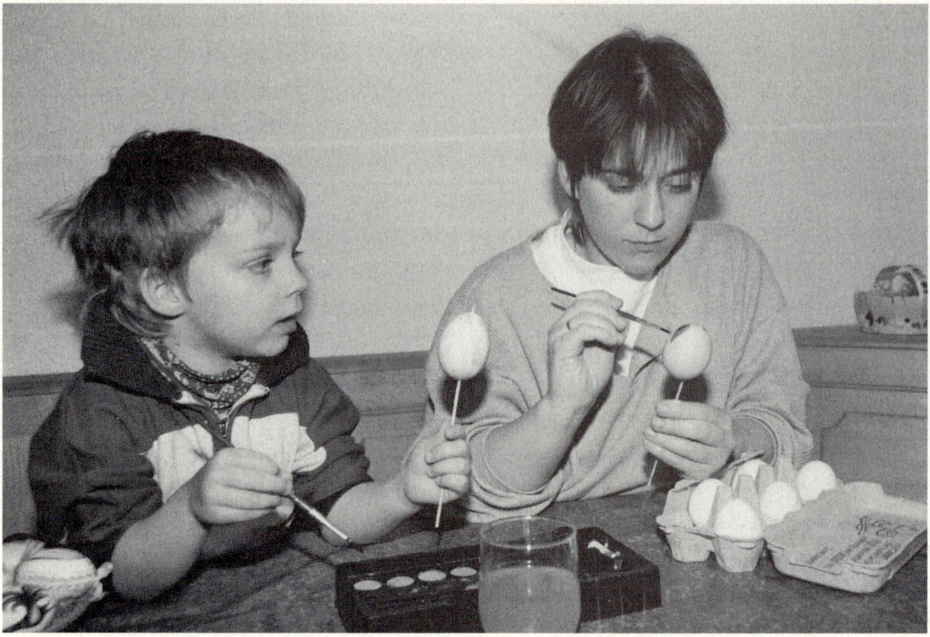

Dieser Wunsch ist ein Zeichen für ein verändertes Verhältnis des Kindes zu seinen Handlungen. Es erlebt sie nunmehr bewusst als seine persönlichen Taten. Früher ging die Aufforderung zum Hantieren von einem bestimmten Gegenstand aus, der gewöhnlich durch einen Erwachsenen in das Blickfeld des Kindes gebracht wurde. Der Erwachsene zeigte ihm dann einige Handgriffe. Jetzt beginnt das Kind langsam die im Umgang mit einem bestimmten Gegenstand erlernten Handlungen von diesem zu lösen und auf andere Dinge zu übertragen. Erfahrungen werden also verallgemeinert und aus ihrer Gegenstands- und Situationsgebundenheit herausgehoben. Sie bekommen dadurch einen eigenen Wert.

Schon im zweiten Lebensjahr wiederholte das Kind oft erstaunlich genau die Tätigkeiten anderer. Es wiegte zum Beispiel den Teddy genauso in den Schlaf, wie das die Mutter mit ihm selbst tat. Doch es war ihm wohl nicht klar, dass es damit das Tun der Mutter nachahmte. Nun vergleicht es seine persönlichen Handlungen bewusst mit denen der anderen. Es kann wählen, ob es sie nachgestalten oder auf eine ganz andere Art vollziehen will.

Dieses neue Bewusstsein ist eine Voraussetzung für das Rollenspiel. Es kann sich nun auch selbst ein Ziel wählen und vorher seine Absicht verkünden. Seine Tätigkeiten werden also mehr und mehr von Vorsätzen bestimmt. Der Einfluss des Denkens wird unverkennbar. Es kann seine Handlungen den objektiven Beziehungen zwischen den vorgegebenen Dingen anpassen. Seine Verhaltensweisen sind nicht mehr so starr, sondern variabel.

Geschickt probiert es verschiedene Möglichkeiten aus und richtet sich dabei nach seinen bisherigen Erfahrungen. Es wiederholt seltener gleiche Handlungen am gleichen Gegenstand. Wenn es einen Ablauf gut beherrscht, führt es ihn manchmal nur noch verkürzt aus und begleitet ihn mit Worten wie «Die Puppe isst den Brei!» oder «Ich füttere die Puppe!» Das schließt jedoch nicht aus, dass es im Verlauf des Spiels noch oft seine Absicht ändert oder sein Vorhaben ganz aufgibt, wenn es etwas Interessanteres entdeckt.

Gegen Ende des dritten Lebensjahres kann Ihr Kind im Vergleich zum vorangegangenen erstaunlich viele Handlungen selbständig ausführen:
- Es isst völlig allein.
- Es braucht kaum noch Unterstützung beim Anziehen. (Die Schnürsenkel kann es allerdings noch nicht allein binden. Auch bei kleinen Knöpfen hat es noch Schwierigkeiten.)
- Es zieht sich ohne Hilfe aus.
- Es kämmt sich die Haare.
- Es wäscht und trocknet sich die Hände.
- Es hilft beim Aufräumen der Spielsachen und bei kleinen Verrichtungen im Haushalt (zum Beispiel Gegenstände holen oder sie wieder an ihren richtigen Platz stellen).

Selbstgefühl

Da Ihr Kind in diesem Jahr immer selbstbewusster wird und sich als eigene Person zu begreifen beginnt, die der Welt gegenübersteht, lässt es sich nicht mehr so leicht von Erwachsenen leiten. Häufig widersetzt es sich ihren Einflüssen und beweist damit seine Unabhängigkeit.

Die gut entwickelte Motorik, die Fähigkeit, sich frei zu bewegen und sich mit Hilfe der Sprache zu verständigen, verleihen ihm Sicherheit gegenüber seiner Umgebung. Es drängt entschieden in die Erwachsenenwelt und begreift allmählich seine eigene Rolle und die der anderen Menschen seiner Umwelt. Bald findet es heraus, welche Rollen

nachahmenswert sind. Zu diesem Prozess gehört auch die Entdeckung der eigenen Geschlechtsrolle.

Da es nun fest auf eigenen Beinen steht, beginnt der Kampf um die Selbständigkeit im weiteren Sinn. Es beginnt, zwischen «ich» und «du», «mein» und «dein» zu unterscheiden.

Gewöhnlich nennt es sich zu Beginn des dritten Lebensjahres noch bei seinem Vornamen. Doch selbst wenn es das Wort «ich» dann schon richtig aussprechen kann, bekommt dieser Begriff für das Kind um die Mitte des dritten Lebensjahres eine neue Erlebnisqualität. Es sieht sich nicht nur immer bewusster als Urheber von Handlungen und ihrer Auswirkungen, sondern es erlebt jetzt die Prozesse des eigenen Innenlebens als einen Teil seiner selbst. Es entdeckt sich selbst als Urheber von Gedanken, Gefühlen und Vorstellungen. Ihm wird bewusst, dass es diese Prozesse steuern kann. Seine neue Willens- und Entscheidungsfreiheit bringt es jedoch häufig in Konflikt mit sich selbst, mit bestehenden Bindungen und mit den Wünschen anderer. Und sie verursacht ihm «die Qual der Wahl». Denn noch sind seine Unterscheidungsmöglichkeiten nicht sehr groß, und es kann die Konsequenzen einer Entscheidung noch nicht absehen. Es weiß nicht, welche Wünsche sich ausschließen und dass manchmal die Wahl der einen Sache andere begehrenswerte Möglichkeiten versperrt.

So möchte das Kind am liebsten alles gleichzeitig tun. Es will Dreirad fahren und Ball spielen, Spielsachen horten und sie durch die Gegend schleudern, etwas selbständig erledigen und sich helfen oder gar bedienen lassen. Das Kind befindet sich in diesem Alter des zunehmenden Selbstbewusstseins fast ständig in einem Zustand der inneren Spannung und Unsicherheit. (Die innere Unruhe des Kindes ist auch ein Grund dafür, dass es jetzt ängstlich und schreckhaft reagiert.)

Häufig wirkt sein Verhalten eigensinnig, unmotiviert oder sogar boshaft. In Wirklichkeit ist dies nur ein Zeichen seiner Unsicherheit in der Entscheidung für «ja» oder «nein», für «ich möchte» und «ich möchte nicht». Manchmal fühlt es sich «ganz groß» und dann wieder «ganz klein». Wie oft muss es hinnehmen, dass es seinen Willen nicht durchsetzen kann, dass es an der eigenen Ungeschicklichkeit und Unzulänglichkeit scheitert! Wie oft muss es merken, dass es wegen seiner mangelnden sprachlichen Ausdrucksfähigkeit nicht richtig verstanden wird! Wie oft wird seinen Wünschen das Wort «nein» entgegengesetzt!

All das bereitet dem Kind natürlich Schwierigkeiten. Darum weiß es häufig nicht, wie es sich verhalten soll. Besonders wenn das Kind eine Beschäftigung zugunsten einer anderen aufgeben muss, hat es mit seiner eigenen Unsicherheit zu kämpfen. Denn ein solcher Wechsel verlangt die Fähigkeit, sich zu entscheiden und rasch umzustellen. Doch dazu ist das Kind im Augenblick vielleicht gar nicht bereit. So zieht es den Wechsel lieber hinaus und trödelt herum.

Sicher haben Sie schon solche Erfahrungen gemacht: Sie möchten mit Ihrem Kind zum Einkaufen, zum Spielen oder zum Schwimmen gehen. Alle diese Aussichten sind sehr verlockend für Ihr Kind. Und trotzdem dauert es endlos, bis Sie ihm die entsprechenden Kleidungsstücke dafür anziehen können. Ständig rennt es weg, spielt herum und verzögert den Beginn der nächsten Tätigkeit. Das ist keine böse Absicht. Es kann die Lage einfach noch nicht überblicken. Und so bleibt es lieber da, wo es ist.

Der fast tyrannische Hang zur Ordnung bei Kindern dieses Alters steht damit in innerem Zusammenhang. Sie bestehen darauf, dass alles an seinem gewohnten Platz ist und in der üblichen Reihenfolge abläuft. Bei manchen Handlungen gibt sich das Kind auch selber Regeln, die wir nicht gleich durchschauen können: Es tritt nur auf jeden zweiten Pflasterstein oder möchte die Suppe (wie eine Katze) direkt vom Teller schlecken. Abends zieht es das Zubettgehen endlos hinaus. Die Rituale vor dem Schlafen dienen gleichzeitig der Beruhigung und Entspannung. Denn die innere Gegensätzlichkeit seiner Gefühle erschwert natürlich die zum Einschlafen notwendige Entspannung: Einerseits möchte es am Tagesgeschehen weiterhin teilhaben, andererseits hat es aufgrund seiner Müdigkeit das Bedürfnis einzuschlafen.

Vielleicht fällt es Ihnen mit diesem Wissen leichter, die zeitraubenden Verzögerungstaktiken Ihres Kindes mit Geduld, Humor und Verständnis hinzunehmen!

Emotionales und soziales Verhalten

Das Trotzalter

Das dritte Lebensjahr gilt allgemein als ein schwieriges Alter für Kinder, Eltern und Erzieherinnen. Das Kind erscheint plötzlich «wie ausgewechselt». Auf einen scheinbar nichtigen Anlass hin gerät es in zerstörerische Wut. Es sperrt sich gegen einfache Anweisungen oder Wünsche der Eltern, die es sonst gern befolgt hat. Es stellt sich taub, wenn man etwas von ihm will. Wenn es gerufen wird, reagiert es häufig nicht oder läuft weg und versteckt sich.

Manchmal verteilt es großzügig seine Spielsachen, dann wieder verteidigt es sie wütend, weil es glaubt, jemand wolle ihm etwas wegnehmen. Es verlangt heftig nach einer Sache, aber wenn es sie bekommt, reagiert es gar nicht, oder es stößt sie weg. Es bittet um Hilfe und lehnt dann plötzlich den Beistand wütend ab.

Sein Gefühlsleben ist voller Gegensätze und scheinbarer Launen. Nach fröhlicher Ausgelassenheit verfällt es plötzlich übergangslos in lustlose Apathie oder gar Niedergeschlagenheit. Ausgeprägtes Geselligkeitsbedürfnis wechselt mit dem Wunsch nach Ruhe, freundliche

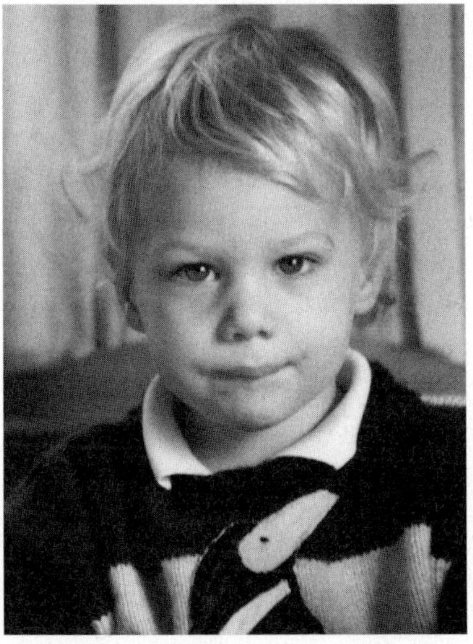

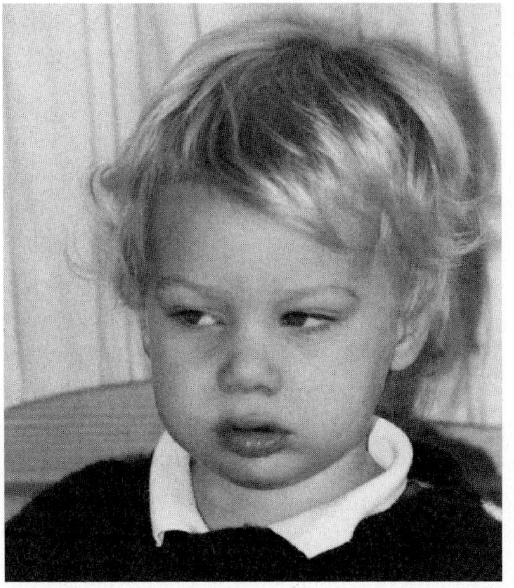

Zuneigung schlägt in abweisendes Verhalten um.

Viele Eltern fragen sich zu diesem Zeitpunkt besorgt, ob sie in der Erziehung etwas falsch gemacht haben. Sie überlegen, ob sie bisher zu nachgiebig gewesen sind und das Kind zu sehr verwöhnt haben. Ihre Unsicherheit vergrößert sich noch, wenn Außenstehende das Kind bei einem seiner Tobsuchtsanfälle erleben und dann behaupten: «Bei unseren Kindern hat es das nicht gegeben!» oder «Ihr müsst einfach strenger sein, sonst tanzt euch das Kind bald auf dem Kopf herum!»

Die Launenhaftigkeit ist ein Ausdruck der inneren Konflikte des Kindes. Es befindet sich in einem Übergangsstadium. Im kindlichen Erleben und in seinem Selbstverständnis finden einschneidende Veränderungen statt. Sie erreichen ihren Höhepunkt zwischen der Mitte und am Ende des dritten Lebensjahres. Danach wird das Kind wieder sein seelisches Gleichgewicht finden und sich ausgeglichener verhalten.

Gefühle gegenüber Menschen und Dingen

Wegen dieser oben erwähnten auffälligen Signale werden oft die feineren positiven Veränderungen im Gefühlsleben des Kindes und in seinen sozialen Beziehungen übersehen.

Gegenüber jüngeren oder gleichaltrigen Kindern verhält es sich gelegentlich durchaus verantwortungsvoll und fürsorglich, allerdings nur dann, wenn sie ihm sympathisch sind. Wenn es ein Kind nicht mag, wird es auch nicht auf eine Aufforderung hin mit ihm spielen. Eindeutige und anhaltende Sympathien können schon jetzt zu richtigen Kinderfreundschaften führen (sofern genügend Kontaktmöglichkeiten vorhanden sind), die ebenfalls ein Zeichen von beständigeren und differenzierteren Gefühlsmöglichkeiten sind. Natürlich darf man nicht zu sehr an die Verständigkeit und Einsicht des Kindes appellieren und es so überfordern. Selbst mit seinem «besten Freund» läuft das Spiel nicht immer friedlich ab! Es reißt ihm vielleicht das Spielzeug aus der Hand, das es ihm noch vor wenigen Minuten freiwillig gegeben hat.

Doch allmählich treten auch andere Gefühle in den Vordergrund. Es freut sich, wenn es etwas fertig gebracht und dabei Schwierigkeiten überwunden hat, es ist stolz und selbstzufrieden und möchte gelobt werden. Am Ende des Jahres kann die Leistungsmotivation bereits weit ausgebildet sein, wenn sie durch die Eltern gefördert wurde. Aber auch dann reagiert das Kind noch nicht auf echte Wettkampfsituationen und konkurriert nicht mit anderen Kindern im Leistungsbereich. Es richtet sich jedoch immer mehr nach den positiven und negativen Einstellungen seiner bewunderten und geliebten Bezugspersonen. Was ihnen gefällt, das gefällt auch ihm, und was sie ablehnen, das lehnt es ab. Auf ihren Äußerungen bauen zum Beispiel seine ästhetischen Gefühle auf, sein Sinn für Humor und Komik, der in einer geeigneten Situation jetzt schon erkennbar sein kann.

Verhältnis zu Eltern und Erwachsenen

Zu Beginn des dritten Lebensjahres wird das Verhältnis des Kindes zu seiner Mutter besonders intensiv und bewusst. Es hängt zärtlich an ihr und kann sich nur schwer von ihr trennen. (Manche Kinder bevorzugen auch vorübergehend den Vater, oder sie wechseln ihre Vorliebe je nach Tätigkeit und Tageszeit. Doch wenn sie Kummer haben oder müde sind, wenden sich alle Kinder meistens an die bevorzugte Bezugsperson.) Das zeigt sich unter anderem in innigen Puppen-Rollenspielen. Neue Handlungsmotive entstehen. Es kann zum Beispiel schon manchmal seine eigenen Wünsche zurückstellen und etwas für andere tun: Es pflückt Blumen für die Mutter oder bastelt ein Geschenk für den Vater.

Das Kind hat noch immer Schwierigkeiten, sich mit mehr als einer erwachsenen Person zu beschäftigen, da es sich noch nicht gleichzeitig auf mehrere Personen einstellen kann.

Fremden gegenüber verhalten sich die Kinder unterschiedlich. Manche verstecken sich scheu oder bleiben dicht bei der Mutter, andere zeigen überhaupt keine Angst. Sie schenken Fremden ihr Vertrauen oder werden zudringlich bis aggressiv. Manche wechseln aber auch von einem Extrem ins andere.

Hat sich ein Kind erst einmal mit einem Fremden vertraut gemacht, so zeigt es gern seine Zuneigung durch Küsse oder Streicheln. Es fühlt genau, welche Menschen es mögen, und bevorzugt sie. Auch Tiere und leblose Dinge behandelt es gelegentlich zärtlich. Ist dies jedoch übermäßig ausgeprägt, so muss man sich fragen, ob es dort vielleicht Ersatz für mangelnde Zuneigung durch Menschen sucht.

Verhältnis zu anderen Kindern

Am liebsten spielt das Kind in einer Zweiergruppe, also mit einem Freund oder einer Freundin. Sie sprechen und lachen miteinander. Es ist ein echtes gemeinsames Spiel, bei dem immer häufiger auch bestimmte Rollen verteilt werden. Kinder dieses Alters streiten schon weniger als im vergangenen Jahr. Aber nach einem zunächst ruhigen Spielbeginn treten doch oft Konflikte auf.

Fast immer dreht es sich dabei um Besitzansprüche. Die Kinder schlagen sich, beißen oder ziehen sich grob an den Haaren. In dieser Situation ist das Eingreifen der Eltern notwendig. Wenn ein Kind von selbst oder auf Veranlassung der Eltern nachgibt, so hat dies noch wenig mit Sinn für Gerechtigkeit zu tun. Es nützt auch in der aktuellen Situation wenig, wenn Erwachsene an Gerechtigkeit oder Vernunft appellieren, allerdings wird ein Kind langfristig doch davon beeinflusst.

Sind mehrere gleichaltrige Kinder beisammen, spielen sie überwiegend nebeneinander und nicht miteinander. Jedes Kind folgt seinen eigenen Eingebungen. Doch wenn eines von ihnen etwas Besonderes tut, machen es ihm die anderen nach. So kann es zu recht turbulenten «Massenszenen» kommen. Streitigkeiten lassen sich schlichten, wenn allen Kindern das gleiche Spielmaterial angeboten wird. Dann setzt meistens wieder das Nebeneinanderspiel ein, und für eine Weile herrscht friedliche Geschäftigkeit.

Auch bei diesen parallelen Spielen lernen die Kinder viele soziale Verhaltensweisen. Sie erfahren, dass man etwas nacheinander tun muss, dass man evtl. abwechseln muss, damit Zusammenstöße vermieden werden. Und sie sehen, dass man teilen kann, damit alle etwas haben. Kommt das Kind in eine fremde Kindergruppe, so zeigt es häufig wieder Verhaltensunsicherheiten, wie Streiten, egoistisches Handeln oder passives Zuschauen. Das legt sich jedoch, wenn es sich mit den anderen Kindern vertraut gemacht hat.

Besonders gern spielt das Kind jetzt mit Fünf- oder Sechsjährigen. Es akzeptiert ihre Führungsrolle und nimmt viele Anregungen von ihnen auf.

Soziale Anpassung und Kontrolle der Gefühle

Die soziale Entwicklung wird beschleunigt, wenn das Kind viel mit Altersgenossen zusammenkommt. Noch wichtiger als die Häufigkeit der Kontakte ist natürlich, dass diese auch befriedigend sind. Deshalb sollten Sie die Wahl der Spielpartner ein wenig steuern und zum Beispiel darauf achten, dass Ihr Kind nicht immer unterliegt.

Das Kind erwirbt die Formen des sozialen Verhaltens unter Anleitung

Egozentrische Weltsicht zweijähriger Kinder?

In der Entwicklungspsychologie spielte der Forscher Piaget eine herausragende Rolle. Er ging davon aus, dass Kinder im Vorschulalter in einem egozentrischen Weltbild leben. Neuere Untersuchungen haben aber gezeigt, dass schon zweijährige Kinder die Perspektive anderer Menschen berücksichtigen. Wenn Sie Ihr Kind auffordern, einer Tante ein größeres Foto aus eineinhalb Meter Abstand zu zeigen, dreht es das Bild so, dass die Tante die Abbildung sieht (und es selbst die Rückseite). Es nimmt also die Perspektive der Tante ein, es versetzt sich in ihre Lage, es ist nicht immer egozentrisch.

der Erwachsenen. Ihr Vorbild ist – neben der direkten Anleitung – ausschlaggebend. Wenn es das Vorbild respektieren und lieben kann, wird es sich ihm angleichen. Es wird versuchen, die Achtung der Menschen zu gewinnen, die es mögen und die es deshalb auch selbst mag. Über diese Identifikation baut sich sein soziales und emotionales Verhalten auf und formt sich sein Gewissen. Es lernt in der Beziehung zu diesen Menschen, welche Formen des Kontakts und der Gefühlsäußerungen angebracht sind und welche Reaktionen es durch sein eigenes Verhalten hervorruft.

Ihr Kind entdeckt jetzt neue Spielformen

Realitätssinn und Spielen

Bisher waren «Spiel» und «Ernst» für das Kind noch nicht getrennt. In diesem Jahr bemerkt es jedoch, dass nicht alle Handlungen ein konkretes, nützliches Ergebnis haben – zumindest nicht aus der Sicht der Erwachsenen. Der Turm aus Bauklötzen wird nach dem Spiel wieder umgeworfen. Es scheint keine Rolle zu spielen, ob er steht oder nicht. Wenn jedoch das Geschirr vom Esstisch gestoßen würde, hätte das ernstere Folgen.

Das Kind lernt vor allem bei kleinen Aufgaben, die es selbständig ausführen darf, nach Bedeutung seiner Aktivitäten und sachgerechtem Verhalten zu unterscheiden. Vorsichtig trägt es zum Beispiel einen Teller Suppe zum Tisch. Es erkennt, dass der Teller in einer bestimmten Weise gehalten werden muss, damit die Suppe nicht verschüttet wird. Und es sieht, dass die Handlung einen Zweck hat. Bei solchen Tätigkeiten lernt es zugleich Verhältnisse zwischen Personen und Dingen, Handlungsabläufe, Raum- und Zeitbegriffe und Mengenangaben kennen und beachten.

Im Spiel geschieht oft das Gegenteil. In der Phantasie wird alles möglich. Ein Teller kann vieles sein: Steuerrad, Badewanne oder Puppenbett. Oder auch ein Teller mit Suppe, die aber niemals überschwappen wird! Im Spiel kann man sich seine Wünsche erfüllen und Rollen übernehmen, die man in Wirklichkeit noch nicht (oder nie) realisieren kann. Die Dinge sind so, wie man sie haben will.

Die Freizügigkeit im Spiel ist eine Voraussetzung für die Entwicklung der schöpferischen Fähigkeiten des Menschen. Nur durch diese Freiheit kann etwas Neues erfunden werden, das das Bestehende ersetzt oder ergänzt. Die Dinge auch einmal von

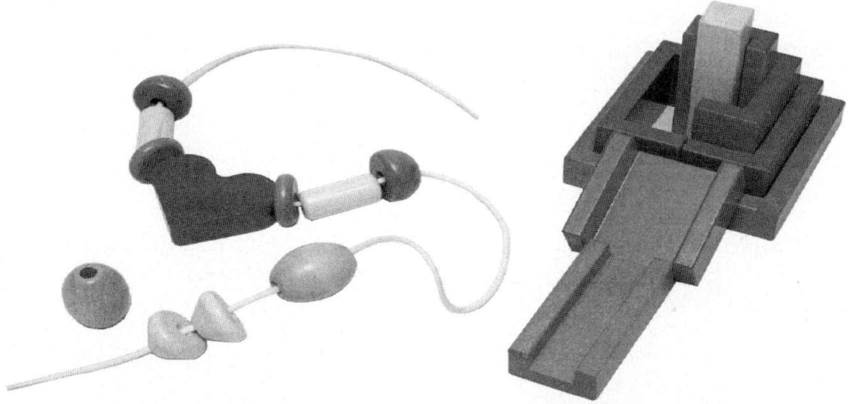

einer anderen Seite zu betrachten, die Perspektive zu wechseln – das vermittelt neue Einsichten in die Umwelt, aber auch in die eigene Stellung innerhalb der Welt.

Beide Prozesse müssen sich gleichzeitig nebeneinander entwickeln können. Das Kind muss natürlich lernen, sich auf die Realität einzustellen und mit ihr fertig zu werden. Es muss aber auch die Gelegenheit haben, in seiner Phantasie, im Spiel, völlig frei darüber zu verfügen.

Rollenspiele

Im Laufe dieses Lebensjahres erfasst Ihr Kind die Bedeutung des Wortes «ich». Dadurch wird das Rollenspiel als eine neue Spielform möglich. Das Kind stellt sich vor, es sei die Mutter oder der Vater, ein Tier, ein Auto oder etwas ganz anderes. Sicher hat es zuvor auch manchmal «wie die Mutter» seine Puppe schlafen gelegt oder gefüttert. Das war aber noch kein echtes Rollenspiel, sondern eine Nachahmung beobachteter Tätigkeiten. Erst wenn dem Kind der Unterschied zwischen «ich» und «du» völlig klar ist, kann es bewusst seine Rolle wechseln. Indem es die Rolle des «Du» übernimmt, identifiziert es sich vorübergehend mit ihm und nimmt einige seiner Verhaltensweisen auf. Das Spiel ist dann nicht einfach eine Imitation und Wiederholung des fremden Verhaltens. Das Kind «ist» selbst die andere Person oder der vorgestellte Gegenstand. Und so erfährt es auch plötzlich mehr über sich selbst und nicht nur über den anderen. Im Mutter-Kind-Spiel zum Beispiel begreift es nicht nur manche Verhaltensweisen der Mutter besser, es sieht sich auch selbst neu in seiner Rolle als Kind.

Diese Spielform ist ein sehr wesentliches Mittel zur Selbstbestimmung und zur Übernahme sozialer Normen. Das Kind durchschaut Verhaltensregeln, die es vorher nur mechanisch angenommen (oder abgelehnt) hat und übt sie im Laufe des Spiels. Es ist beim Rollenspiel sogar bereit, einige besonders schwierige soziale Verhaltensweisen (wie zum Beispiel Einordnung) zu übernehmen, gegen die es sich sonst sträubt.

Im Rollenspiel wird das Kind mit Bereichen vertraut, die ihm in der Wirklichkeit verschlossen sind. Es kann Pilot oder Krankenschwester sein, es darf wie der Arzt eine Spritze geben. Das Spiel erschließt ihm die Welt der Erwachsenen. Es überbrückt die Kluft zwischen tatsächlichen und erstrebten Möglichkeiten.

Darüber hinaus ist das Rollenspiel ein Mittel, um seelische Schwierigkeiten auszudrücken und nach einer Lösung zu suchen. Spannungen können abreagiert werden. Wenn Sie Ihr Kind beim Spielen aufmerksam beobachten, erfahren Sie viel über seine jeweiligen Probleme: Schimpft Ihr Kind viel mit einer Puppe, oder schlägt es sie gar? Dann müssen Sie sich fragen, ob Sie sich Ihrem Kind gegenüber so verhalten, dass es dies als Schimpfen oder Schlagen empfinden muss. Tobt es ständig als «brüllender Löwe» herum, war es vielleicht bisher zu stark in seinem Bewegungsdrang eingeengt.

Anregungen zum Rollenspiel

Die Spielform Rollenspiel entwickelt sich nur langsam. Es ist wichtig, dass Sie Ihr Kind dabei durch Anregungen unterstützen. In den nächsten Jahren wird das Rollenspiel immer wichtiger. Vom vierten bis siebten Lebensjahr bildet es einen wichtigen Teil der kindlichen Spieltätigkeit. Denn dann sind die notwendigen Voraussetzungen dafür voll entwickelt: flüssiges Sprechen, genaue Beobachtungs- und Nachahmungsfähigkeit, die Möglichkeit, sich in andere Personen zu versetzen, die Einordnung in Gruppen und die bewusste Beachtung von Regeln. Das Rollenspiel erfordert und fördert zugleich alle diese Bereiche.

Diese Anregungen können Sie Ihrem Kind dazu geben:

- Schlagen Sie Ihrem Kind eine ihm bekannte Rolle vor: «Du bist jetzt der Kaufmann, und ich kaufe bei dir ein.» (Sie selbst übernehmen die Rolle des Einkaufenden.)
- Erweitern Sie die spontanen Handlungseinfälle Ihres Kindes durch Zusatzfragen (zum Beispiel beim Kaufmannspiel: «Und was macht der Kaufmann noch?»). Zeigen Sie ihm weitere Möglichkeiten. Oft genügt ein kleiner Anstoß, um Ihr Kind zu neuen Einfällen anzuregen.
- Stellen Sie die nötigen Requisiten zur Verfügung. Die Ähnlichkeit mit den wirklichen Gegenständen ist dabei nebensächlich. Wichtig ist nur, dass Ihr Kind damit die gewünschten Handlungen vollziehen kann. Ein einfacher Spielzeugeimer kann zum Beispiel die Einkaufstasche darstellen. Die Hilfsgegenstände ändern ihre Funktion je nach Bedarf.
- Geben Sie Ihrem Kind die Gelegenheit, interessante Rollen kennen zu lernen – das ist sogar die wichtigste Hilfe. Vermitteln Sie ihm spannende Erlebnisse

mit anderen Menschen und mit ungewöhnlichen Gegenständen. Machen Sie es auf alles aufmerksam, was sich in seiner Umgebung abspielt: Was tut der Straßenbahnfahrer? Wie verhält sich der Taxifahrer? Wie arbeitet der Bagger? Was macht die Kellnerin im Restaurant? Ihr Kind soll Gelegenheit haben, vielen Menschen bei der Arbeit zuzusehen und alle möglichen Dinge in ihrer Funktion kennen zu lernen.

Requisiten für das Rollenspiel

In Ihrem Haushalt findet Ihr Kind fast alles, was es für seine Rollenspiele braucht. Hier gibt es Pflaster und Verbandszeug für den «Arzt», Töpfe und Rührlöffel für den «Koch» oder die «Hausfrau», Hüte, Schals und alte Tischdecken für phantasievolle Verkleidungen. Mit solchen Requisiten kann sich ein Rollenspiel am einfachsten entwickeln. Natürlich bietet auch die Spielwarenindustrie eine große Auswahl an. Man kann komplette Ausrüstungen für Arzt-, Post- oder Kaufmannspiele kaufen, die helfen, ein Spiel in Gang zu bringen und ihm eine Richtung zu geben. Doch für ein phantasievolles Spiel sind sie nicht unbedingt notwendig. Hat das Kind erst einmal den Spaß am Rollenspiel entdeckt, genügt auch ein Bauklotz anstelle eines richtigen Poststempels! Spielzeug mit realistischen Details hat den Nachteil, dass es die Verwendungsmöglichkeiten einschränkt.

Eine Babypuppe mit eingebauter Stimme und Schlafaugen kann zum Beispiel nur ein Baby darstellen. Aber eine einfache Stoffpuppe kann in einem Spiel das Kind, im anderen Verkäuferin oder Mutter oder Kranführer sein. Mit zunehmendem Alter muss allerdings der Wunsch der Kinder nach möglichst realitätsnahen Spielgegenständen respektiert werden, weil damit sein Wunsch, an der Welt der Erwachsenen teilzuhaben, leichter verwirklicht werden kann. Regen Sie die Phantasie Ihres Kindes an, indem Sie bei gemeinsamen Spielen viele Verwendungszwecke für einen Gegenstand erfinden. Mal ist der Löffel eine Schaufel bei «Bauarbeiten», mal stellt er eine Brücke dar, mal ist er eine Person, die sich mit der Gabel unterhält! Ein Schuhkarton dient einmal als Arztkoffer, dann als Auto, als Puppenbett, Haus oder Hundehütte.

Die Waldorfpädagogik zum Beispiel setzt sich unter anderem dafür ein, Kindern möglichst wenig «fertige» Spielsachen in die Hand zu geben. Wie oben beschrieben, kann ein Stück Ast (etwa so groß wie ein

Kochlöffel) sowohl Mensch als auch Schlange, Dackel oder Leiter sein, manchmal sogar wechselnd innerhalb eines kurzen Zeitabschnitts. Damit werden sicher die Vorstellungsfähigkeit, die Phantasie, das Sich-Hineindenken und das ständige Umdenken ausgezeichnet geübt.

Wenn wir es trotzdem als nicht zwingend betrachten, diesen pädagogischen Ansatz in diesem Zusammenhang als einzig richtigen zu bezeichnen, dann aus einem einfachen Grund:

Die kleine Spielzeugwelt der Kinder ist ja ein Abbild der Welt der Erwachsenen, zum Teil sogar mit hoher Übereinstimmung imitiert. Manche Spielzeugeisenbahnen stimmen bis auf einzelne Schrauben usw. mit dem Original überein – also kann ein Kind auch aus diesen Miniaturen viel lernen, Wissen, Kenntnisse, Detailtreue usw. Diese auch wichtigen Dinge werden beim Spiel mit einem Stück Ast nicht erfahren und begriffen. Beides scheint in diesem Fall sinnvoll: sowohl das Umdeuten verschiedener Gegenstände zu Figuren und Dingen, die eben im Spiel benötigt werden, als auch das Spiel mit Miniaturmodellen der Erwachsenenwelt.

Puppen und Tiere werden jetzt zunehmend mehr in ihren Rollen verstanden. Ihr Kind betrachtet sie nicht mehr ausschließlich als Dinge zum Liebhaben.

Kaufen (oder basteln) Sie Kasper- oder Marionettenfiguren. Und fordern Sie das Kind auf, sich in viele verschiedene Rollen einzuleben. Natürlich sollten Sie sich anfangs an einigen Spielen dieser Art aktiv beteiligen, bis Ihr Kind eigenständig seinen Part dabei übernimmt.

Gestaltungsspiele

Bedeutung für die Entwicklung

Im zweiten Lebensjahr nahm sich Ihr Kind im Sandkasten noch nicht vor: «Jetzt baue ich einen Berg!», sondern es häufte einfach Sand aufeinander und strich ihn wieder glatt. So machte es sich mit dem Material vertraut. Es lernte, mit Steinen, mit Wasser, mit Erde, mit Schnee, mit Bauklötzen umzugehen. Dabei sammelte es mit den Dingen so viele Erfahrungen, dass sich damit mehr oder weniger bestimmte Vorstellungen und Bilder im Gedächtnis verankerten. Beide Fähigkeiten, Materialkenntnis und Vorstellungen von den Dingen, sind notwendige Voraussetzungen für Gestaltungsspiele.

Falls ein zufällig entstandenes Merkmal bei einer Zeichnung, Plastik oder einem Bauwerk das Kind an einen bekannten Gegenstand erinnert, gibt es seiner Schöpfung diesen Namen. Bald wird es auch schon während des Gestaltungsprozesses sagen, was sein Werk darstellen soll. Später nimmt es sich schon zu Beginn vor, eine bestimmte Sache herzustellen. Häufig ändert es aber während des Spiels seine Absicht, wenn es eine neue Möglichkeit entdeckt.

Kinder richten sich bei ihren Darstellungen noch nicht nach dem realistischen Vorbild. Sie stellen vielmehr die Merkmale dar, welche in ihrer Vorstellung bei dem Gegenstand wesentlich sind. Dabei geht es nicht um eine formale Ähnlichkeit.

So gestalten Kinder beispielsweise alles besonders groß, was in ihren Augen wichtig ist. Farben werden mehr nach Sympathie und Antipathie eingesetzt als nach realistischen Gesichtspunkten. Was das Kind noch nicht darstellen kann, erklärt es mit Worten. Die Benennung und Erklärung sollen das fertige Gebilde dem Vorbild angleichen. In den nächsten Jahren wird die Ähnlichkeit zwischen dem dargestellten und dem realen Gegenstand immer größer. Dann stellt sich das Kind die Aufgaben schon präziser und führt sie konsequenter zu Ende.

Gestaltungsspiele sind in diesem Alter noch nicht so sehr als künstlerische Tätigkeit anzusehen. Sie helfen dem Kind vielmehr bei der geistigen Eroberung der Welt. Es ist gezwungen, sich Dinge genau anzusehen, sie sich einzuprägen und Mittel zur Wiedergabe zu finden.

Je mehr Erfahrungen das Kind im Umgang mit einem Material sammeln konnte, desto früher und sicherer kann es dieses zum Gestalten verwenden.

Im Laufe des zweiten Lebensjahres erlebt das Kind zum ersten Mal sein Werk als Ergebnis des eigenen Tuns. Das selbst geschaffene Gebilde bekommt einen eigenen Wert.

Ein weiterer Schritt zu einem zielbewussten Gestalten ist das Ordnen von Dingen (das Sortieren farbiger Plättchen, die Aufreihung von Bausteinen, die Bildung einfacher Muster usw.). Das Kind macht sich dabei mit den Materialien vertraut und gewinnt allmählich Sicherheit im Umgang mit ihnen.

Uns Erwachsenen erscheint das manchmal sinnlos. Wir neigen dazu, die Vorstellungen der Kinder von Anordnung und Gestaltung nicht zu beachten und ihnen stattdessen unser eigenes Ordnungsschema aufzuzwingen. Dadurch nehmen wir ihnen den Mut, selbst verändernd und ordnend in die Welt einzugreifen. Unsere eigenen Vorstellungen sind für die Kinder ja unverständlich und deshalb nicht ohne weiteres nachzuvollziehen. (Immerhin können wir die Freude des Kindes an sinnvoller Ordnung unterstützen, wenn wir zum Beispiel das Aufräumen der Spielsachen zu einem Spiel machen, bei dem zum Beispiel das Auto «in die Garage» zurückgefahren wird usw.).

Auch bei der Beurteilung der Werke dürfen wir nie unsere Sicht der Wirklichkeit als Maßstab nehmen und korrigierend oder gar kritisierend eingreifen. Unterhalten Sie sich einfach mit Ihrem Kind über die Bedeutung des dargestellten Gegenstands, und lassen Sie es dabei möglichst viel sprechen. Auf diese Weise können Sie Ihrem Kind helfen, genauere Kenntnisse über die Dinge zu sammeln, die ihm dann auch für seine Darstellung von Nutzen sind.

Spielmaterial zum Gestalten

Das Kind sollte ausreichend Material zur Verfügung haben. Drei Buntstifte und ein Blatt Papier genügen nicht! Besorgen Sie viele Bunt- und Wachsstifte, Wasserfarben, Pinsel und Fingerfarben, zum Modellieren einen großen Klumpen Plastilin oder Ton, von dem Ihr Kind sich die gewünschte Menge selber nehmen kann. Sie sollten ihm möglichst eine Sandecke (zum Beispiel auf dem Balkon) einrichten, in der es auch Wasser zum Mischen und Formen benutzen darf. Sehr anregend sind auch Materialien, die eigentlich gar nicht zum Spielen gedacht sind: ein Stoß Zeitungspapier, Stoffe, Steine, Schaumgummi usw.

Zum Erlernen von Techniken braucht Ihr Kind Geräte. Zeigen Sie ihm allmählich, wie es mit der Schere oder einem Hammer umgehen kann. (Aber beobachten Sie Ihr Kind bei solchen Werkeleien, damit nichts passieren kann!)

Perlen, Bausteine, Farbplättchen und Spielkarten fordern zum Kombinieren auf. Sie sind vielfach verwendbar, weil ihre Formen einfach sind. Ihr Kind kann sie leicht zu einem Ganzen zusammenfügen und unterschiedliche Gestaltungsprinzipien entdecken.

Konzentrationsspiele

Kinder zwischen zwei und drei Jahren bleiben noch nicht sehr lange bei einem Spiel – wenn Sie Ihr Kind einmal beobachten: durchschnittlich sieben Minuten. Das liegt daran, dass seine Aufmerksamkeit noch weniger auf die Erreichung eines Ziels gerichtet ist. Sie gilt vielmehr dem unmittelbaren Tun, den eigenen Bewegungen und dem Gegenstand, den es gerade in der Hand hat. Sobald es daran nichts Neues mehr entdeckt oder etwas anderes ins Blickfeld tritt, wendet sich das Kind von der ursprünglichen Tätigkeit ab.

Förderung durch die Eltern

Untersuchungen haben ergeben, dass Kinder, die sich bereits in diesem Alter besonders lange mit einer Sache beschäftigen können, diese Fähigkeit vielfach auch später beibehalten. Wie kann man die erwünschte Konzentrationsfähigkeit fördern? Natürlich nicht durch Druck von außen – die Ablenkbarkeit ist entwicklungsbedingt. Nur

wirkliches Interesse führt zu einer lang anhaltenden Aufmerksamkeit. Sie können das Interesse indirekt steigern, indem Sie gute Spielbedingungen schaffen:

- Halten Sie Spielzeug mit vielfältigen Verwendungsmöglichkeiten bereit, das Ihr Kind anregt, sich immer wieder neu damit auseinander zu setzen.
- Bieten Sie Spielzeug an, das von sich aus zu einer Aufgabenstellung anregt. Helfen Sie ein wenig, wenn Ihr Kind nicht weiterkommt. Ermutigen Sie es, auch bei Schwierigkeiten (sofern sie für das Kind überwindbar sind) weiterzumachen.
- Erfinden Sie selbst Konzentrationsspiele. Kommen Sie dabei dem Bewegungsdrang des Kindes entgegen. Konzentration soll ja nicht bedeuten, dass Ihr Kind nun still sitzen und nachdenken muss, sondern dass es sich intensiv und ausdauernd mit einer Sache beschäftigt. So gesehen gehören auch Geschicklichkeits- und Bewegungsspiele dazu: wenn das Kind sich auf der Schaukel selbst ins Schwingen bringen will oder eine beladene Schubkarre ausbalanciert. Für die Entwicklung des Kindes ist diese körperliche Konzentration ebenso wichtig wie die geistige.

- Spielen Sie gelegentlich mit! Dann macht Ihrem Kind die Beschäftigung noch mehr Spaß. Oft genügt es auch, wenn Sie einfach daneben sitzen und zuschauen oder Fragen stellen.
- Halten Sie es nicht für ein Zeichen von Konzentrationsschwäche, wenn es während des Spiels unruhig ist, den Platz wechselt oder etwas anderes beginnt.
- Räumen Sie nicht gleich alles wieder weg. Ein Bauwerk zum Beispiel kann ruhig einmal ein paar Tage stehen bleiben. So bekommt das Kind ein Gefühl für Kontinuität und kann dort weitermachen, wo es aufgehört hat.
- Respektieren Sie den Ernst der Spieltätigkeit! Stören Sie Ihr Kind nicht willkürlich im Spiel. Kündigen Sie deshalb eine Unterbrechung möglichst vorher an: «Jetzt gibt es bald etwas zu essen. Fang bitte kein neues Spiel mehr an.» Und später: «Jetzt ist es so weit. Komm bitte zum Essen.»

Spielzeug, das die Konzentration fördert

Jedes Spielzeug, das das Interesse Ihres Kindes über eine längere Zeitspanne fesselt, fördert natürlich seine Konzentrationsfähigkeit. Manche Spielsachen fordern besonders dazu heraus, dass man weitermacht, bis ein bestimmtes Ziel erreicht ist. Dazu gehören zum Beispiel Puzzles, Steck-, Schraub- und Legespiele.
Auch alles, was beweglich ist, übt eine starke Faszination aus: die Holzeisenbahn, ein Lastwagen mit Kippanhänger oder ein Kreisel.

Umwelterkundungsspiele

Spielend erfährt Ihr Kind die Eigenschaften der Dinge, spielend dringt es immer weiter in seine Umwelt vor. So lernt es viel mehr, als durch passive Beobachtung oder Belehrung möglich wäre. Viel Platz zum Spielen im Wohnzimmer, im Kinderzimmer oder auf dem Flur ist wichtig für Ihr Kind. Doch soll es nicht ausschließlich in seinen Spielbereich verwiesen werden, der ja nur ein Ersatz für das ist, was ihm in der Welt der Erwachsenen noch nicht direkt zugänglich gemacht werden kann.

Den Eifer des Kindes, seine Umwelt zu erforschen, sollten Sie so wenig wie möglich behindern. Es muss sich mit vielem vertraut machen können. Wenn es dies angstfrei tun kann, erfährt es seine Grenzen und Möglichkeiten. Viele Tipps dazu finden Sie im Teil Entwicklungsanregungen.

Störungen der Kontakt- und Spielfähigkeit

Störungen mit überwiegend körperlichen Symptomen (wie zum Beispiel Essstörungen, Erbrechen oder Schlafstörungen) wurden bereits im Elternbuch 2 behandelt. Diese Probleme können natürlich auch jetzt noch weiter fortbestehen oder erst in diesem Jahr auftreten. Das Gleiche gilt für übermäßige Selbstbefriedigung und motorische Eigenarten (zum Beispiel Hin- und Herschaukeln des Körpers oder des Kopfes, Haarausreißen).

Kontaktstörungen

Im dritten Lebensjahr erweitert das Kind seinen Erlebnis- und Handlungsradius entscheidend. Es wagt den Schritt aus dem engen Kreis der Familie heraus. Zu Beginn des Jahres kann es noch nicht viel Initiative ohne Ihre Hilfe ergreifen, doch wenn es erst einmal Kontakte zu Freunden und deren Eltern geknüpft hat, braucht es Sie immer weniger als Vermittler. Gegen Ende des Jahres tritt es bereits selbständig an andere Kinder heran. Es weiß dann, wie es sich verhalten muss, um von den anderen ins Spiel einbezogen und als Freund akzeptiert zu werden. Diese Entwicklung wird nicht von allen Kindern konfliktfrei bewältigt.

Scheu und Rückzugsverhalten

Einige Kinder sind zu sehr an die vertrauten Bezugspersonen gebunden. Sie wagen sich nicht von der Mutter oder dem Vater weg und reagieren mit Angst auf alle fremden Menschen. Scheu halten sie sich abseits von den anderen. Wenn jemand Kontakt zu ihnen aufnehmen will, fangen sie manchmal sogar zu weinen an. Oft haben sie auch eine ausgeprägte Spielhemmung. Sie können sich nicht allein beschäftigen, sondern bleiben immer in der Nähe ihrer Eltern und fragen, was sie spielen sollen.

Es gibt viele Mütter (eher als Väter), die ein derartiges Verhalten bei ihrem Kind unterstützen. Sie verwöhnen es übermäßig und haben es gern, wenn sie der einzige Bezugspunkt ihres Kindes sind. Oft dient ihnen das Kind als Ersatz für fehlende Zuwendung von anderer Seite – zum Beispiel bei Konflikten mit ihrem Ehepartner. So verhindern sie aber die spontane Auseinandersetzung des Kindes mit seiner Umgebung. Es kann keinen Kontakt mit anderen Kindern aufbauen und keine sozialen Umgangsformen entwickeln. Durch den Mangel an Kontakten wird das Kind immer noch unsicherer. Es reagiert überempfindlich und kann sich nicht behaupten. Stattdessen zieht es sich beim kleinsten Konflikt Schutz suchend zu seiner Mutter oder seinem Vater zurück.

Ein Kind kann aber auch übermäßig an die Eltern gebunden sein, weil es nicht genug Wärme und Zärtlichkeit bekommt und sich im Grunde immer auf der Suche nach Geborgenheit befindet. So bleibt es ständig bei der Mutter («hängt am Rockzipfel») und erzwingt sich notfalls durch aggressive Zudringlichkeit ihre Nähe. Anderen Menschen kann es sich kaum zuwenden, da die Eltern ihm keinen sicheren «Rückhalt» geben. Es fürchtet vielleicht sogar, dass es sie ganz verliert, wenn es andere Kontakte knüpft.

Weglaufen

Sehr selten kommt es in diesem Alter vor, dass ein Kind aus Angst vor dem Verlassenwerden selbst von seinen Eltern wegläuft. Dieser plötzliche Kontaktabbruch ist ein Alarmzeichen. Das Kind verleugnet seine Depression und verhält sich so, als ob es niemanden brauche. Es «überrennt» gewissermaßen seine Angst. In seltenen Fällen kann bei einem solchen Verhalten allerdings auch eine organische Störung der Gehirnfunktionen beteiligt sein.

Hyperaktives Verhalten

Antriebsstarke Kinder können kaum längere Zeit friedlich mit anderen Kindern spielen. Ihr überschäumendes Temperament – die Hyperaktivität – ist für die anderen Kinder schwer zu akzeptieren. Wenn nicht alles nach den Bedürfnissen und Einfällen des hyperaktiven Kindes verläuft, setzt es sich streitend und zerstörend durch. Manche Betroffene sind aggressiv, schlagen oder beißen, andere sind ständig darauf aus, den Spielkameraden die Sachen wegzunehmen. Die Abwehrreaktionen der anderen Kinder und Erwachsenen erleben sie als bedrohlich und böse und folgern unbewusst daraus, dass sie sich unbedingt durchsetzen müssen, dass sie selbst noch aggressiver sein müssen, um sich zu schützen. Einige dieser Kinder verhalten sich nur gegen Hilflosere aggressiv (zum Beispiel gegen Jüngere oder gegen Tiere).

Auch eine zu nachgiebige Erziehung, die keine Grenzen setzt, und übermäßige Verwöhnung fördern das aggressive, antisoziale Verhalten beim Kind. Und selbstverständlich bieten Eltern, die sich viel streiten oder gar ein Kind schlagen, ein unerwünschtes Vorbild, das vom Kind nachgeahmt wird.

Kaspern

Kinder, die ständig herumkaspern und schauspielern, werden meist nicht als gestört angesehen. Sie erscheinen im Gegenteil sehr kontaktfreudig. Durch ihr drolliges Verhalten machen sie jedem Freude – allerdings nur den Erwachsenen. Sie haben herausgefunden, dass man sie beachtet und bewundert, wenn sie etwas Lustiges bieten. So erzählen die dauernd «Witze», singen oder tanzen etwas vor usw. Durch den Zuspruch und das Gelächter der Erwachsenen wird diese Haltung immer wieder bestärkt. Später kann sie zu einem regelrechten Zwang werden, zur zweiten Natur, hinter der sich ein verunsichertes Kind verbirgt. Es befürchtet, dass es von niemandem beachtet und geliebt wird, wenn es sich so verhält, wie es sich wirklich fühlt. So entwickelt es kein eigenes Selbstgefühl und verliert die Fähigkeit, sich natürlich und ungehemmt seinen Regungen entsprechend zu verhalten.

Andere Kinder lehnen ein solches Herumkaspern oft ab. Dadurch ist dem betroffenen Kind, das ja überwiegend nur unter Erwachsenen groß wurde, der Zugang zu einer Kindergruppe erschwert, obwohl es gerade dort sein Verhalten normalisieren und lernen könnte, auf andere Weise Anerkennung zu finden.

Ursachen und Hilfen

Mit Kritik oder Versprechungen lässt sich das gestörte Verhalten des Kindes nicht ändern. Sicher leiden Sie darunter, wenn sich bei Ihrem Kind eine Abweichung von der Verhaltensnorm zeigt. Aber Ihr Kind leidet noch mehr. Wenn Sie es zu einem anderen Verhalten zwingen wollten, würde es möglicherweise ein anderes Symptom entwickeln und weitere Störungen zeigen. Seine Fehlhaltung ist ja nicht ein Mangel an gutem Willen. Dahinter verbirgt sich vielmehr ein Konflikt, mit dem Ihr Kind nicht fertig wird. Solange das eigentliche Problem nicht erkannt und bewältigt wird, bleibt das Fehlverhalten als äußeres Symptom bestehen.

In vielen Fällen ist der Zweifel eines Kindes an der Verlässlichkeit der Beziehung zu Mutter oder Vater ein wesentlicher Grund für die Störung. Dieser Zweifel kann sehr tief gehen, wie etwa beim Symptom des Weglaufens. Er kann aber auch nur vorübergehend auftauchen. Das ist zum Beispiel der Fall, wenn sich das Kind durch die Geburt eines neuen Geschwisterchens zurückgesetzt fühlt und deshalb nicht mehr teilen mag oder anderen alles wegnimmt.

Man muss also immer im Umfeld des Kindes ansetzen und mit viel Liebe und Geduld seine Situation zu verstehen versuchen. Was geht zum Beispiel in einem Kind vor, das scheu abseits steht und am Daumen lutscht, während die anderen fröhlich spielen? Hat es vielleicht Angst, weil es zu Hause zu sehr behütet wird, Angst vor der kindlichen Aggression der anderen?

Sicher wäre es falsch zu sagen: «Nun geh schon, du brauchst keine Angst zu haben!» Richtig wäre es vielmehr, die Angst zu respektieren und schrittweise abzubauen. Das kann man erreichen, indem man häufig andere Kinder in die eigene Wohnung einlädt. Hier fühlt sich das Kind ja sicher. Dann begleitet man es zu Besuchen bei seinen Freunden. Erst später wird man mit ihm auf den Spielplatz gehen und es anfangs oft in Schutz nehmen. Man kann seine Erfahrungen mit ihm besprechen und ihm erklären, dass die anderen Kinder es nicht böse meinen, wenn sie mal grob sind. So erfährt das Kind, dass seine Eltern die Schwierigkeiten verstehen und es auch außerhalb der Familie unterstützen.

Falls sich die Schwierigkeiten nicht beheben lassen oder sich sogar verschlimmern, sollten Sie sich, wie auch bei den im Folgenden beschriebenen Störungen, an einen Kinderpsychologen oder an eine Familien- bzw. Erziehungsberatungsstelle wenden.

Beeinträchtigung der Spielfähigkeit

Das Spielen des Kleinkindes wird im Allgemeinen nicht so ernst genommen wie später seine Leistungen in den verschiedenen Tätigkeitsbereichen. Deshalb werden Störungen häufig erst bemerkt, wenn sie extreme Formen annehmen. Dabei sind sie die Vorläufer späterer Leistungsstörungen. Bei besonders schweren Spielstörungen sitzt das Kind lange Zeit apathisch da und wendet sich nur nach Aufforderung kurz einem Spielangebot zu. Oder es wiederholt stereotyp einfache Manipulationen an einem Gegenstand, ohne sich neue Spielvariationen einfallen zu lassen. In solchen Fällen könnte es sich um eine Entwicklungsverzögerung infolge einer organischen Hirnschädigung handeln. Neurotische Spielstörungen sind viel unauffälliger. Sie sind nur zu erkennen, wenn man eine genaue Vorstellung vom altersgemäßen Spielverhalten hat.

Anzeichen für Spielstörungen

Auffällig kann zum Beispiel sein, wenn ein Kind zu oft für sein Alter fragt: «Mama, was soll ich spielen?» Es will ununterbrochen beschäftigt werden und kann sich nie allein in ein Spiel vertiefen. Ohne Partner langweilt es sich und sitzt untätig herum. Angefangene Spiele werden bald uninteressant. Manche Kinder geben bei der geringsten Schwierigkeit mutlos auf. Die Freude an der spielerischen Auseinandersetzung mit der Umwelt ist beeinträchtigt. Es fehlt die Lust, das Spiel phantasievoll auszugestalten. Vielleicht tauchen auch immer wieder unbewältigte Probleme irritierend auf und verhindern, dass sich das Kind ganz in sein Spiel vertiefen kann.

Bei anderen Kindern drückt sich die innere Unruhe dadurch aus, dass sie alles Mögliche beginnen, sämtliche Spielsachen in die Hand nehmen und chaotisch durcheinander werfen oder gar zerstören. Sie kommen nicht zu einer geordneten, konstruktiven Aktivität, und es kann sich keine Konzentration und Zielrichtung entwickeln. Natürlich muss bei der Abgrenzung zum Normalfall berücksichtigt werden, dass die Aufmerksamkeitsspanne in diesem Alter kurz ist und dass sich alle Kinder noch leicht ablenken lassen. Außerdem deutet natürlich nicht jedes absichtliche Zerstören auf eine Fehlhaltung hin, sondern entspringt vielleicht nur der großen Experimentier- und Entdeckerfreude.

Ursachen und Hilfen

Spielstörungen zeigen ein problematisches Verhältnis des Kindes zur umgebenden Realität an, zu den Dingen, zu den Menschen und damit auch zu sich selbst. Die Ursache und auch die Hilfsmöglichkeiten können sehr unterschiedlich und vielfältig sein.

- In schwierigen Fällen bleibt die Welt so unvertraut, dass das Kind sie nicht als positive Aufforderung zur Erkundung und Nachgestaltung im Spiel erlebt. Dazu kommt es, wenn die Bezugspersonen das Kind bei seiner Fühlungnahme mit der Welt zu sehr allein ließen. Die betreffenden Kinder werden depressiv, sie sind in der Entfaltung ihrer Aktivität gehemmt. Sie entwickeln gewöhnlich neben der Spielstörung noch andere Symptome, u. a. Kontaktstörungen oder übermäßiges Onanieren, womit sie die mangelnde Faszination ersetzen. Hier kann nur der vorsichtige, geduldige Aufbau einer verlässlichen Gefühlsbeziehung und eine ermunternde Anteilnahme an den Aktivitäten des Kindes helfen.

- Aber auch Eltern, die es «zu gut meinen», können die Ursache für eine Spielhemmung ihres Kindes sein: Ein Überangebot an Spielsachen blockiert die Gestaltungsfähigkeit des Kindes. Es muss seine Phantasie und Erfindungsgabe gar nicht mehr ins Spiel bringen. Im Übrigen wird allzu perfektes Spielzeug bald langweilig, weil es nicht zur Erprobung der eigenen Geschicklichkeit herausfordert. Auch wenn sich die Mutter und der Vater ununterbrochen aufregende Spiele für das Kind ausdenken und es mit Spielangeboten überschütten, ist ihm nicht gedient. Es wird nur anspruchsvoll und bequem. Gewöhnlich wird dann erst später eine Spielhemmung erkennbar.
- Ähnliche Auswirkungen hat die überfürsorgliche Verwöhnung. Wenn man dem Kind alles abnimmt, was es leicht selbst tun könnte, raubt man ihm die Freude an der Erprobung seiner Fähigkeiten und Fertigkeiten. Später kann es sich nur noch schwer spontan für eine Sache begeistern.
- Es wurde schon erwähnt, dass eine einengende Erziehung kreative und experimentelle Spielaktivitäten verarmen lässt. Spürt das Kind ständig Druck, reagiert es seine angestauten destruktiven Impulse in heftigen Aggressionsausbrüchen ab.
- Ein Kind, das zu wenig ermutigt und gelobt, stattdessen häufig kritisiert wird, verliert seine Neugier und Aktivität.
- Hinter gespanntem, hektischem Spielen verbirgt sich gewöhnlich ein akuter Konflikt. Vielleicht greift das Kind wahllos nach allem, weil es befürchten muss, zu kurz zu kommen. Oder es ist innerlich mit Fragen beschäftigt, die es nicht aussprechen kann, weil es dies nicht wagt oder weil es sie nicht formulieren kann (später zum Beispiel Fragen sexueller Art). Hyperaktive Kinder wissen nicht, wie sie ihre überschüssige Energie abreagieren können.

Beratung und Informationen erhalten Eltern bei Kinderpsychologen und Familien- oder Erziehungsberatern. Diese helfen auch, wenn die Spielstörung chronisch zu werden beginnt. Ohne die bereitwillige Mitarbeit der Eltern wird er allerdings nichts bewirken können.

Wie lernt ein Kind spielen?

Da Kinder unter sechs Jahren gern spielen und auch viel spielen, nehmen viele Erwachsene an, dass Kinder das Spielen nicht zu lernen brauchen. Dies ist sicher ein Fehlschluss. Kleinkinder unterscheiden selbstverständlich ihre verschiedenen Aktivitäten nicht so, wie dies die Erwachsenen tun: Wir klassifizieren Aktivitäten, die einer Erwerbstätigkeit, dem sinn- und zweckgerichteten Handeln in der Leistungsgesellschaft, näher erscheinen, als Arbeiten und grenzen davon Freizeitaktivitäten, darunter auch das Spielen, ab.
Um die nötigen Fähigkeiten und Fertigkeiten zu erwerben, wiederholt ein Kleinkind viele Aktivitäten – und damit erscheinen sie als spielerische Tätigkeiten. Gibt man den Kleinen dann noch Gegenstände der Erwachsenenwelt in verkleinerter Form in die Hand, z. B. Spielwerkzeug, ist der Eindruck vom spielenden Kind vollständig.

Kinder müssen das Hantieren mit allen Gegenständen, auch mit Spielsachen, erst erlernen. Sie tun dies meistens durch Imitation der Tätigkeit, wie sie sie bei Erwachsenen oder anderen Kindern beobachtet haben.

Erziehung

Erziehen heißt nicht nur, als Mutter oder Vater in Aktion zu treten, um bei einem Kind etwas zu erreichen. Eltern können auch besondere Situationen als Erziehungsfaktor nutzen.

Erziehungsziele, die Sie diskutieren sollten

Kinder, die in diesen Jahren geboren werden, erleben als Jugendliche das zweite Jahrzehnt im neuen Jahrtausend. Ihre Erziehung und Ausbildung erhalten sie mit Blick auf eine Zukunft, die auch für Futurologen immer weniger zuverlässig vorhersehbar ist. Dennoch ist allen Eltern die Aufgabe gestellt, Kinder auf ihr späteres Leben vorzubereiten. Erziehung ist wegen dieser Ungewissheit außerordentlich schwierig. Ein erster Ansatz ist immerhin: Wer täglich sein Kind in die Bewältigung gegenwärtig gegebener Aufgaben einbezieht, bereitet es damit bestens auf die Zukunft vor.

Erziehungsziele, die heute anerkannt werden sollen, müssen mindestens folgende Anforderungen erfüllen:

- Erziehungsziele sollten von den gegenwärtigen gesellschaftlichen, kulturellen, politischen und wirtschaftlichen Gegebenheiten ausgehen und das Kind auf die zukünftige Situation in den genannten Bereichen vorbereiten. Um den zunehmend schnellen Veränderungen gerecht zu werden, müssen besonders Ich-Stärke, Kreativität, Kritikfähigkeit, Liebesfähigkeit, sozial-integratives Handeln und allgemeine Handlungsbereitschaft entwickelt werden, die den Wandel mitzuvollziehen und zu gestalten erlauben.
- Erziehungsziele sollen auf die individuelle Situation und auf den jeweiligen Entwicklungsstand des Kindes bezogen sein, auf seine körperlichen und psychischen Anlagen, aber auch auf die soziale Situation. Ein Kind darf weder über- noch unterfordert werden, sein individueller Verhaltensspielraum soll durch die Erziehung möglichst wenig eingeengt sein.
- Bei der Formulierung von Erziehungszielen muss die spezielle Situation der Eltern berücksich-

tigt werden, da sie ihrem Kind die ersten Anregungen und Hilfestellungen geben. Soweit die Ausbildung, die wirtschaftliche Lage oder die berufliche Belastung der Eltern verhindern, dass von ihnen die angestrebten Erziehungsziele verwirklicht werden können, ergibt sich die politische Forderung nach Chancengerechtigkeit und -gleichheit: Die Gesellschaft muss darauf hinarbeiten, die bis im Vorschulalter entstandenen Defizite möglichst weitgehend durch geeignete Maßnahmen auszugleichen, sie muss dabei die vorhandenen Stärken und Fähigkeiten des Kindes zum Ausgangspunkt machen.

- Erziehungsziele müssen so bestimmt bzw. ausgewählt werden, dass sie sich nicht gegenseitig widersprechen oder gar aufheben.

Wer formuliert heute Erziehungsziele?

Erziehungsziele unter dem Aspekt künftiger Entwicklungen bilden sich aus öffentlichen Diskussionen und Stellungnahmen von führenden Persönlichkeiten heraus oder werden von Institutionen, Verbänden oder Gruppen als Ratgeber verfasst, vor allem aber bestimmen die Eltern nach individuellen Erfahrungen und Einflussfaktoren selbst die Erziehungsziele für ihre Kinder.

Als Erziehungsfachleute kommen Experten aus den Humanwissenschaften in Frage (Pädagogik, Psychologie, Soziologie, vgl. z. B. Brezinka, von Hentig, Schäfer), daneben werden wichtige Weichen für Erziehungsrichtlinien auf politischer Ebene gestellt und von den staatlichen Organen – der Gesetzgebung und den Kultusbehörden – auf den Weg gebracht. Das Grundgesetz beispielsweise und die Richtlinien und Lehrpläne der Kultusministerien für die allgemein bildenden Schulen nennen verschiedene grundlegende und konkrete Ziele. Bevorzugt wird dabei das folgende Erziehungsziel als erwünscht genannt:

Der Jugendliche soll vom 18. Lebensjahr an aktiv an der politischen Willensbildung mitwirken (Wahlrecht), er soll mündig sein: selbständig entscheiden können, informiert sein über die Voraussetzungen, Bedingungen und Folgen seiner Entscheidungen, sich aktiv beteiligen, mitgestalten.

Welche Verhaltensweisen im Einzelnen Mündigkeit begründen, führt der Gesetzgeber nicht aus. Die Richtlinien und Lehrpläne für die Schulen stecken zwar einen Rahmen ab, an dem sich Erzieherinnen und Lehrerinnen orientieren, aber Sie selbst als Eltern sind hauptsächlich verantwortlich für die Erziehung des Kindes.

Ziele für die Entwicklung der kindlichen Persönlichkeit

Ziele für die Erziehung und Förderung der Gesamtpersönlichkeit des Kindes lassen sich über verschiedene Zugänge erschließen. Die Entwicklungspsychologie hat aufgrund der Erkenntnisse aus dem Bereich der allgemeinen Psychologie, der Persönlichkeitspsychologie und

eigener Forschung Bereiche abgesteckt, in denen Kinder entwickelt und / oder gefördert werden sollen, die Pädagogik hat ihre eigenen Beiträge dazu geleistet.

Die im Folgenden genannten Persönlichkeitsbereiche, auf die sich Erziehung und Förderung beziehen müssen, sind unter Leitung des Verfassers erarbeitet worden (Hg.: Staatsinstitut für Frühpädagogik, 1985). Die Zusammenstellung ist gegenüber der ursprünglichen Fassung in Teilen verändert und erweitert.

Persönlichkeitsziele
Fähigkeiten und Bereitschaften, die jeder Mensch zur Entwicklung

seiner Persönlichkeit entwickeln oder erwerben sollte, sind:

Ich-Kompetenz

- Ich-Stärke, Ich-Identität (Wer bin ich? Wie verändere ich mich? Welche Möglichkeiten habe ich? Was ist mir wichtig? Welche Einstellungen, Überzeugungen und Werte sind für mich unverzichtbar? u. a.);
- Autonomie (Selbstbewusstsein, Selbstvertrauen, Selbstsicherheit, Selbständigkeit, Selbstwertgefühl, Selbstachtung, Selbstbestimmung, Selbststeuerung u. a.);
- Emotionalität (Empfindungsfähigkeit und -bereitschaft, Sensibilität, Sensitivität, zu seinen Gefühlen stehen, Gefühlsstärke u. a.);
- Ausdrucksfähigkeit (Ausdruck der eigenen Bedürfnisse und Gefühle im Sprechen und Handeln u. a.);
- Fähigkeit zu Initiative und eigenverantwortlichem Handeln (Verantwortung übernehmen u. a.);
- Fähigkeit zum Umgang mit Konflikten (Erkennen von Konflikten und Konfliktursachen, Bereitschaft zur Konfliktbearbeitung, Konfliktbewältigung, Frustrationstoleranz u. a.);
- Kreativität (Produktivität, Originalität, Spontaneität, Flexibilität u. a.);
- Kritik-, Urteils- und Entscheidungsfähigkeit (Durchdenken von Situationen, Fragestellungen und Problemen u. a.).

Sozial-Kompetenz

- Empathie (Einfühlung, Bereitschaft und Fähigkeit, sich in die Situation eines anderen Menschen zu versetzen, Fähigkeit und Bereitschaft, die Welt zu sehen, wie der andere sie sieht u. a.);
- Kommunikationsfähigkeit (Gesprächs- und Dialogfähigkeit, Gedankenaustausch mit anderen, Annehmen- und Gebenkönnen u. a.);
- Fähigkeit zu sozialintegrativem Verhalten (Integrations- und Abgrenzungsfähigkeit und -bereitschaft, Kompromissbereitschaft, Fähigkeit zu solidarischem Verhalten u. a.);
- Offenheit und Toleranz;
- Fähigkeit zu demokratischem Verhalten (Sinn für Gerechtigkeit, Gleichheit und Brüderlichkeit; Fähigkeit, sich auf Minderheiten einzustellen und auf sie Rücksicht zu nehmen u. a.);
- Fähigkeit zu adäquatem Rollenverhalten (Wahrnehmung, Bewusstsein und Übernahme von Rolle/n und Status u. a.);
- Verantwortungsbewusstsein und entsprechendes Handeln;

– Fähigkeit zur Auseinandersetzung mit und Orientierung an Werten und Normen.

Sach-Kompetenz

– Wahrnehmungsbereitschaft und -fähigkeit (Sehen, Hören, Riechen, Tasten, Schmecken), auch kinästhetische Wahrnehmung (Bewegungswahrnehmung);
– Wissen (aus den Bereichen Menschenkunde, Sozialkunde, Religion, Sprachen, Sachkunde, Biologie, Erdkunde, Wirtschaft, Technik, Recht u. a.);
– Denkfähigkeit (Symbolverständnis, Abstraktionsfähigkeit, assoziatives, logisches und konstruktives Denken u. a.);
– Merkfähigkeit und Erinnerungsvermögen;
– Erfahrungs- und Erlebnisbereitschaft (Ansprechbarkeit, Neugierverhalten, Experimentierfreude u. a.);
– Körperbeherrschung (Freude an Bewegung, Fein- und Grobmotorik u. a.);
– Spiel- und Arbeitsfähigkeit (Freude am Tun, Ausdauer, Konzentration, Aufgabenbewusstsein u. a.).

Anmerkungen und Hinweise

▸ Jeder Mensch kann nur Schritte in Richtung auf diese Zielsetzungen machen. Ein Kind wird in vielen Bereichen weniger weite Schritte machen als ein Erwachsener. Allerdings kann ein Kind zum Beispiel, weil es kaum durch ungünstige Vorurteile belastet ist, in manchen Bereichen weiter sein als ein Erwachsener, zum Beispiel in seiner Ausdruckskraft und Spontaneität, in seiner Kreativität, in seiner Toleranz gegenüber anderen Menschen, im unbefangenen Umgang mit Behinderten usw.

▸ Die genannten Persönlichkeitsziele sind Aufgaben für jeden Menschen im Sinne des lebenslangen Lernens.

▸ Die Ordnung und Abfolge der einzelnen Persönlichkeitsziele innerhalb der Übersicht könnte auch von der vorliegenden abweichen, ohne dass sie deshalb verfälscht wäre: Alle Ziele sind wichtig, sie überschneiden sich teilweise, auch die Zuordnung der Persönlichkeitsziele zu Ich-, Sozial- und Sachkompetenz erfolgt nach dem Schwerpunkt. Zwischen den einzelnen Fähigkeiten und Bereitschaften finden sich vielfache Wechselwirkungen. Ein Beispiel: Kreativität (Ich-Kompetenz) kann sich durchaus im sozialen Verhalten (Sozial-Kompetenz) auswirken, und sie bedarf in jedem Fall auch der Denkfähigkeit (Sach-Kompetenz).

Wie werden Erziehungsziele erlernt bzw. erworben?

Unbewusstes Lernen

Durch das tägliche Umgehen miteinander übernimmt das Kind unbewusst die Erziehungsziele seiner Eltern. Dafür einige Beispiele:

- Wenn Eltern ein Kind im Winter mit ins Freie nehmen, draußen Sport treiben, mit ihm Spaß haben, erfährt es soziales Verhalten, Bewegungstraining, Abwechslung, mögliche Aktivitäten im Winter und vieles andere mehr.
- Wenn als Ziel nahe gelegt wird, einen bestimmten Rhythmus in der Tageseinteilung einzuhalten, jedoch Abweichungen von diesem Rhythmus mit vorzusehen, lernt das Kind, eine Ordnung für eine Tageseinteilung einzuhalten, ohne die erwünschte Flexibilität aufzugeben.
- Wenn Eltern als überzeugte Christen regelmäßig in die Kirche gehen und ihr Kind dabei mitnehmen, erlebt ein Kind die kirchliche Gemeinschaft als ein Teil des öffentlichen Lebens.

So gesehen erzieht jeder Erwachsene sein Kind primär durch den täglichen Umgang. Deswegen sollte jeder, der mit Kindern zusammen ist, sich dieser Wirkungen bewusst sein und sein Verhalten entsprechend ausrichten. Ganz geläufig ist uns das zum Beispiel beim Überqueren einer Straße mit Fußgängerampel: Viele Erwachsene gehen nur dann bei Rot, wenn kein Kind in der Nähe ist.

Schwerpunkte der altersbezogenen Erziehung

Soweit es sich um besonders wichtige Schritte in der Persönlichkeitsentwicklung des zweijährigen Kindes handelt, sind die Ziele im Kapitel «Erziehungsaufgaben im dritten Lebensjahr» ab S. 114 dargestellt.

Entwicklungsanregungen in der «Elternbuch»-Reihe

Schließlich haben Sie die Möglichkeit, Ihr Kind gezielt anzusprechen, zu erziehen und zu fördern. Wie Sie alle Fähigkeiten und Fertigkeiten des Kindes im Sinne der oben aufgeführten Ziele fördern, lesen Sie in dem Teil «Entwicklungsanregungen».

Was Erziehungsstile bewirken

Sie können, wenn Sie einmal bewusst darauf achten, sicher leicht feststellen, dass Sie sich in verschiedenen Situationen, zum Beispiel beim Mittagessen, beim Zu-Bett-Bringen oder auf einem Spielplatz, Ihrem Kind gegenüber sehr ähnlich verhalten, z. B. was Ihre Ermahnungen oder Aufforderungen betrifft oder Ihre Reaktionen auf Bitten und Vorstellungen Ihres Kindes. Ihr Verhalten wird generell durch Ihren ganz persönlichen Erziehungsstil geprägt.

Grundlegende wissenschaftliche Untersuchungen zu Erziehungsstilen wurden vor allem durch die Sozialpsychologen K. Lewin, R. Lippitt und R. K. White angeregt. Sie haben bereits 1939 in den USA Untersuchungen über den Führungsstil in Jugendgruppen durchgeführt, die bei wiederholten Experimenten weitgehend bestätigt worden sind. Es hat sich darüber hinaus gezeigt, dass die wesentlichen Ergebnisse auf den Erziehungsstil von Eltern zu übertragen sind. Drei typische Stile wurden untersucht: der autoritäre, der demokratische und der des «Laissez-faire» («Lasst sie tun»). Obwohl diese Untersuchungen nun über ein halbes Jahrhundert zurückliegen, können daran wichtige und grundsätzliche Überlegungen deutlich gemacht werden.

Autoritärer Führungsstil – autokratischer Erziehungsstil

Verlauf der Untersuchung

Die Leiter der Jugendgruppen hatten den Auftrag, alle einzelnen Aktivitäten der Jugendlichen zu steuern, ohne das Ziel bekannt zu geben. Schritt für Schritt wurde gesagt, was sie zu tun hätten. Der Leiter war dabei nicht unfreundlich oder zurückweisend, seine Kritik war jeweils sachlich, er machte allerdings keine Verbesserungsvorschläge. Gelungene Aktivitäten jedes einzelnen Jugendlichen wurden freundlich und persönlich anerkannt, die ganze Gruppe erhielt kein Lob.

Bei dieser Führungsform verhielten sich die Jugendlichen zunehmend eingeschränkt. Sie zeigten ein eingeengtes individuelles Verhalten, brachten weniger vielseitige Vorschläge, ihre spontane Aktivität nahm ab. Während die Spannungen zwischen den Jugendlichen anstiegen, vergrößerte sich die Abhängigkeit vom Gruppenleiter. Die Kooperation zwischen den Jugendlichen nahm ab, sie verblieben in den schon zu Anfang bestehenden Gruppierungen oder lösten sogar diese Beziehungen, ohne neue anzuknüpfen.

Folgerungen

Wenn sich Eltern überwiegend autokratisch gegenüber ihren Kindern verhalten, wird die Entfaltung von Fähigkeiten eingeschränkt. Spontaneität, Kreativität, Sensibilität, ja sogar Handlungen stagnieren in ihrer Entwicklung. Jahrelang anhaltendes autokratisches Verhalten von Eltern führt zu einem abhängigen Kind, das keine Initiative zeigt und auf Aufträge wartet. Selbständige Entscheidungen werden abgelehnt, das Selbstvertrauen bleibt gestört. Die Ausführung der Aufgaben kann dabei durchaus den Anforderungen entsprechen – allerdings erleben die Kinder dabei kaum Leistungsfreude.

Im sozialen Kontakt zeigt ein so erzogenes Kind mangelnde Durchsetzungsfähigkeit. Besonders ungünstig wirkt der autokratische Erziehungsstil auf ein Kind, wenn feindselige Tendenzen (Befehle, Strafen) oder offene Ablehnung des Kindes hinzukommen (ungeliebtes, unerwünschtes Kind; ein Elternteil fühlt sich in seiner Handlungsfreiheit durch das Kind eingeengt usw.). Es wird dann zunächst aggressiv und schließlich depressiv, wenn es ihm nicht gelingt, durch die Aggressionen mehr Beachtung und Liebe auf sich zu lenken.

Wichtig ist hier eine Anmerkung zum Unterschied von «autoritärem» und «autokratischem» Verhalten: Lewin und seine Mitarbeiter benutzten das Wort «autoritär»; da dieses Wort aufgrund seiner griechischen Herkunft von Autorität abzuleiten ist, also von einer eigentlich positiven Qualität, wird hier stattdessen das Wort «autokratisch» verwendet: «einer herrscht» – damit kommt der problematische Anteil dieser Art von Führung deutlicher zum Ausdruck.

Demokratischer Führungsstil – sozialintegrativer Erziehungsstil

Verlauf der Untersuchung

In einigen Gruppen verhielt sich der Leiter demokratisch. Er sprach das Ziel aller Tätigkeiten vorher an, informierte die Jugendlichen ausführlich, stellte die Pläne zur Diskussion, und die Gruppe entschied schließlich darüber. Sie verteilten dann die Aufgaben nach eigenen Überlegungen und bildeten spontan Untergruppen.

Der Leiter forderte die Jugendlichen häufig zu selbständigen Entscheidungen auf und erteilte kaum einen Befehl. Er machte hingegen gelegentlich selbst Vorschläge, die Entscheidung darüber lag jedoch bei den Jugendlichen. Tätigkeiten der Gruppe wurden vom Leiter nicht unterbrochen oder abgebrochen, auch die Arbeitsdurchführung wurde von den Jugendlichen in eigener Verantwortung und Initiative geregelt. Bei den demokratisch geführten Gruppen ordnete sich der Gruppenleiter weitgehend ein, ohne allerdings direkt mitzuarbeiten, und sprach mit Jugendlichen über deren spezielle Probleme.

Bei dieser Führungsform nahmen die Leistungen der Gruppe, insbesondere hinsichtlich der Kreativität und der Vielseitigkeit, wesentlich zu. Die Jugendlichen kooperierten gut und konstruktiv miteinander, der Kontakt zum Leiter war freundlich und eher partnerschaftlich. Die Abhängigkeit von seinem Urteil war wesentlich geringer als bei der autoritär geführten Gruppe.

Der Kontakt zwischen den Jugendlichen entwickelte sich frei, Untergruppen bildeten sich spontan und hielten längere Zeit zusammen. Auch wenn der Leiter kurze Zeit wegging oder zu spät kam, beschäftigten sich die Jugendlichen mit ihrer Arbeit, während er in den autoritär geführten Gruppen kontrollierend anwesend sein musste.

Folgerungen

Kinder entwickeln eigene Initiative, lernen, die Arbeit einzuteilen und auf Qualität zu achten. Die Zufriedenheit mit der geleisteten Arbeit ist größer, das Verhältnis zu den Eltern partnerorientiert. Eltern verstehen sich nicht als allein Bestimmende, als «Herrscher», sie bieten sich vielmehr als Helfer an, machen Vorschläge, über die das Kind bestimmt oder mitbestimmt, lassen also dem Kind möglichst viel Entscheidungsspielraum. Das Kind sieht dann in Gleichaltrigen nicht Konkurrenten, sondern kooperierende Freunde. Das emotionale Verhalten des Kindes ist eher spannungsfrei, seine Selbständigkeit wächst, und damit stabilisiert sich sein Selbstgefühl.

Anmerkung: mit dem Wort «sozialintegrativ», das das Autorenehepaar Tausch eingeführt hat, werden die Kooperation und die gegenseitige Verbundenheit mehr betont als mit dem von Lewin verwendeten Begriff «demokratisch».

Laissez-faire-Führungsstil – antiautoritärer Erziehungsstil

Verlauf der Untersuchung

In einigen Experimentgruppen verhielten sich die Leiter überwiegend passiv-zurückhaltend. Sie machten selbst weder Arbeitsvorschläge, noch gaben sie Hilfestellung bei der Organisation von Gruppen. Sie beantworteten allerdings alle Fragen, die von den Jugendlichen gestellt wurden. Sie beteiligten sich nicht aktiv an den Beschäftigungen der Jugendlichen, verhielten sich jedoch eher freundlich als neutral. Bei Diskussionen beteiligten sie sich ebenfalls nicht und beurteilten die geleisteten Arbeiten nicht.

Bei diesem Führungsstil bildeten sich häufig spontane Gruppierungen bei den Jugendlichen. Da die Vorschläge aber zu weit auseinander gingen und die Gruppen sich zu verbindlichen Zielsetzungen nicht durchringen konnten, fielen sie bald wieder auseinander, ohne dass die beabsichtigten Aktivitäten ausgeführt worden waren. Die Abhängigkeit vom Leiter zeigte sich in vielen Anfragen, die Gruppe war mit den eigenen Arbeitsergebnissen unzufrieden.

Folgerungen

Viele Hoffnungen, die mit dem Leitbild «antiautoritäre Erziehung» in den frühen siebziger Jahren verbunden waren, sind unerfüllt geblieben.

Der oft zitierte Erziehungsstil von A. S. Neill (sein Buch «Theorie und Praxis der antiautoritären Erziehung» verstärkte diese Diskussionen) wurde missverstanden. Neills favorisierter Erziehungsstil war zwar «antiautoritär», aber nicht «laissez-faire», sondern sozialintegrativ!

Beim «Laissez-faire»-Erziehungsstil sollen Kinder ihre Handlungsmuster selbst herausfinden. Diese «Selbstregulation» führt im Bereich des Lernens zu verlangsamtem

Fortschritt. Kinder erhalten keine Bestätigung und Anerkennung, und das beeinträchtigt die Entwicklung der Entscheidungsfähigkeit und des Selbstgefühls. Aggressionen gegenüber dem Erwachsenen, der sich zu wenig um sie kümmert, entladen sich gegenüber der gesamten Umgebung oder führen zu Aggressionen, die sich schließlich auch gegen die eigene Person richten. In der Praxis lässt sich ein reiner Laissez-faire-Erziehungsstil längere Zeit nicht verwirklichen, weil der Erwachsene, besonders beim kleinen Kind, immer wieder steuernd und helfend eingreifen muss und damit bereits sozialintegrative (oder autokratische) Erziehungsformen ausübt.

Erziehungsstil und Erziehungsziele

Bitte versuchen Sie einmal, Ihr Erziehungsverhalten in Bezug auf den autokratischen, sozialintegrativen und Laissez-faire-Erziehungsstil zu überprüfen. Sie können gewiss feststellen, ob Sie sich zum Beispiel eher sozialintegrativ oder mehr autokratisch verhalten. Lesen Sie dazu nochmals die wesentlichen Merkmale dieser Erziehungsstile durch, einschließlich der Folgerungen, die sich für die Persönlichkeitsentwicklung Ihres Kindes daraus ergeben. Dabei werden Sie zugleich erkennen, dass Ihr Stil bestimmte Erziehungsziele eher fördert als andere. In unserer gesellschaftlichen Situation scheint der sozialintegrative Erziehungsstil sinnvoll zu sein.

Das gilt mindestens für die Erziehung in den ersten Lebensjahren und in der Familie. Die Schule bringt dann durch die übliche Organisation – ein Lehrer steht einer großen Schülergruppe gegenüber – oft eine Überbetonung des autokratischen Erziehungsstils mit sich.

Die westliche Industrie- und Leistungsgesellschaft hat verschiedene Formen von Führungsstilen entwickelt – überrepräsentiert sind sicher immer noch autokratische Verhaltensstile von Vorgesetzten. Interessant ist, dass in vielen Managerseminaren partnerschaftliche Kooperationsformen vorgestellt und teilweise auch eingeübt werden, ohne dass bisher die Umsetzung auf das Verhalten am Arbeitsplatz erfolgt.

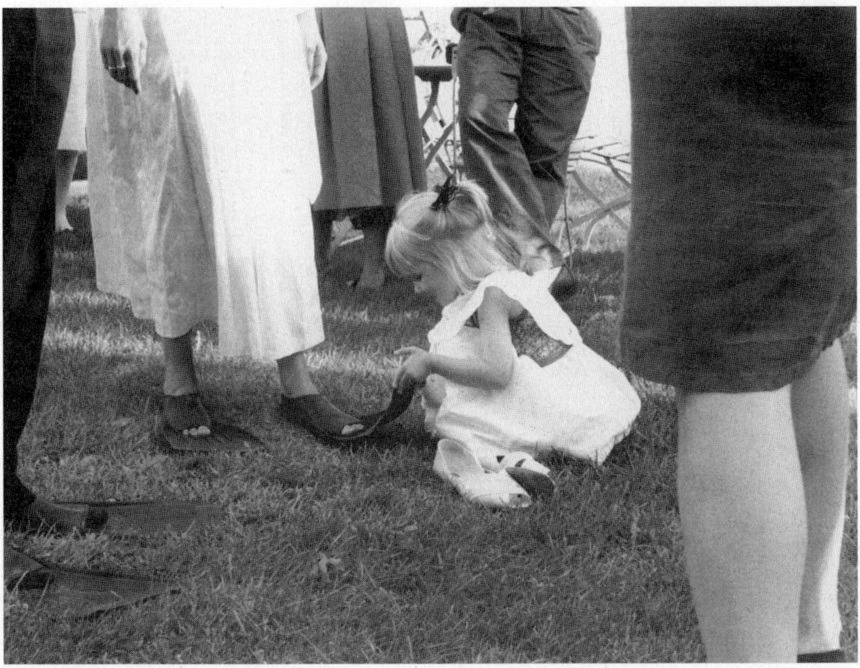

Erziehungsstile in der Familie und im Alltag

Unterschiedliche Situationen beeinflussen Ihren Erziehungsstil erheblich. Sie sind zum Beispiel selbst ausgeglichen und ruhig, haben in den vergangenen Tagen zwei größere Erfolge erzielt, und jemand, den Sie schätzen, hat Ihnen gegenüber seine Wertschätzung artikuliert (nicht nur mal ein Kompliment gestartet). Können Sie in einer solchen Situation nicht leichter auf Ihr Kind eingehen, es mitbestimmen lassen, geduldig sein?

Oder umgekehrt: Sie sind gereizt, es eilt, und Ihr Kind will in einer Verkehrssituation seinen eigenen Willen durchsetzen. Hier muss es zum Konflikt kommen.

Auch vom Alter des Kindes sind die Verhaltensweisen des Erwachsenen wesentlich mitbestimmt – das Kleinkind ist weniger eigenständig als das Schulkind, die Übergänge Ihres Verhaltens bei den einzelnen Situationen fließend.

Auch gegenüber modischen Erziehungstrends sind wir nicht immun. Kaum erscheint ein pädagogischer «Reißer» auf dem Markt, vergleichen wir die dort angesprochenen Verhaltensweisen mit unserem eigenen Verhalten und verlieren unter Umständen deshalb die täglich zu lösenden Aufgaben aus den Augen.

Für Ihr Kind und seine Entwicklung ist wichtig, dass Sie Ihren Erziehungsstil nicht abrupt, mehrfach oder unter dem Einfluss bestimmter Situationen (Verwandtenbesuche, berufliche Schwierigkeiten usw.) erheblich ändern – Ihre Glaubwürdigkeit und Überzeugungskraft gegenüber Ihrem Kind würde dadurch beeinträchtigt.

Erziehungsaufgaben im dritten Lebensjahr

Selbständigkeit und Leistungsbereitschaft

Das Kind drängt nun immer mehr darauf, selbständig zu handeln. Es zeigt sich und den anderen, dass es schon eigenständig ist, weil es nicht mehr bei jedem Handgriff die Hilfe von Erwachsenen benötigt.

Erziehung zur Selbständigkeit bedeutet nicht, dass Sie Ihr Kind ständig dazu auffordern oder gar zwingen, mit einer Sache allein fertig zu werden. Im Gegenteil: Man hat bei Untersuchungen festgestellt, dass sich eine übertriebene Förderung der Selbständigkeit negativ auswirkt. Sie führt zu einer großen Abhängigkeit vom Erwachsenen, besonders von seinen Leistungsbeurteilungen. Später entsteht daraus entweder Passivität oder eine regelrechte Leistungsbesessenheit. Das Engagement erfolgt jedoch nicht aus Freude oder aus Einsicht in den Sinn der Aufgabe, sondern aus dem Bedürfnis, von anderen Bestätigung zu bekommen und einen «guten Eindruck» auf sie zu machen.

Das Kind sollte in diesem Alter also noch nicht unter Druck gesetzt werden, etwas leisten zu müssen. Lassen Sie es gewähren, wenn es von sich aus eine Sache allein tun will. Bestärken Sie es in seiner Absicht, geben Sie ihm anerkennende Unterstützung, und lenken Sie es nur gelegentlich durch eine Bitte oder Frage (nicht durch ständiges Bitten) auf die gewünschten Ziele. So gewinnt es eine positive Einstellung zu kontinuierlicher Arbeit.

Für Sie als Eltern sind die Selbständigkeitsbestrebungen Ihres Kindes jetzt noch keine Erleichterung, sondern eine zusätzliche Arbeitsbelastung. Sicher würden Sie ohne die angebotene Hilfe oft viel schneller fertig. Mal zerbricht ein Teller beim Abtrocknen, mal wird die Suppe beim Tischdecken verschüttet oder

der Fußboden beim Hantieren mit Schaufel und Besen verunreinigt. Das selbständige Anziehen dauert eine Ewigkeit.

Bitte suchen Sie dennoch nicht nach Scheinaufträgen für Ihr Kind, deren Erledigung Ihnen weniger Probleme oder Umstände macht. Es merkt nämlich sehr schnell den Unterschied und hat dann das Gefühl, dass Sie es nicht ernst nehmen. Mit Beschäftigungsspielen ist es also nicht getan. Ihr Kind braucht sinnvolle kleine Aufgaben, die es bewältigen kann, die nach und nach schwieriger werden können. Nur so wird sein Selbstvertrauen gestärkt. Wenn es merkt, dass es einen echten Beitrag zum Familienalltag leistet, bekommt es außerdem schon früh eine Vorstellung von Arbeitsteilung und Teamwork.

Kinder ahmen immer die Eltern nach: Was für diese unangenehm ist, das mögen bald auch deren Kinder nicht gern. Ein gutes Beispiel dafür ist das Aufräumen. Warum macht es so wenigen Erwachsenen Spaß? Weil wir (fast) alle in unserer Kindheit den Eindruck erhielten: Aufräumen ist lästig und unangenehm! Jeder Erwachsene weiß andererseits aus Erfahrung, dass ein Mindestmaß an Ordnung notwendig ist, dass sie angenehmer ist als Unordnung. Lassen Sie es also Ihr Kind nicht merken, wenn Ihnen das Aufräumen keinen Spaß macht. Wecken Sie seine Freude an einem geordneten Zimmer.
Wenn Sie das erwünschte Ziel erwähnen, verliert die Tätigkeit, die dazu führt, ihren Schrecken. Leicht einsehbar für Ihr Kind sind solche Ziele, die sich aus seinen Interessen ergeben. Deshalb sollte die Erziehung zur Selbständigkeit vorerst hauptsächlich daran anknüpfen. Es möchte zum Beispiel allein eine Leiter hinaufklettern, es möchte sich ohne Hilfe anziehen.

! Übertragen Sie Ihrem Kind keine Aufgaben, die Ihnen selbst unangenehm sind. Ihr Kind merkt das sofort. Und es lernt dadurch nur, wie man sich vor lästigen Dingen drückt und sie auf andere abschiebt.

Sauberkeitserziehung

Wenn Sie etwa im 26. bis 30. Monat mit der Sauberkeitserziehung begonnen haben, wird Ihr Kind mit zweieinhalb bis zweidreiviertel Jahren weitgehend sauber sein. Es nässt tagsüber nur noch ein, wenn es müde ist oder kränkelt. Auch bei psychischen Belastungen (Streit der Eltern, Ankunft eines Geschwisterchens, plötzliche Aufregung oder

Wechsel in eine fremde Umgebung) kann es noch Rückfälle geben. Einkoten kommt tagsüber fast gar nicht mehr und auch nachts nur selten vor. Mit zweieinhalb Jahren wacht das Kind auch nach einem längeren Mittagsschlaf mit trockenen Windeln auf.

Die Abstände zwischen den Blasenentleerungen vergrößern sich auf fünf Stunden oder mehr. Manche Kinder können deshalb auch nachts durchschlafen, ohne einzunässen. Sie wachen auf, wenn sie Druck in der Blase verspüren. Andere Kinder sind abwechselnd einige Tage nachts trocken, dann wieder nicht.

Natürlich haben die Kinder darauf keinen Einfluss. Es würde also nichts nützen, wenn Sie an den «guten Willen» Ihres Kindes appellierten! Mit drei Jahren sind viele Kinder unter gewohnten Umständen ganz trocken. Aber erst mit fünf bis sechs Jahren können Kinder sich so gut beherrschen, dass auch Müdigkeit oder Spielbegeisterung nicht mehr zu Pannen führen.

Wenn Sie noch nicht mit der Sauberkeitserziehung begonnen haben, können Sie jetzt die ersten Schritte dazu einleiten. Das Kind kann nun sicher laufen und sitzen, und es verfügt über die ausreichende Sprachfähigkeit, um sich zu melden. Der Unterschied zwischen Urin und Stuhl ist ihm bewusst, und es kennt auch sicher schon die entsprechenden Bezeichnungen dafür. Hier sind noch einmal die wichtigsten Punkte zur Sauberkeitserziehung zusammengefasst:

- Zeigen Sie Ihrem Kind die schmutzigen Windeln, und erklären Sie ihm, warum man besser den Topf oder die Toilette benutzt. (Am überzeugendsten wirkt allerdings Ihr persönliches Verhalten als Vorbild!)
- Verwenden Sie einen Kindereinsatz, damit Ihr Kind die «Erwachsenentoilette» benutzen kann.
- Machen Sie Ihr Kind durch «Probesitzungen» mit der Toilette vertraut. Die Toilettenbrille soll angenehm sein, also nicht zu kalt sein und nicht wackeln. Ziehen Sie ihm die Hose ganz aus, dann kann es die Beine grätschen, und es fühlt sich sicherer (praktisch: Toiletttrainer mit Treppe, ggf. auch mit Fußstützen).
- Beobachten Sie möglichst genau, wann Ihr Kind Urin- oder Stuhldrang hat. Setzen Sie es dann wiederholt probeweise auf die Toilette. Bleiben Sie dabei und legen Sie ihm nahe zu drücken.
- Ist die Sitzung (zufällig) erfolgreich, freuen Sie sich mit Ihrem Kind, sparen Sie nicht mit Anerkennung.
- Wenn die Sitzung erfolglos ist, nehmen Sie Ihr Kind nach spätestens drei bis vier Minuten vom Topf, ohne Enttäuschung zu zeigen.
- Wenn Ihr Kind begriffen hat, worum es geht, und sich manchmal selbst meldet, ziehen Sie ihm nur noch die Hosen aus. Den Rest überlassen Sie ihm selbst. Viele Kinder entkleiden sich bald von allein und laufen ohne Aufforderung zur Toilette.

Rückfälle kann es immer mal geben. Sauber werden ist für Ihr Kind nicht ganz leicht. Das Kind verhält zum Beispiel so lange, dass es erst im letzten Augenblick zur Toilette läuft. Auf dem Weg werden die Windeln nass. Oder es verkrampft sich so, dass nichts mehr kommt.

Geben Sie nur nach längerer Verstopfung und nach Rücksprache mit dem Arzt leichte(!) Abführmittel.

Nur wenn die Sauberkeitserziehung ohne Zwang geschieht, entwickelt das Kind ein positives Verhältnis dazu. Das sehen Sie auch daran, dass es sich nach vollbrachter Tat mit Ihren Worten lobt.

Wundern Sie sich übrigens nicht, wenn Ihr Kind sich nun auch für die Entleerungsvorgänge anderer Menschen interessiert und auch bei Tieren neugierig zusieht! Das ist in diesem Alter üblich – es hängt mit dem Erleben des eigenen Körpers und dem Wunsch zusammen, seine Funktionen kennen zu lernen.

Das Trotzalter – notwendiges Entwicklungsstadium?

Die zweite Hälfte des dritten Lebensjahres gilt als Höhepunkt des so genannten Trotzalters, in dem das Kind nachdrücklicher als zuvor seinen Willen durchzusetzen versucht.

Richtiger ist, dass die Erwachsenen nun immer mehr auf die Willensäußerung des Kindes eingehen und es dadurch ermuntern, seinen Willen zu verwirklichen. Trotzähnliche Reaktionen sind nämlich schon viel früher, beim wenige Monate alten Kind, zu beobachten: Das Kind schreit, bis es rot wird, es hält die Luft an, es versteift seinen Körper usw. Wir halten das aber meist nicht für einen Ausdruck des bewussten Widerstands und sprechen deshalb auch nicht von Trotz. Aber andere Möglichkeiten hat ein Kind in diesem Alter ja noch nicht, starke Bedürfnisse zu zeigen. Erst wenn es sprechen kann, formuliert es auch seine Wünsche immer klarer. Es sagt dann: «Nein, ich will nicht», und es wird diese Aussage vielleicht auch noch durch Aufstampfen oder Weglaufen bekräftigen. Jetzt sehen wir, dass es «trotzt». Die fortschreitende psychische Entwicklung des Kindes verlangt vom Erwachsenen eine immer neue Einstellung und ein der jeweiligen Situation entsprechendes Verhalten gegenüber dem Kind.

Wenn der Wunsch nach Selbständigkeit und Freiheit zu sehr eingeschränkt wird, wenn seine Spontaneität und seine Initiative durch eine falsche Einschätzung des Erwachsenen unterdrückt werden, kommt es zwangsläufig zu Trotzreaktionen. Die Auseinandersetzungen verhärten sich zusätzlich, wenn der Erwachsene sie als Beeinträchtigung seiner eigenen, überlegenen Machtposition empfindet.

Trotz ist eine Schutzreaktion des Kindes. Er tritt bevorzugt dann auf, wenn das Kind sich Forderungen gegenübersieht, die es nicht erfüllen kann, die es jetzt nicht erfüllen will, die es als unfair oder einschränkend, herabsetzend oder schmerzlich erlebt. Trotz ist also positiv zu sehen als Ausdruck von Antriebsstärke und Durchsetzungswillen.

Trotzverhalten tritt demnach auch auf, wenn zu viel vom Kind verlangt und seine Unabhängigkeit und Selbständigkeit überschätzt werden, oder dann, wenn der Erwachsene es mit seinen Schwierigkeiten und seinem Bedürfnis nach Aufmerksamkeit und zärtlicher Zuwendung allein lässt.

So verschwindet umgekehrt die trotzige Auflehnung sehr schnell, wenn das Kind eine Aufgabe gefunden hat, die ihm Freude macht und seinem Entwicklungsstand entspricht. Trotz zeigt das Kind also nicht von ungefähr oder blindlings, auch wenn es manchmal bei einem Wutanfall des Kindes so aussieht. Er ist immer auch das Ergebnis einer mangelnden Anpassung des Erwachsenen an das Kind. Vor diesem Hintergrund machen Sie sich bewusst: Das Trotzalter wird zwar kommen, muss aber nicht dramatisch verlaufen.

Dass Steuerungsmöglichkeiten vorhanden sind, zeigt sich auch an der Tatsache, dass Trotz nur gegenüber Erwachsenen auftritt und auch hier nur gegenüber bestimmten Personen. Nie ist er in einer Kindergruppe zu beobachten. Nicht einmal dann, wenn sich spontan Rangordnungen und damit feste Verhaltensvorschriften herausbilden. Diesen «ungeschriebenen Gesetzen» unterwerfen sich Kinder in diesem Alter fast immer freiwillig und gern. Im Folgenden finden Sie einige Hinweise, wie Sie auf die Trotzreaktionen Ihres Kindes reagieren können:

Kompromisse schließen

Bei allem Respekt vor dem Freiheitsbedürfnis des Kindes wissen die Eltern, dass es ohne Verbote und Gebote nicht geht. Aber die Regeln und Grenzen müssen begründet und für das Kind durchschaubar sein. Es hat schon jetzt ein Gespür dafür, welche Gebote vernünftig sind und welche nicht. Vernünftig sind solche, die den unumgänglichen Forderungen der Realität entspringen und nicht lediglich aus Bequemlichkeit und Ungeduld der Eltern gestellt werden. Beruft man sich bei der Begründung auf die eigene, die elterliche Autorität, nimmt man dem Kind die Möglichkeit, selbst entscheidungsfähig zu werden und die Sachlage zu beurteilen. Vernünftige Grenzen kann man dem Kind schon früh erklären. Dazu gehören zum Beispiel die Beschreibungen von Gefahren (Strom, Gas, Schere usw.). Ein Kind versteht aber auch, dass die Eltern nicht den ganzen Tag mit ihm spielen können, sondern noch anderes tun wollen und müssen.

Fehler zugeben

Bei solchen Erklärungen merken Sie vielleicht sogar, dass ein Gebot gar nicht so notwendig ist. Dann sollten Sie das auch ruhig zugeben und sagen: «Ich habe mich getäuscht. Du hast Recht!» So erfährt Ihr Kind, dass Sie sich nicht als unfehlbare Autoritätsperson betrachten. Es sieht, dass Sie nicht erst einlenken, wenn Sie durch wütende Trotzreaktionen (mehr oder weniger) dazu gezwungen werden, sondern dass Sie schon von sich aus nach einer guten Lösung suchen. Es ist verblüffend, wie tolerant und einsichtig sich ein Kind zeigt, wenn man die Dinge so mit ihm bespricht.

Befehle vermeiden

Statt zu sagen: «Du musst aufhören zu spielen, weil wir jetzt gehen müssen», treffen Sie besser eine sachliche Feststellung: «Damit wir im Laden noch einkaufen können, sollten wir jetzt gehen.»

Trotzreaktionen auffangen

Alle Steuerungshilfen sollen verhindern, dass das Kind in den Affektstrudel seiner Trotzreaktion hineingerät, aus dem es dann schwer herausfindet. Zu Beginn einer Trotzreaktion ist gelegentlich noch mit Humor oder Ablenkung (spannende Tätigkeit ankündigen!) ein Wutausbruch zu verhindern. Hat er jedoch erst einmal richtig begonnen, dann ist das Kind für so etwas nicht mehr empfänglich. Auch eine ruhige, überlegene Erklärung des Erwachsenen nützt dann nichts. Das Kind hört in diesem Augenblick auch nicht auf vernünftige Argumente, weil es zu stark mit den eigenen Wünschen beschäftigt ist. Am besten ist es, wenn Sie Ihr Kind sich austoben lassen, jedoch Versuche starten, es freundlich anzusprechen. Den Konflikt kann man allenfalls später nochmals ansprechen.

Folgen einer falschen Erziehung

Um seinen Willen zu üben, braucht das Kind keine sinnlosen Machtkämpfe mit seinen Eltern. Dabei ist es doch nur der Unterlegene. Durch Zwang erreicht man nur, dass es keinen Mut zu eigenen Entscheidungen entwickelt, weil ihm seine Entscheidungen als falsch oder fragwürdig hingestellt werden. Es wird brav, nachgiebig, abhängig von anderen in seinen Entscheidungen, und es lernt nicht, zielgerichtete Aktivitäten zu entfalten.

Ebenso falsch wie eine gewaltsame Unterdrückung ist es, das Kind mit seiner unkontrollierbaren Wut allein zu lassen (es vor die Tür zu stellen oder in ein Zimmer zu sperren). Die Aggression des Kindes richtet sich ja in diesem Augenblick gegen den Erwachsenen, der sie – mindestens aus der Sicht des Kindes – provoziert hat. Entzieht er sich, so wird das Kind seine Wut auf andere Personen, auf Gegenstände oder gar gegen sich selbst wenden.

Hier liegt ein Ansatz für spätere depressive Verstimmungen und Mutlosigkeit. Trotzreaktionen vermeidet man nicht einfach dadurch, dass man auf Gebote und Normen verzichtet. Im Gegenteil: Sie sind notwendige Bestandteile der Erziehung (die allerdings nicht zu einer Erpressung führen dürfen). Völlige Freiheit würde das Kind in eine Sackgasse führen, es auf längere Sicht unglücklich machen. Denn ohne äußere Begrenzung (und ohne Anerkennung) würde es sich hilflos, unsicher und verlassen fühlen und die daraus resultierende Angst als Aggression nach außen entladen.

Erwerb einer positiven Einstellung zur Sexualität

Sicher haben Sie bemerkt, dass Ihr Kind sich nun sehr für seinen Körper einschließlich der Geschlechtsorgane interessiert. Manchmal nimmt es auch sexuelle Manipulationen vor, die ihm offensichtlich Lust bereiten. Das kann sich bis zu einer orgasmusähnlichen Reaktion steigern. Männliche Babys können einen «kindlichen Orgasmus» erleben.

Neben der gelegentlichen Selbstbefriedigung lässt sich gegen Ende des dritten Lebensjahres eine starke Schau- und Zeigelust feststellen. Bei Doktorspielen ziehen sich die Kinder nackt aus und untersuchen und betasten sich genau. Dabei interessiert sie natürlich besonders der Unterschied der Geschlechtsorgane.

Mädchen und Jungen vergleichen ihre verschiedene Haltung beim Urinieren. Jetzt wollen sie auch Vater und Mutter immer wieder nackt sehen. Wenn die Eltern diese Neugier aus eigener Schamhaftigkeit nicht dulden, informieren sich die Kinder heimlich. Sie schauen durch das Schlüsselloch, wenn jemand auf der Toilette ist, oder sie suchen nach Vorwänden, um während Vaters oder Mutters Duschen ins Bad gelassen zu werden.

Wenn sie nicht schon durch falsche Sexualerziehung in früheren Entwicklungsstadien beeinflusst worden sind, stellen die Kinder jetzt unbefangene Fragen: ob sie auch einmal einen so großen Penis wie der Vater bekommen, ob ihnen auch an diesen Körperstellen Haare wachsen, warum Mädchen ganz anders aussehen als Jungen, ob ihnen noch ein Penis nachwächst usw.

Die Einstellung der Eltern

Sicher haben Sie sich schon manchmal Gedanken darüber gemacht, wie Sie sich in derartigen «pikanten» Situationen verhalten sollen. Viele Erwachsene sind noch mehr oder weniger sexualfeindlich erzogen worden, woraus ihre zahlreichen Hemmungen erwachsen sind. In der Erziehung von Kindern wurde das Thema Sexualität oft zu wenig angesprochen.

So übersehen oder bagatellisieren Eltern teilweise auch heute noch aufgrund ihrer eigenen Verdrängung sexuelle Aktivitäten des Kindes und zwingen ihm bewusst oder unbewusst damit ihre eigene sexualfeindliche Haltung auf. Kinder übernehmen dieses Verdrängen vielleicht, sodass das sexuelle Moment nicht mehr unmittelbar sichtbar ist. Manche Kinder verschaffen sich zum Beispiel Selbstbefriedigungsersatz, indem sie lange und heftig mit dem Körper oder mit dem Kopf hin und her schaukeln.

Es genügt nicht, das Kind auch als eigenständiges Sexualwesen zu tolerieren. Wir müssen versuchen, es als solches gefühlsmäßig zu bejahen: Vater und Mutter sollten sich genauso darüber freuen, dass ihr Kind zu sexuellen Lustempfindungen fähig ist, wie sie sich über das erste Lächeln gefreut haben. Die Entwicklung des sexuellen Empfindens ist ein bedeutender Erlebnisbereich im Leben Ihres Kindes und darf nicht verdrängt werden. Masturbiert ein Kind jedoch allzu häufig und intensiv, sollten Sie auch an eine Verhaltensstörung denken und mit einem Kinderpsychologen darüber sprechen.

! Sexuelle Impulse gehören zur normalen Entwicklung Ihres Kindes. Sie sind ein Ausdruck der Lebensfreude und beweisen, dass der körperliche und seelische Haushalt in Ordnung sind. Außerdem bilden sie die Basis für ein harmonisches sexuelles Verhalten des späteren Erwachsenen und eine ausgeglichene Psyche. (Die Pubertät ist eine weitere kritische Phase auf diesem Weg.)

Sexualität – ein Teil der Persönlichkeit

Die Unterdrückung oder das Ignorieren der kindlichen Sexualität sind schädlich für das Kind. Es fühlt sich dann mit seinen Triebwünschen allein gelassen, und es lernt nicht, sie in seine Gesamtpersönlichkeit kognitiv und emotional (denkend und gefühlsmäßig) einzubeziehen. Jede sexuelle Empfindung löst in diesem Fall Schuldgefühle aus und wird aus dem Bewusstsein verdrängt. Eine Verarmung des gesamten emotionalen und sozialen Verhaltens kann die Folge sein.

Möglicherweise führt die Verdrängung der natürlichen Impulse zu späteren Neurosen oder zu unreifen sexuellen Praktiken und Phantasien. Andererseits ist selbstverständlich auch die ausdrückliche Aufforderung zu sexuellem Verhalten oder die Stimulierung der Genitalsphäre nicht wünschenswert. Das Kind soll vielmehr lernen, dass die Sexualität eine von mehreren natürlichen Lustquellen im menschlichen Dasein ist. Eine Fixierung auf Selbstbefriedigung (und die Einengung auf Autoerotik) ist zu vermeiden, damit der Weg für spätere partnerschaftsbezogene Verhaltensweisen offen bleibt.

Das elterliche Verhalten

Umsichtige Sexualerziehung beginnt damit, dass die Eltern selbst mit ihrer Sexualität umzugehen wissen, sie bejahen und genießen können. Sie werden die Fragen der Kinder freier beantworten als Eltern, die mit eigenen Hemmungen kämpfen. Sie werden auch wissen, welche Wünsche unterstützt werden sollten und welche Einschränkungen manchmal nötig sind.

Eltern mit einer ungezwungenen Haltung zur Sexualität macht es auch nichts aus, wenn das Kind ins Bad kommt und sie nackt sieht. Sie werden den Kindern beiläufig Anatomieunterricht geben. Sie werden dem Jungen erklären, dass sein Glied einmal genauso groß sein wird wie das des Vaters, dass es nicht nur zum Wasserlassen da ist, sondern weitere Funktionen hat und zu angenehmen Empfindungen verhilft. Sie werden Ihrer Tochter erzählen, dass beim Mädchen und bei der erwachsenen Frau die Geschlechtsorgane innen liegen (dass man sie deswegen nicht so gut sehen kann), dass die Reizung dieser Organe Lustgefühle und Befriedigung auslöst, warum eine Frau Brüste hat und dass sie eine Gebärmutter besitzt, damit ein Kind in ihr wachsen kann. Es darf auch nicht der Hinweis fehlen, dass die räumliche Nachbarschaft von Ausscheidungs- und Geschlechtsorganen keinen inneren Zusammenhang bedeutet. Sonst wird die Sexualität in der kindlichen Phantasie vielleicht als etwas Schmutziges erlebt.

Wann sollten Sie mit Ihrem Kind über sexuelle Fragen sprechen? Selbstverständlich immer dann, wenn es Ihnen eine konkrete Frage stellt. (Aber schließen Sie keinen umständlichen und weitschweifigen Aufklärungsvortrag daran an.) Andererseits genügt es nicht, nur auf Fragen des Kindes zu warten. Manchmal müssen Eltern nachfragen, welche Vorstellungen sich das Kind gerade macht.

Sexuelle Kontakte

Wie sollen Sie reagieren, wenn Ihr Kind «zudringlich» wird und Sie als Sexualpartner wünscht? Sie werden sich dann ganz unwillkürlich zurückziehen. Empfindungsmäßige Schranken und gesellschaftliche Normen verhindern einen weitergehenden Kontakt. Vermeiden Sie Situationen, in denen Ihr Kind Ihnen gegenüber sexuell zu sehr erregt wird und Ihrerseits frustriert werden muss.

Sexuelle Aktivitäten können sich viel angemessener zwischen Kindern entfalten. Dabei lernen die Kinder den eigenen und den Körper des anderen kennen. Sie erfahren, wie sie selbst und ein Partner auf Zärtlichkeiten reagieren und wie man den anderen für sexuelle

Handlungen interessieren kann. So wird auch eine Fixierung auf einen Elternteil oder ein Geschwister vermieden.

Selbst «Doktorspiele» werden nach einiger Zeit uninteressant. Ebenso nimmt die Neugier an der Anatomie der Erwachsenen wieder ab, wenn sie durch ein freies Verhalten der Eltern befriedigt wurde. Prüde Eltern erreichen dagegen eher das Gegenteil, sie schaffen ein sexuelles Reizklima, in dem Nacktheit besonders interessant und erregend wirkt.

Ein sexuell frei erzogenes Kind wird sicher nicht zu einem sexuell überinteressierten Erwachsenen, der rücksichtslos seine Wünsche befriedigt. Stattdessen entwickelt sich eine natürliche Beziehung zur Sexualität, die durchaus die jeweiligen Normen der Gesellschaft in ausreichendem Maße einbezieht. Sexualität soll als wichtige Teilsphäre der Persönlichkeit erfahren werden – weder als absolut vorrangiger noch als tabuisierter Bereich.

Wenn andere Eltern anders denken

Vielleicht sagen Sie jetzt: «Nun ja, ich erziehe mein Kind zu einer freien und positiven Einstellung. Aber was soll ich machen, wenn es mit anders erzogenen Kindern zusammenkommt und deren Eltern sich über sein Verhalten aufregen?»

Bitte lassen Sie sich nicht von anderen Eltern verunsichern. Diskutieren Sie mit ihnen, und versuchen Sie, sie zu überzeugen. Wenn Sie damit keinen Erfolg haben, sprechen Sie mit Ihrem Kind. Vermitteln Sie ihm das Gespür dafür, dass es bei diesem Freund oder dieser Freundin hinsichtlich seines sexuell bezogenen Verhaltens zurückhaltender sein soll. Auf diese Weise vermeiden Sie einen größeren Konflikt der Kinder und der Eltern untereinander.

Pril

Ernährung

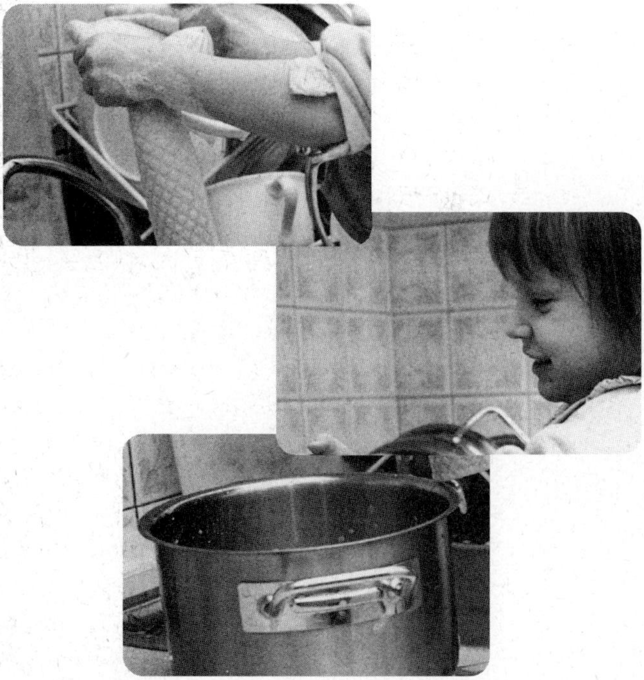

Wenn ein Kind in der Küche mitwirkt, macht das zunächst sicher mehr Arbeit. Aber zugleich lernt es, dass Nahrungszubereitung und Aufräumen ständige Anforderungen im häuslichen Alltag sind. Wenn es sich dabei gern beteiligt, wird auch sein späteres Ernährungsverhalten dadurch günstig beeinflusst.

Alles über die gesunde Ernährung

Wie oft und wann wird gegessen?

Im Wesentlichen soll es für ein Kind im Alter von zwei bis sechs Jahren täglich drei Hauptmahlzeiten geben. Je nach Bedarf können dazu noch bis zu zwei Zwischenmahlzeiten, vormittags und nachmittags, eingeschoben werden. Wird die tägliche Kalorienanforderung auf diese Mahlzeiten einigermaßen gleichmäßig verteilt, ist die Belastung für den Organismus vertretbar. Am Abend soll nur leicht verdauliche Kost gegessen werden, weil so der Verdauungsapparat nachts weniger belastet wird.

Das in der Morgenhetze leider zu oft vernachlässigte Frühstück sollte eigentlich die gehaltvollste Tagesmahlzeit sein und ein Drittel bis ein Viertel des täglichen Kalorienbedarfs decken.

Leiten Sie Ihr Kind dazu an, nicht nachlässig zu frühstücken. Am besten nehmen Sie sich morgens Zeit, zusammen mit Ihrem Kind ausgiebig zu frühstücken. Dabei sollen zum Beispiel Milch, verschiedene Brotsorten, Haferflocken, Müsli, Säfte, Obst, Kakao, Käse, Eier, Honig, Wurst und Marmelade angeboten werden.
Die Zwischenmahlzeit für Kleinkinder stellen Sie vormittags aus Obst, Brot, frischem Saft, Joghurt oder Quark zusammen. Nachmittags genügen meistens ein Glas frisch gepresster Saft und ein Vollkornbrot mit Aufstrich. Versuchen Sie, Zucker (auch die angeblich gesünderen Zuckersorten) weitgehend zu vermeiden (verwenden Sie ggf. eher Süßstoff) oder zu Mahlzeiten zu geben, nach denen die Zähne gründlich gereinigt werden können.

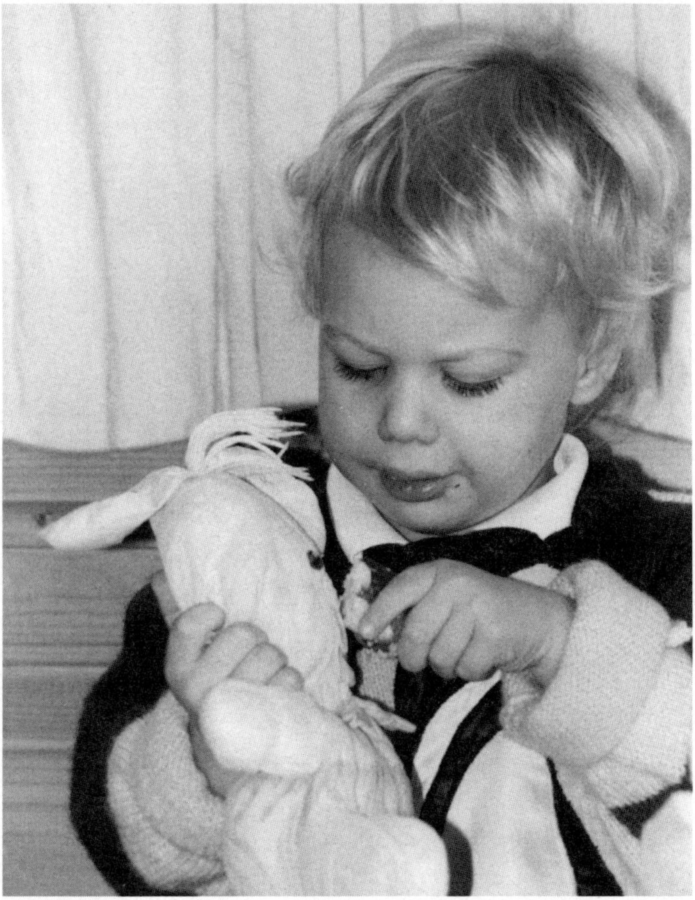

Tischsitten

Ihr Kind sollte grundsätzlich gemeinsam mit Ihnen am Tisch essen. Dadurch ergeben sich für Sie und die ganze Familie viele Vorteile:

- Das gemeinsame Essen regt alle zu einer gleichmäßigen Nahrungsaufnahme in entspannter Atmosphäre an (Erleichterung für den Magen-Darm-Trakt).
- Ihr Kind gewöhnt sich an regelmäßig wiederkehrende Abläufe während des Tages, die ihm später bei der Tageseinteilung und -planung zugute kommen.
- Ihr Kind ist in dieser Zeit und bei dieser Tätigkeit ebenbürtig in der Erwachsenengesellschaft aufgenommen.

- Beim gemeinsamen Essen können gut alle interessierenden Informationen ausgetauscht werden, auch der berufstätige Elternteil kann in dieser Zeit – mindestens samstags und sonntags bei allen Mahlzeiten – das Verhalten seines Kindes beobachten und deshalb kompetenter bei Erziehungsfragen usw. mitsprechen.

Das bedeutet jedoch nicht, dass Sie keine Ausnahmen von dieser allgemeinen Regelung zulassen sollten: wenn Ihr Kind sein Zwischenfrühstück verspätet erhalten hat und keinen Hunger mehr hat, wenn gerade eine bestimmte Ausnahmesituation es erfordert, dass es schon früher isst, wenn es einen Mittagsschlaf einmal besonders früh beginnen will usw.

In einigen Punkten sollten Sie Ihrem Kind entgegenkommen: So braucht es seinen Teller nicht immer leer zu essen (weil es, vielleicht auch Sie selbst, den Nahrungsbedarf nicht richtig vorher abschätzen kann), es darf gelegentlich vorzeitig vom Tisch aufstehen (weil es sonst gewiss unruhig wird und die Tischrunde «lästig» findet), und es kann auch die Nahrung manchmal noch so zu sich nehmen, wie man es von einem Erwachsenen vielleicht nicht erwartet.

Essen, Gefühl und Natürlichkeit

In dem lesenswerten Buch «Was mein Kind essen soll» schreibt Daas (1999, S. 11) u. a.:
«Wer erinnert sich nicht mit Freude daran, wie er der Mutter oder dem Vater beim Kuchenbacken helfen und hinterher genussvoll die Schüssel auslecken durfte. Hmmm, und dann der Duft des frisch gebackenen Kuchens, der durch das ganze Haus strömte. Oder denken Sie an den Genuss von selbst gekochtem Apfelmus mit Zimtstangen; noch warm verzehrt, schmeckt es un-beschreiblich ... zudem enthält es keine Zusätze ... All das steigert die Sinnlichkeit und Genussfähigkeit von Kindern. Wir geben Ihnen damit das Beste mit auf den Weg und legen den Grundstein für ein gesundes Ernäh-rungsverhalten. Denn so, wie sie heute essen, werden sie morgen kochen. Nur Kinder, die Zugang zur Nahrungszubereitung erhalten haben, werden auch später in der Lage sein, für sich selbst zu kochen ...»

Versuchen Sie immer mal wieder, Ihr Kind bei den verschiedenen Stadien der Nahrungsherstellung und -zubereitung zu beteiligen (möglichst von der Aussaat bis zum Essen, z. B. bei gelben Rüben sogar auf einem Balkon möglich). Sie festigen damit den Lebenszusammenhang zwischen Ihrem Kind und der es umgebenden Natur. Ihr Kind wird sich selbstverständlich für den Erhalt der Natur einsetzen, wenn es nicht nur etwas über sie weiß, sondern wenn es sie mit all seinen Sinnen erfahren hat.

Die Nahrungszusammensetzung im Überblick

Mit der Nahrungsaufnahme, die vorwiegend durch Hunger, Durst und Appetit gesteuert wird, hält der Mensch die Funktionen seines Organismus aufrecht, ergänzt die notwendigen Stoffe, die verbraucht sind, und sorgt über den Stoffwechsel für Energie im Körper, damit die Körpertemperatur gehalten wird und die Muskeln arbeiten können.

Man unterscheidet verschiedene Nahrungsbestandteile:

- Eiweiß (Proteine), Mineralstoffe und Wasser dienen dem Körperaufbau und der Erneuerung von Körperzellen.
- Fett und Kohlenhydrate liefern Energie.
- Vitamine und Mineralstoffe sind wichtige Schutz- und Reglerstoffe.
- Appetitanregend sind Duft- und Geschmacksstoffe (zum Beispiel Gewürze), sie können aber nicht als Nährstoffe bezeichnet werden.

Wichtig für die Entwicklung, Erhaltung und den Gesundheitszustand des menschlichen Organismus ist die Zusammensetzung der Nahrung, da der Körper die einzelnen Nährstoffe in unterschiedlichen Mengen benötigt.

Kalorienbedarf

Jede Zelle des Körpers setzt durch den Stoffwechsel Energie um. Man gibt die Energiemenge in Kalorien (cal) oder Joule an:
1 cal ist die Energiemenge (der Wärmewert), die benötigt wird, um 1 ccm Wasser (etwa 1 g) von 14,5 auf 15,5 Grad Celsius zu erwärmen (1000 cal = 1 kcal = 1 Kilokalorie).

! Der durchschnittliche Energieumsatz eines Erwachsenen beträgt in 24 Stunden etwa 1650 kcal. Bei mäßiger körperlicher Arbeit werden etwa 2000 bis 2400 kcal verbraucht, bei Schwerarbeit bis zu 4000.

Die Angaben der Energie in der Einheit Joule nehmen in den letzten Jahren zu. Deshalb ein Hinweis zur Umrechnung:

1 cal = 4,1868 J

1 J = 0,2388 cal

Als Faustregel können Sie sich merken: Kalorie mal vier gleich Joule, Joule geteilt durch vier gleich Kalorie.

Neben der Art der Tätigkeit bestimmen Alter, Geschlecht, Größe, Gewicht und die umgebende Temperatur die für einen Menschen notwendige Energiemenge. Aus der folgenden Tabelle ersehen Sie den wesentlich geringeren Kalorienbedarf bei Kindern. Berücksichtigt man allerdings dabei das Körpergewicht, kehrt sich die Relation um: Das Kind verbraucht im Verhältnis zu seinem Körpergewicht wesentlich mehr Kalorien als der Erwachsene (100 kcal beim zwei- bis dreijährigen Kind gegenüber etwa 40–45 kcal beim Erwachsenen pro Kilogramm Körpergewicht). Hauptursachen für diesen großen Energieverbrauch beim kleinen Kind sind das umfangreiche Bewegungspensum und das Wachstum.

Der tatsächliche Energieverbrauch wird heute meistens überschätzt. Der relative Wohlstand und die intensive Verbraucherwerbung für Nahrungsmittel sind zwei gewichtige Gründe für die ständige unterschwellige Angst vieler Eltern, ihr Kind könnte zu schwach oder unterernährt sein. Deshalb gibt es auch viele übergewichtige Kinder. Auch nach Abmagerungskuren nehmen diese Kinder verhältnismäßig leicht wieder zu, die Steuerung des Gewichts bleibt schwierig.

Wärmewert der Nährstoffe

In den Nahrungsmitteln sind jeweils unterschiedliche Mengen an Eiweiß, Kohlenhydraten, Fetten usw. enthalten. Darüber finden Sie nähere Angaben in den Übersichten S. 144–147.

Um den Wärmewert eines Nahrungsmittels zu berechnen, muss man den Wärmewert von Eiweiß (1 g = 4,1 kcal), Kohlenhydraten (1 g = 4,1 kcal) und Fetten (1 g = 9,3 kcal) kennen. Dazu ein Beispiel: 100 g Leberwurst enthalten etwa 12 g Eiweiß, 25 g Fett und 8 g Kohlenhydrate. Der Kaloriengehalt lässt sich dann so berechnen: (12 x 4,1 kcal) + (25 x 9,3 kcal) + (8 x 4,1 kcal) = 314,5 kcal.

Tagesbedarf an ausgewählten Nährstoffen

	Kinder 1–3 Jahre	**Kinder** 4–6 Jahre	**Männer / Frauen** 19–35 Jahre
Energie			
kJ (Kilojoule)	4600	6280	10 880 / 9200
kcal (Kilokalorien)	1100	1500	2600 / 2200
Nährstoffe (Gramm = g)			
Eiweiß (Proteine)	22	32	55 / 45
essentielle Fettsäuren	4	5	10
Wasser (ccm) (pro kg Körpergewicht)	120	105	32
Mineralstoffe			
Natrium (g)	–	–	2
Kalium (g)	1,0–2,0	1,0–2,0	3,0–4,0
Calcium (Milligramm = mg)	600	700	800
Phosphor (mg)	600	700	800
Magnesium (mg)	140	200	350 / 300
Eisen (mg)	8	8	12 / 18
Fluor (mg)	0,25	0,25	1,0
Jod (Mikrogramm)	0,10	0,12	0,20
Vitamine			
A (Toc.-Ä.) (mg)	0,6	0,7	1,0 / 0,8
E (Toc.-Ä.) (mg)	5	7	12
B_1 (Thiamin) (mg)	0,6	0,8	1,4 / 1,2
B_2 (Riboflavin) (mg)	0,7	1,0	1,7 / 1,5
Niacin (mg)	8	11	18 / 15
C (Ascorbinsäure) (mg)	55	60	75

Bei den Nahrungsmitteln müssen jeweils die durch den Organismus nicht verwertbaren Anteile unberücksichtigt bleiben. Ebenfalls muss bei allen Nahrungsmitteln mit Unterschieden je nach Bodenart, Sonnenbestrahlung, besonderen Wachstumsbedingungen usw. gerechnet werden, sodass alle Angaben in Übersichten und Tabellen nur als Richtwerte zu verstehen sind.

Gehalt an Kalorien, Nährstoffen und Wasser bei ausgewählten Nahrungsmitteln (je 100 g essbare Anteile)

Kalorien / Joule		**kcal / kJ**
Rindfleisch (mager)		214 / 895
Salami		523 / 2190
Hering (Filet)		222 / 930
Roggenvollkornbrot		190 / 795
Kartoffeln		70 / 295
Möhren (Karotten)		22 / 90
Apfel		49 / 205
Emmentaler (45 % f.i.Tr.)		371 / 1555
Eiweiß		**g**
Rindfleisch (mager)		18,5
Salami		17
Hering (Filet)		18
Roggenvollkornbrot		7
Kartoffeln		2
Möhren (Karotten)		1
Apfel		2
Emmentaler		27
Fett		**g**
Rindfleisch (mager)		13,6
Salami		47
Hering (Filet)		15
Roggenvollkornbrot		1
Kartoffeln	–	–
Möhren (Karotten)	–	–

Apfel	–	–
Emmentaler		28
Kohlenhydrate		g
Rindfleisch (mager)	–	–
Salami	–	–
Hering (Filet)	–	–
Roggenvollkornbrot		36,3
Kartoffeln		15
Möhren (Karotten)		4
Apfel		11
Emmentaler	–	–
Wasser		g
Rindfleisch (mager)		68
Salami		28
Hering (Filet)		70 (ca.)
Roggenvollkornbrot		44
Kartoffeln		78
Möhren (Karotten)		88
Apfel		85
Emmentaler		35

Eiweiß

Eiweiße (Proteine) dienen dem Wachstum, der Regeneration und dem Energiehaushalt, sie sind also Aufbaustoffe und Brennmaterial zugleich. Eiweiße sind enthalten in Muskeln, Blut, Organen, Hormonen und Enzymen.Wesentliche Baustoffe der Eiweiße sind über 20 verschiedene Aminosäuren, von denen einige für den Menschen so wichtig sind, dass er sie täglich mit der Nahrung zu sich nehmen sollte (einige lebenswichtige Aminosäuren kann der Organismus nicht selbst aufbauen). Die eiweißhaltigen Lebensmittel (sowohl tierische als auch pflanzliche) enthalten jeweils verschiedene Kombinationen von Aminosäuren. Das Eiweiß, das wir mit der Nahrung aufnehmen, wird unter Energieabgabe im Körper abgebaut, das heißt in seine Aminosäuren zerlegt, umgebaut und zu körpereigenem Eiweiß (Organeiweiß) wieder aufgebaut.

Ein wichtiger Begriff ist die biologische Wertigkeit von Eiweiß: Je weniger Gramm Nahrungseiweiß benötigt werden, um körpergerechtes Eiweiß aufzubauen, desto höherwertig ist das Nahrungseiweiß. Durch die Kombination bestimmter Nahrungsmittel kann die Wertigkeit noch gesteigert werden. Die Kombination von Milch und Getreide, z. B. bei Käsebrot, Müsli mit Milch, Milchreis oder Getreideauflauf ergibt eine biologische Wertigkeit von 125 (Daas, 1999) und liegt damit höher, als wenn dieselben Nahrungsmittel getrennt zu verschiedenen Mahlzeiten eingenommen werden.

Grundsätzlich ist die biologische Wertigkeit tierischer Eiweiße höher, da sie den Bedürfnissen von Lebewesen entsprechen, die dem Menschen entwicklungsgeschichtlich näher stehen als Pflanzen. Pflanzliches Eiweiß hat andere Aminosäuren; wir müssen mehr davon aufnehmen als von tierischem Eiweiß, um unseren Bedarf zu decken. Am günstigsten ist es, wenn ungefähr die Hälfte (30 bis 50 Prozent) unseres Eiweißbedarfs aus tierischem und der Rest aus pflanzlichem Eiweiß besteht (diese Angabe bezieht sich nicht nur auf Eiweiß, sondern berücksichtigt zugleich andere Gesichtspunkte, wie Vitamin- und Mineralstoffbedarf). Tierisches Eiweiß ist vor allem enthalten in Fleisch, Fisch, Eiern, in der Milch und allen Milchprodukten wie Quark und Käse. Pflanzliches Eiweiß liefern Nüsse, Getreide, Hülsenfrüchte und Kartoffeln.

Allgemein gilt also, dass bei der Nahrungszusammensetzung darauf geachtet werden sollte, dass die Eiweißarten sich hinsichtlich der Aminosäuren-Zusammensetzung unterschiedlich gut ergänzen. Für den menschlichen Bedarf eignen sich diese Kombinationen besonders:

- Getreide (Brot usw.) mit Milch, Fleisch oder Fisch;
- Kartoffeln mit Ei, Milch, Quark oder Käse.

Die Menge Eiweiß, die ein Mensch täglich zu sich nehmen soll, richtet sich nach Alter und Körpergewicht. Zwei- bis dreijährige Kinder benötigen 2,4 g Eiweiß je Kilogramm Körpergewicht. Mit vier bis sechs Jahren genügen 2,2 g je Kilogramm Körpergewicht, und der Erwachsene braucht 1,2 g je Kilogramm Körpergewicht. Es ist ungesund, zu viel oder zu wenig Eiweiß mit der Nahrung aufzunehmen. Bei unregelmäßiger oder einseitiger Ernährung kann dies leicht geschehen. Da die Eiweiße (im Gegensatz zu den

Fetten) im Körper nicht gespeichert werden können, ist die tägliche Eiweißaufnahme in ausreichender Menge wichtig.

Bei Eiweißmangel kommt es zu schweren, nicht wieder gutzumachenden Schädigungen: Der Körper erfährt eine deutliche Schwächung der Widerstandskraft gegen Krankheitserreger, die Muskeln schwinden, und die Kinder bekommen das so genannte Hungerödem (Wassereinlagerung im Unterhautgewebe).

Kohlenhydrate

Kohlenhydrate sind besonders als Energielieferanten anzusehen. Sie bilden den Hauptbestandteil aller Pflanzen und entstehen durch das Zusammenwirken von Blattgrün (Chlorophyll), Kohlendioxyd aus der Luft und Wasser (Photosynthese oder Kohlenstoffassimilation). Getreide- und Kartoffelstärke sind bei uns die bedeutendsten Kohlenhydrate. Ebenso kohlenhydratreich sind aber auch die verschiedenen Zuckerarten wie Trauben-, Rohr-, Malz- und Milchzucker. Über die Hälfte des täglichen Nahrungsbedarfs sollte aus Kohlenhydraten bestehen (möglichst ohne Zucker).

Der große Vorteil der Kohlenhydrate ist ihre leichte Verdaulichkeit und die schnelle Umsetzung in Energie. Sie haben sicher schon gespürt, wie die Energie wiederkehrt, wenn Sie während anstrengender körperlicher Arbeit ein Butterbrot essen (als Test noch überzeugender: ein paar Löffel Traubenzucker essen – er wird nämlich von der Magenwand sofort aufgenommen und gelangt direkt ins Blut).

Getreideprodukte, Kartoffeln, Hülsenfrüchte und Obst gelten als besonders wertvoll, weil in ihnen nicht nur Kohlenhydrate enthalten sind, sondern auch noch andere wichtige Bestandteile, zum Beispiel Vitamine und Mineralstoffe. Bei der Auswahl der Brotsorte sollte man berücksichtigen, dass feine, ausgemahlene Mehle arm an Vitaminen und Mineralstoffen sind, insbesondere Weizenmehl. Sehr viel besser eignen sich Vollkorn-, Schwarz- und Knäckebrot.

Weniger günstige Kohlenhydratträger sind Teigwaren, Weißbrot, Kuchen, alle Zuckerarten (Saccharose = Haushaltszucker, Dextrose, Glukose = Traubenzucker, Laktose = Milchzucker, Maltodextrin oder Glukosesirup), Marmelade, Bonbons, Schokolade, Eiscreme usw. Es ist sicher nicht leicht durchzuset-

zen, Ihrem Kind diese Nahrungsmittel vollkommen zu verweigern. Vor den Mahlzeiten sollte Ihr Kind Kuchen, Bonbons und andere Süßigkeiten allerdings keinesfalls essen, da sie den Appetit verderben und so die Hauptmahlzeit mit der weitaus wertvolleren Mischkost unberührt stehen bleibt.
Nach der Mahlzeit ist gegen ein wenig Süßes allerdings nichts einzuwenden. Wenn der Süßigkeitshunger Ihres Kindes sehr groß ist, können Sie ihm Quarkspeisen anbieten, die Sie mit hochwertigen Nahrungsmitteln wie Milch, Sahne, Eiern, Kakao und frischem Obst zubereiten. Auch Obst oder Obstsalat wird Ihrem Kind als Nachtisch schmecken (anschließend ist Zähneputzen notwendig).

Den Zähnen droht durch Weißmehlprodukte und Süßigkeiten Gefahr, da diese Nahrungsmittel zur Bildung von Säuren beitragen, die Karies verursachen. Sie sollten darauf achten, dass sich Ihr Kind deshalb nach dem Essen die Zähne putzt.

Kohlenhydrate in zu großen Mengen können sich nachteilig auswirken. Die überschüssigen Mengen werden im Körper in Fett umgewandelt und als Fettdepots gespeichert.

Fette

Fette sind neben den Kohlenhydraten die bedeutendsten Energielieferanten. Fast alle Lebensmittel sowohl tierischer wie pflanzlicher Herkunft enthalten einen mehr oder weniger großen Fettanteil. Die Wichtigkeit der Nahrungsfette erklärt sich aber nicht allein aus ihrer Rolle als Brennstoff. Sie sind darüber hinaus entscheidende Aufbauhelfer der Gehirn- und Nervensubstanz.

Als Fette oder Fett-Träger gelten besonders Butter, Margarine, Käse, Nüsse, Kakaopulver und die verschiedenen tierischen und pflanzlichen Öle. Beim Einkauf von Margarinen sollten sie vor allem ungehärtete Pflanzenmargarinen wählen, die ein hohes Maß an ungesättigten Fettsäuren enthalten.

Der Anteil des Fettes an der Ernährung sollte ca. 35 Prozent, also etwa ein Drittel der Gesamtkalorienzahl, betragen. Mehr als 60–70 g Fett pro Tag sind nicht bekömmlich, weil der Körper sie nicht nutzbringend verarbeiten kann und überflüssiges Fett als Depotfett im Unterhautgewebe abgelagert wird. Wird die Menge von 60 g pro Tag längere Zeit unterschritten, kann es sein, dass bestimmte fettlösliche

Vitamine aus anderen Nahrungsmitteln für den Organismus nicht mehr verwertbar gemacht werden. Einen guten Anhaltspunkt für die richtige Fettmenge haben Sie, wenn Sie etwa 20 g als Streich- und Kochfett verwenden. Die restlichen 40 g ergeben sich aus den so genannten versteckten Fetten. Sie sind in Milcherzeugnissen (in einem halben Liter Vollmilch sind bereits 15 g Fett enthalten), Backwaren, Schokolade, in Fisch- und Fleischwaren und insbesondere in der Wurst enthalten. Gehen Sie also mit dem Streichfett (Butter und Margarine) sparsam um, denn beim Kochen und Braten verwenden Sie, nicht zuletzt für die Geschmacksnuancierung, noch weitere Mengen an Butter oder Öl. Dabei sollten Sie versuchen, nur hochwertige Fette, Pflanzenmargarinen und möglichst kaltgepresste Pflanzenöle zu verwenden.

Mineralstoffe und Spurenelemente

Mineralstoffe haben zwar keinerlei Kalorienwert, trotzdem sind sie lebenswichtig und entscheidend am Aufbau des Körpers beteiligt. Sie haben, wie auch die Vitamine, ganz bestimmte Wirkfunktionen. Zur Aufrechterhaltung des reibungslosen Stoffwechsels sind sie so wichtig, dass wir sie auch als Schutzstoffe für die Lebensvorgänge bezeichnen. Zu den wichtigsten vom Menschen benötigten Mineralstoffen gehören Natrium, Chlor, Kalium, Magnesium, Calcium, Phosphor und Schwefel:

- Calcium, Phosphor, Natrium und Magnesium bilden die Hauptbestandteile der Knochen und der Zähne.
- Calcium, Chlor, Kalium, Magnesium und Natrium sind die wichtigsten Komponenten zur Erhaltung des Säuren-Basen-Gleichgewichts im Körper.
- Natrium ist unbedingt nötig zur Aufrechterhaltung des osmotischen Drucks im Blut, für die Erregbarkeit der Muskeln und Nerven und zur reibungslosen Herzfunktion.
- Kalium ist gewissermaßen der Gegenspieler des Natriums.
- Phosphor ist außer für den Knochenaufbau auch für den Energieumsatz im Körper wichtig.
- Chlor entfaltet seine Wirkungsweise im Magensaft, im Blut, in der Lymphflüssigkeit, im Harn, im Schweiß und in der Haut, es reguliert mit die Nieren- und Magensekretion.

- Schwefel unterstützt die Gallenfunktion, er findet sich darüber hinaus in Speichel, Knorpeln und Haaren.
- Kalium und Natrium sind an Chlor gebunden; aus Natrium und Chlor besteht das Kochsalz.

Der Kochsalzbedarf steht zwar unter den Mineralstoffen mengenmäßig im Vordergrund, doch übersteigt das Würzen mit Salz in der Regel den tatsächlichen Bedarf. Selbst wenn Sie ohne Salz kochen, ist der Salzgehalt der Speisen aufgrund der wesenseigenen Salze der Lebensmittel so hoch, dass unter normalen Umständen kein Mangel daran auftritt. Der Salzüberschuss wird beim gesunden Menschen sehr rasch mit dem Schweiß, dem Harn und dem Stuhl wieder ausgeschieden.

Nahrungsmittel wie zum Beispiel ungeschälter Reis, Haferflocken, Kohlrabi, Spinat, Mandarinen, Camembert, Emmentaler und Joghurt sind die wesentlichen Nahrungsträger von Calcium. Der Phosphorbedarf wird gedeckt, wenn man genügend Milch und Milchprodukte, Getreideprodukte, Gemüse, Obst und Hülsenfrüchte verzehrt. Magnesium und Kalium sind in allen grünen Gemüsen enthalten.

Spurenelemente sind sowohl in tierischer als auch in pflanzlicher Nahrung in ausreichenden Mengen zu finden. Die sieben wichtigsten Spurenelemente sind Eisen, Jod, Kobalt, Kupfer, Mangan, Zink und Molybdän. Eisen steht dabei wegen seiner Blut bildenden Eigenschaften an erster Stelle. Es ist vor allem in Innereien, Fleisch- und Wurstwaren, Fisch, Geflügel, Vollkorn- und Graubrot, Haferflocken, geschältem Reis, Hülsenfrüchten und Spinat enthalten. Jod findet sich in Trinkwasser und Seefisch. Allerdings gibt es jodarme Gegenden, wo die Nahrung durch Jodgaben angereichert werden sollte, zum Beispiel durch jodiertes Salz. Zinkspuren findet man in fast allen Nahrungsmitteln, Kupfer in Gemüse und Obst, Mangan in Getreide, Obst und Nüssen.

Alle Mineralstoffe und Spurenelemente sind in Wasser löslich. Deshalb sollten Sie Obst und Gemüse immer unzerkleinert waschen und auch niemals lange im Wasser liegen lassen, da sonst die wertvollen Stoffe ausgeschwemmt werden. Nach dem Kochen von Gemüse (günstiger ist Dünsten oder Dämpfen) können Sie das Kochwasser für eine Suppe oder Soße verwenden. Damit nutzen Sie die ausgeschwemmten, aber noch nicht zerstörten Mineralstoffe und Vitamine.

Bestandteile von Nahrungsmitteln

In der folgenden umfangreichen Tabelle (vgl. S. 144 ff.) finden Sie durchschnittliche Angaben zum Nährstoffgehalt einzelner Nahrungsmittel. Bei einem Vergleich der verschiedenen Werte der einzelnen Nahrungsmittel werden Sie erhebliche Unterschiede feststellen. Einige Daten werden Sie sich sicher merken, etwa die Unterschiede im Fettgehalt von Fleisch- und Wurstwaren, den hohen Calciumwert von Emmentaler Käse, die Unterschiede im Brennwert der Mehlsorten usw. Natürlich ist es nicht nötig, bei der Zubereitung der Mahlzeiten jede Zutat grammweise abzuwiegen und nach der Tabelle zusammenzustellen. Mit einer im Wesentlichen ausgeglichenen Mischkost und durchschnittlichen Nahrungsmengen erreichen Sie das Ziel einer ausgewogenen Ernährung am besten. Das gilt entsprechend auch für Mineralstoffe und Vitamine.

Vitamine

Vitamine sind reine Wirkstoffe. Die in den Zellen des Organismus ablaufenden Lebensvorgänge werden durch sie nachhaltig beeinflusst. Die Aufgaben der auch als Schutz-, Ergänzungs- und Reglerstoffe bezeichneten Vitamine lassen sich mit den von der Chemie her bekannten Katalysatoren vergleichen. Fehlen dem Menschen bestimmte Vitamine, so fällt die Leistungsfähigkeit des Körpers ab, und es kann zu ausgesprochenen Mangelkrankheiten kommen.

Bis heute kennt man etwa 40 Vitamine. Die wichtigsten sind in der nachfolgenden Tabelle aufgeführt. Dort können Sie ersehen, in welchem Nahrungsmittel welches Vitamin zu finden ist, welche biologische Bedeutung ihm zukommt und was geschieht, wenn der Körper zu wenig davon bekommt.

Die chemischen Bestandteile der Vitamine sind Kohlenstoff, Wasserstoff und Sauerstoff, bei manchen kommen Stickstoff, Phosphor und Schwefel hinzu.
Einige Vitamine können ebenso wie Eiweiß im Körper nicht gespeichert werden. Deshalb ist die ständige Versorgung Ihres Kindes mit diesen lebenswichtigen Stoffen nötig. Ein erhöhter Vitaminbedarf besteht im Winter (insbesondere, um Erkältungskrankheiten abzuwehren), allgemein während des Wachstums, bei Schwangerschaft, Rekonvaleszenz und bei Stress.

Nährstoffgehalt ausgewählter Nahrungsmittel

Nahrungsmittel (der essbare Anteil von 100 g gekaufter Ware)	Energie kJ	Energie kcal	Eiweiß g	Fett g	Kohlenhydrate g	Andere wichtige Bestandteile (alle Angaben in mg; Vitamine, wenn in größerer Menge enthalten)
Fleisch, Fleischwaren, Fisch						
Schweinefleisch (mittelfett)	1155	276	18	21	–	310 Kal., 155 Pho., 25 Mag., 2 Eis.
Rindfleisch (mager)	725	173	15	11	–	275 Kal., 140 Pho., 2,1 Eis.
Lammfleisch (mittelfett)	745	178	14	13	–	245 Kal., 160 Pho., 19 Mag., 1,9 Eis.
Rinderleber	550	131	18	3	6	270 Kal., 335 Pho., 16 Mag., 6,6 Eis., 0,12 Flu.
Schinken (gekocht)	1145	274	19	20	–	260 Kal., 155 Pho., 23 Mag., 2,4 Eis.
Bierschinken	1025	245	15	19	–	216 Kal., 150 Pho., 18 Mag., 1,5 Eis.
Salami	2190	523	17	47	–	285 Kal., 2 Eis.
Leberwurst	1840	440	12	40	–	140 Kal., 40 Cal., 150 Pho., 5,2 Eis.
Hähnchenkeule	375	90	15	2	–	190 Kal., 140 Pho.
Heringsfilet	930	222	18	15	–	315 Kal., 35 Cal., 250 Pho., 22 Mag.
Forelle	220	52	10	1	–	235 Kal., 130 Pho., 14 Mag.
Milch, Milcherzeugnisse, Eier						
Vollmilch (Kuh- 3,5 % Fett)	275	66	3,3	3,5	5	155 Kal., 120 Cal., 95 Pho., 12 Mag.
Kakao-Trunk	245	59	3,5	0,5	9	1700 Kal., 1200 Cal., 1100 Pho.
Joghurt (aus Vollmilch)	300	71	3,8	3,8	5	160 Kal., 120 Cal., 100 Pho.
Camembert (45 % F. i. Tr.)	1215	291	21	22	–	570 Cal., 350 Pho., 17 Mag.
Emmentaler (45 % F. i. Tr.)	1555	371	27	28	–	960 Cal., 600 Pho., 33 Mag., 0,056 Flu.
Quark (20 % F. i. Tr.)	470	112	13	5	3	85 Cal., 165 Pho.
Hühnerei	615	147	11	10	1	130 Kal., 50 Cal., 190 Pho., 1,8 Eis., 0,1 Flu.

Öle, Fette						
Butter	3240	775	1	83	–	0,130 Flu.
Margarine	3180	761	1	80	–	
Maiskeimöl	3890	930	–	100	–	(viel ungesättigte Fettsäuren)
Sonnenblumenöl	3885	928	–	100	–	(viel ungesättigte Fettsäuren)
Getreideerzeugnisse						
Cornflakes	1470	352	8	1	77,8	140 Kal., 2,0 Eis.
Haferflocken	1550	371	14	7	61,2	360 Kal., 405 Pho., 139 Mag., 3,6 Eis., 0,037 Flu.
Reis, ungeschält	1475	354	7	2	74,6	150 Kal., 325 Pho., 157 Mag., 2,6 Eis., 0,05 Flu.
Weizenvoll-kornmehl	1470	351	12	2	69	337 Kal., 345 Pho., 124 Mag., 3,4 Eis.
Weizenmehl (Type 405)	1460	349	11	1	72,8	110 Kal., 90 Pho., 1,0 Eis.
Weizentoastbrot	1115	267	10	2	48,1	130 Kal., 110 Cal., 110 Pho., 2,2 Eis.
Roggenvoll-kornschrot	1350	323	11	2	64	439 Kal., 362 Pho., 83 Mag., 4,0 Eis.
Roggenvoll-kornbrot	795	190	7	1	36,3	290 Kal., 220 Pho., 35 Mag., 3,3 Eis.
Kartoffeln, Hülsenfrüchte und Gemüse						
Kartoffeln	295	70	2	–	15	455 Kal., 25 Mag.
Pommes frites	1120	267	4	15	29,2	1020 Kal., 43 Mag., 1,8 Eis.
Bohnen, weiß	1245	298	21	2	47	1300 Kal., 105 Cal., 425 Pho., 130 Mag., 6,0 Eis.
Erbsen	1330	318	23	1	56	930 Kal., 375 Pho., 115 Mag., 5,0 Eis.
Linsen	1340	321	24	1	50,8	810 Kal., 410 Pho., 77 Mag., 6,9 Eis.
Avocado	725	173	1	18	1	375 Kal., 22 Mag.
Blumenkohl	60	14	2	–	2	205 Kal.
Brokkoli	55	13	2	–	1	285 Kal.
Chicorée	40	10	1	–	1	170 Kal.
Fenchelknolle	195	47	2	–	8	460 Kal., 100 Cal., 45 Mag., 2,5 Eis.
Grünkohl	65	15	2	–	1	250 Kal., 110 Cal., 1,0 Eis.
Kohlrabi	65	16	1	–	3	250 Kal., 30 Mag.
Kopfsalat	30	7	1	–	1	150 Kal.
Möhren (Karotten)	90	22	1	–	4	235 Kal.

Nährstoffgehalt ausgewählter Nahrungsmittel

Nahrungsmittel (der essbare Anteil von 100 g gekaufter Ware)	Energie kJ	Energie kcal	Eiweiß g	Fett g	Kohlenhydrate g	Andere wichtige Bestandteile (alle Angaben in mg; Vitamine, wenn in größerer Menge enthalten)
Kartoffeln, Hülsenfrüchte und Gemüse						
Paprikaschote	60	15	1	–	2	165 Kal.
Rettich	30	7	1	–	1	245 Kal.
Rosenkohl	115	28	3	–	3	320 Kal.
Rote Bete	130	32	1	–	7	260 Kal.
Sellerie	65	15	1	–	2	235 Kal.
Spinat	50	12	2	–	–	540 Kal., 105 Cal., 50 Mag., 3,5 Eis., 0,09 Flu.
Tomate	70	17	1	–	3	285 Kal.
Sauerkraut	65	16	2	–	2	290 Kal.
Champignons	55	13	3	–	–	415 Kal., 120 Pho., 1,2 Eis.
Obst						
Apfel	205	49	–	–	11	130 Kal.
Aprikose	170	41	1	–	9	255 Kal.
Pflaume	205	49	1	–	11	210 Kal.
Erdbeere	130	31	1	–	6	145 Kal.
Johannisbeere (schwarz)	195	47	1	–	10	305 Kal., 1,3 Eis.
Apfelsine	139	32	1	–	7	125 Kal.
Banane	230	54	1	–	13	265 Kal., 25 Mag.
Kiwi	185	44	1	–	9	255 Kal.
Nektarine	245	59	1	–	16	270 Kal.
Nüsse und Samen						
Erdnüsse	2565	613	26	49	9	775 Kal., 410 Pho., 180 Mag., 2,3 Eis., 0,14 Flu.
Haselnüsse	2840	678	14	62	11	635 Kal., 225 Cal., 335 Pho., 155 Mag., 3,8 Eis.
Mandeln	2600	622	18	54	9	835 Kal., 250 Cal., 455 Pho., 170 Mag., 4,1 Eis., 0,09 Flu.

Süßwaren						
Bienenhonig	1275	305	–	–	81	
Kakaopulver	1495	357	20	25	10,8	1920 Kal., 115 Cal., 650 Pho., 414 Mag., 11,5 Eis., 0,12 Flu.
Marmelade	1090	261	–	–	66	
Vollmilch-schokolade	2300	550	9	33	54,1	420 Kal., 215 Cal., 240 Pho., 104 Mag., 3,1 Eis., 0,05 Flu.

Anmerkungen

– Die Tabelle orientiert sich an Veröffentlichungen der Deutschen Gesellschaft für Ernährung e.V.

– Sie ist als erster Anhaltspunkt für eine intensive Auseinandersetzung mit den verschiedenen Nahrungsbestandteilen gedacht. Insgesamt sollten die erforderlichen Mindestmengen für das jeweilige Lebensalter berücksichtigt werden – und das ist nur dann erreichbar, wenn vielseitige Ernährung angeboten wird!

– Abkürzungen: Cal. = Calcium, Eis. = Eisen, Flu. = Fluorid, Kal. = Kalium, Pho. = Phosphor

– Der Tagesbedarf für ein- bis dreijährige Kinder (vier- bis sechsjährige in Klammern) beträgt bei den einzelnen Mineralstoffen 1000–2000 mg Kalium (1000–2000), 600 mg Calcium (700), 600 mg Phosphor (700), 140 mg Magnesium (200), 8 mg Eisen (8); die Werte für Fluorid konnten nicht festgestellt werden, deshalb sind die Nahrungsmittel mit den höchsten Fluorid-Anteilen aufgeführt.

An dieser Stelle sei nochmals auf die Bedeutung einer ausgewogenen Mischkost hingewiesen, die die ausreichende Versorgung mit allen notwendigen Vitaminen garantiert. Die Autoren des Buches «Chemie in Lebensmitteln» zeigen, in welchem Umfang die meisten Nahrungsmittel mit Schadstoffen belastet sind und wie man Wege zu einer gesunden Ernährung findet (Katalyse-Umweltgruppe e. V. 1991).

Vitamine

Vitamine		Funktion	Vitaminmangel-erkrankungen	Vorkommen
A	Retinol	Schutz und Regeneration epithelialer Gewebe; Aufbau des Sehpurpurs	Nachtblindheit, Epithelschädigungen von Auge und Schleimhaut	Lebertran, Kalbsleber, Eidotter, Milch, Butter; Provitamin Karotin in Karotten und Tomaten
B_1	Thiamin (Aneurin)	Regulation des Kohlenhydratstoffwechsels	Beriberi; Störungen der Funktionen von Zentralnervensystem und Herzmuskel	Hefe, Weizenkeimlinge, Schweinefleisch, Nüsse
B_2	Riboflavin	Regulation von Atmungsvorgängen; Wasserstoffübertragung	Haut- und Schleimhauterkrankungen	Hefe, Leber, Fleischextrakt, Nieren
	Folsäure	Übertragung von Einkohlenstoffkörpern (C_1) im Stoffwechsel	Blutarmut	Leber, Niere, Hefe
	Pantothensäure	Übertragung von Säureresten im Stoffwechsel	unbekannt	Hefe, Früchte
	Nikotinsäure, Nikotinsäureamid (Niacin PP-Faktor)	Regulation von Atmungsvorgängen; Wasserstoffübertragung; Baustein der Koenzyme NAD und NADP	Pellagra	Hefe, Leber, Reiskleie
	Biotin	Koenzym von an Carboxylierungsreaktionen beteiligten Enzymen	Hautveränderungen, Haarausfall, Appetitlosigkeit, Nervosität	Hefe, Erdnüsse, Schokolade, Eidotter
B_6	Pyridoxol-Gruppe	Übertragung von Aminogruppen im Aminosäurestoffwechsel	Hautveränderungen	Hefe, Getreide keimlinge, Kartoffeln

B_{12} Cobalamine	Reifungsfaktor der roten Blutkörperchen	perniziöse Anämie	Leber, Rindfleisch, Austern, Eidotter
C Ascorbinsäure	Redoxsubstanz des Zellstoffwechsels	Skorbut, Moeller-Barlow-Krankheit	Zitrusfrüchte, Johannisbeeren, Paprika
D Calciferole	Regulation des Calcium- und Phosphatstoffwechsels	Rachitis, Knochenerweichung	Lebertran, v. a. von Thunfisch, Heilbutt, Dorsch; Eidotter, Milch, Butter
E Tocopherole	antioxidativer Effekt (u. a. in Keimdrüsenepithel, Skelett- und Herzmuskel)	Mangelsymptome beim Menschen nicht sicher nachgewiesen	Weizenkeimöl, Baumwollsamenöl, Palmkernöl
K Phyllochinon, Menachinone	Bildung von Blutgerinnungsfaktoren; v. a. von Prothrombin	Blutungen, Blutgerinnungsstörungen	grüne Pflanzen (u. a. Kohl, Spinat)

Der Wasserhaushalt

Der menschliche Körper besteht zu rund zwei Dritteln aus Wasser. Es hat primär die Aufgabe des Nahrungstransports und der Temperaturregelung. Ferner hält es den notwendigen Druck in den Körperzellen aufrecht und entschlackt den Körper. Ohne Wasser käme es nicht zur Schweiß- und Urinbildung, die überflüssigen Stoffe würden nicht mehr abgeführt, und der Organismus wäre rasch vergiftet.

Der Wasserhaushalt des Körpers ist eng mit dem Mineralhaushalt verbunden, denn im Wasser – auch in unserem Trinkwasser – sind wichtige Mineralien gelöst. (In einem Liter Mineralwasser finden sich über ein Gramm gelöste Mineralien.)

Je jünger ein Kind ist, desto größer ist sein täglicher Flüssigkeitsbedarf. Dafür gibt es zwei Gründe:

- Die Stoffwechselvorgänge laufen im Vergleich zum Erwachsenen schneller ab.
- Der Wasserverlust durch die Haut beim Schwitzen ist größer, da die Hautoberfläche im Verhältnis zum Körpergewicht beim Kind erheblich größer ist.

Ein Kleinkind braucht pro Kilogramm Körpergewicht ca. dreimal so viel Flüssigkeit wie ein Erwachsener. Ein zwei- bis dreijähriges Kind soll täglich zwischen ca. 1400 ccm Flüssigkeit aufnehmen, ein vier- bis sechsjähriges ca. 1550 ccm. Den Flüssigkeitsbedarf sollte das Kind etwa zur Hälfte durch Getränke decken, die andere Hälfte ist in den Nahrungsmitteln enthalten. Der Wassergehalt von Brot, Fleisch, Fisch, Käse und Eiern beträgt immerhin 40 bis 70 Prozent, der von Kartoffeln, Obst und Gemüse sogar rund 70 bis 93 Prozent. Wie viel Ihr Kind trinken will, richtet sich nach seinem Durstgefühl. Würzen Sie die Speisen mild (und besser durch frische Kräuter als durch viel Salz), sonst speichert der Körper Wasser, statt es wieder abzugeben. Bei einem normal essenden Kind eignen sich kalorienarme Fruchtsäfte oder Kräutertees, zum Beispiel kalter Pfefferminztee mit Zitrone (und möglichst ohne Zucker, ggf. Süßstoff), als Durstlöscher am besten.

Aroma- und Würzstoffe

Bereits im Alter von zwei Jahren hat Ihr Kind seine speziellen Geschmacksneigungen, die Sie bei der großen Auswahl der Gewürze und

Aromen jetzt immer mitbedenken sollten. Gewürze bestehen aus ätherischen Ölen, Alkaloiden und Glykosiden. Durch den Reiz, den sie auf die Geschmacks- und Geruchsnerven ausüben, wird die Esslust gefördert und die Bildung von Magensaft angeregt, was die Speisen allgemein bekömmlicher macht. Viele Gewür-ze haben eine heilende Wirkung. Fenchel und Kümmel zum Beispiel helfen, Blähungen zu verhindern. Andere Würzkräuter enthalten lebenswichtige Vitamine. Vor allem Vitamin C ist in vielen Kräutern enthalten: Petersilie, Dill, Bohnenkraut, Knoblauch, Basilikum, Salbei, Thymian, Rosmarin, Estragon, Zitrone, Schnittlauch usw.

Zu viel Salz ist für die Kinderkost ungünstig. Manche Kinder haben jedoch auch eine Vorliebe für Saures. Geben Sie dieser Geschmacksneigung ruhig nach, und lassen Sie Ihr Kind nach Wunsch rohes Sauerkraut, eine saure Gurke oder Salat von roten Rüben essen.

Gemischte Kost

Die Bedürfnisse des Menschen und seine körperlichen Voraussetzungen sind weder auf reine Pflanzenkost noch ausschließlich auf Fleischverzehr eingestellt. Unser Darm ist mittellang – nicht extrem kurz, wie dies bei Fleisch fressenden Spezies der Fall ist, und nicht so lang wie bei den reinen Pflanzenverwertern. Um in den Genuss der lebensnotwendigen Stoffe zu kommen, die sowohl in Fleisch als auch in Pflanzen enthalten sind, ist eine Kost zu empfehlen, die sich aus beidem zusammensetzt: Fleisch ist der Hauptlieferant für Eiweiß, Fett und Mineralsalze, Pflanzen bieten vor allem Mineralien und Vitamine.

Eine überlegt zusammengestellte, gemischte Kost bietet die beste Gewähr für eine vollwertige Ernährung. Achten Sie besonders darauf, dass Sie Nahrungsmittel mit genügend hochwertigem Eiweiß verwenden, und halten Sie den Verzehr von Fett in Maßen (in den verwendeten Fettarten und Ölen sollten mehrfach ungesättigte Fettsäuren enthalten sein). Da Obst, Gemüse und Salate durch lange Lagerung und falsche Zubereitung, besonders zu lange oder hohe Erhitzung, viel von ihrem ursprünglichen Wert verlieren, empfiehlt es sich, sie täglich frisch auf den Tisch zu bringen, schonend gekocht, gedünstet, gedämpft oder als Rohkost.

Folgende Schwerpunkte sollte Ihr Ernährungsplan auf jeden Fall beinhalten:

- als Eiweißträger: Milch, Quark, Käse, Fisch, Fleisch, Eier;
- als Fett-Träger: (kaltgepresste) Pflanzenöle und -margarinen (ungehärtet, mit mehrfach ungesättigten Fettsäuren);
- als Kohlenhydratträger: ungeschälter Reis, Vollkornbrot, Haferflocken, Linsen;
- als Träger von Vitaminen und Mineralstoffen: Rohkostsalate, Gemüse, Obst, Kartoffeln, Vollkornbrot, Milch, Käse.

Ernährung auf der Basis von biologischem oder biologisch-dynamischem Anbau

Seit vielen Jahren wird von einer breiten Öffentlichkeit mit wachsendem Unmut registriert, dass man mit Chemikalien, Düngemitteln, Hormonen usw. die Zuchterfolge von Pflanzen und Tieren steigert, das heißt ertragreicher wirtschaftet und dabei unliebsame Nebenwirkungen chemisch – zum Beispiel mit Pestiziden – bekämpft. Die langfristigen Auswirkungen sind bisher nur im Ansatz zu erkennen. Die lebensmittel- und arzneimittelrechtlichen Vorschriften sowie die Kennzeichnungspflicht für bedenkliche oder gar schädliche Bestandteile müssen dieser Entwicklung folgen und verbessert werden.

Zum gesunden Leben brauchen wir – nach Auffassung von Befürwortern des biologischen Anbaus – Nahrungsmittel, die die Lebenskräfte im Körper anregen. Das können nur Substanzen, die diese Kräfte in ausreichendem Maße mitbringen; und nur dann können wir von Lebensmitteln sprechen – statt nur von Nahrungsmitteln. Jede Pflanze hat eine gewisse Lebensfähigkeit, die reduziert wird, wenn sie unter unzuträglichen Bedingungen wachsen muss, wie zum Beispiel in Monokulturen oder bei einer einseitig das Wachstum treibenden Düngung. Hier wird dann Quantität auf Kosten der Qualität erzielt.
Will man – nach Auffassung der Befürworter des biologisch-dynamischen Anbaus – den Erfolg nicht nur im Ertrag sehen, sondern auch die Lebenskräfte erhalten, muss die Pflanze diese Kräfte aus ihrer natürlichen Umgebung aufnehmen und verstärken können.

Wenn Sie ökologisch einwandfreie Produkte kaufen wollen, wenden Sie sich an die Hersteller/Vertriebsfirmen, die unbehandelte Nahrungsmittel bzw. Lebensmittel anbieten. Sie sind u. a. als Mitgliedsverbände in der Arbeitsgemeinschaft ökologischer Landbau e.V. (AGÖL) organisiert (Tel.: 06155–2081, Darmstadt). Dazu gehören u. a. ANOG e.V., Biokreis e.V., Bioland e.V., Biopark e.V., Demeter Bund e.V., ECO VIN e.V., Gäa e.V., Naturland e.V., Ökosiegel e.V. Darüber hinaus gibt es weitere Einzelbetriebe (vielleicht sogar in Ihrer Nähe), die nach ökologischen Prinzipien Nahrungsmittel erzeugen.

Entwicklungs-
anregungen

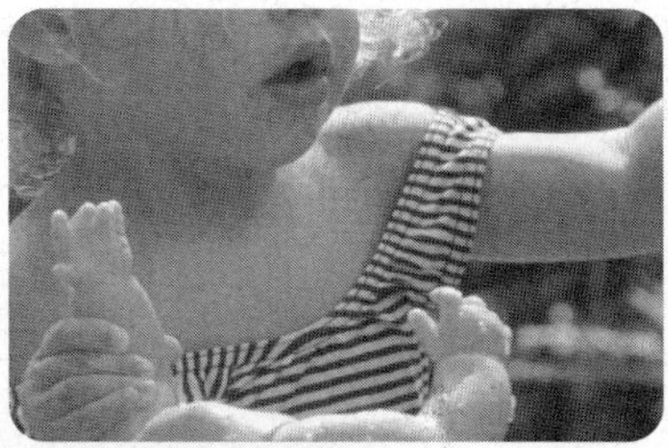

Nicht jedes Missgeschick ist ein schlimmes Unglück. Ein unerwartetes Ereignis kann auch zum genauen Beobachten, zum Nachdenken und zur Suche nach neuen Lösungen führen. Manchmal ist es allerdings nicht leicht, diese kreative Seite eines Malheurs zu sehen oder vielleicht sogar für das Kind nutzbar zu machen.

Wie Sie mit Ihrem Kind spielen und lernen können

Die folgenden Kapitel sind den Entwicklungsanregungen vorbehalten. Sie enthalten zur Förderung aller Persönlichkeitsbereiche des Kindes Spiele, Beschäftigungen und Übungen.

In den letzten vierzig Jahren hat sich die Auffassung über die kindliche Entwicklung wesentlich geändert. Früher ging man davon aus, dass sich alle Fortschritte «von selbst» einstellen. Heute wissen wir aufgrund vieler wissenschaftlicher Untersuchungen, dass sich die Fähigkeiten des Kindes nur voll entfalten können durch:

- gezielte Anregungen (Anreize aus der Umwelt), die auf den Entwicklungsstand des Kindes abgestimmt sind;
- seine eigenen, starken Entwicklungsimpulse (hier: einschließlich seiner genetischen Ausstattung).

Für den Erwachsenen ist es nicht schwer, die Aufmerksamkeit des Kindes zu fesseln: Es ist neugierig und freut sich, wenn ihm eine Aufgabe gelungen ist. An diese Freude über seine eigenen Handlungen und an seine Wissbegier können Sie anknüpfen. Die Aufgaben und Spiele der folgenden Kapitel sind also als ein Angebot für Ihr Kind aufzufassen.

So spielen und lernen Sie mit Ihrem Kind

Wenn Sie alle Entwicklungsanregungen aufgreifen und mit Ihrem Kind durchspielen, fördern Sie damit seine Entwicklung in der bestmöglichen Art und Weise. Das kostet zwar etwas Zeit, aber wenig Geld.
Zur besseren Orientierung sind alle Anregungen nach ihrer Bedeutung gekennzeichnet:

Wenn Sie nur wenig Zeit haben, suchen Sie sich nur die wichtigsten Übungen mit diesem Zeichen aus.

Wenn Sie sich Ihrem Kind intensiver widmen möchten und können, nehmen Sie die so gekennzeichneten Anregungen hinzu.

Wenn Sie viel Zeit für die Förderung Ihres Kindes haben, übernehmen Sie auch die Übungen mit diesem Zeichen.

Richten Sie sich bei den Spielen und Lernanregungen sensibel nach Ihrem Kind und zwingen Sie ihm nichts auf. Es muss die Freiheit haben, selbst unter den Angeboten auswählen zu können. Nur so gewinnt es an Selbständigkeit und Selbstsicherheit. Wenn Sie diese Selbständigkeit fördern, indem Sie auf seine Wünsche eingehen, werden Sie die Erfahrung machen, dass es bald von sich aus neue Spielvariationen erfindet, dass es lebhaft und phantasievoll bleibt. Damit schaffen Sie die Grundlage dafür, dass Ihr Kind kreativ bleibt und von Jahr zu Jahr aktiver wird.

Vergegenwärtigen Sie sich immer, dass der persönliche Entwicklungsstand des Kindes der Maßstab für die geeigneten Anregungen ist: Ihr Kind kann in einigen Entwicklungsbereichen der Norm entsprechen, es kann aber auch im einen oder anderen Bereich einen Vorsprung oder eine Verzögerung aufweisen: kein Grund zu besonderer Freude oder Panik – nach einigen Monaten kann sich das durch das Zusammenwirken verschiedener Einflüsse geändert haben. Sollte die Abweichung von der normalen Entwicklung in einem Bereich besonders groß sein und längere Zeit anhalten, sprechen Sie einmal zum Vergleich mit zwei oder drei Müttern, die ein Kind gleichen Alters haben, oder lassen sie sich in einer Familien- oder Erziehungsberatungsstelle beraten.

Sie können die Anregungen der nächsten Kapitel jeweils anbieten, wie sie aufgeführt sind: nach Alter und Entwicklungsbereichen geordnet. Sie können sich aber auch durch mehrmaliges Lesen der altersgeeigneten Anregungen zunächst einen guten Überblick verschaffen und dann aus dem Zusammenhang entscheiden, welche Anregungen sich gerade gut in den Alltag einflechten lassen. Damit vermeiden Sie, dass diese Aktivitäten isoliert, künstlich oder zusammenhanglos wirken. Darüber hinaus kann Ihr Kind besser an sein schon vorhandenes Wissen und seine Erfahrungen anknüpfen, es wird die neuen Eindrücke besser behalten.

Lernen nach dieser Art wird in der Pädagogik als «Lernen nach dem Situationsansatz» bezeichnet – eine Methode, die auch im Kindergarten gegenwärtig als die geeignetste Methode angesehen wird.

Das Lernen nach dem Situationsansatz sollte für Ihr Kind zu einer ständigen, inspirierenden Praxis werden. Sie selbst brauchen Ihr Kind nur bei den verschiedensten Aktivitäten einzubeziehen, es mitzunehmen, ihm dabei etwas zu zeigen und zu erklären. Soweit Sie dieses ständige Einbeziehen Ihres Kindes praktizieren, wird Ihr Kind viele wichtige Lernschritte ganz nebenbei vollziehen, die Entwicklungsanregungen sind dann bestens in den Tagesablauf eingebettet.

Überprüfen Sie dennoch von Zeit zu Zeit, wenn die Methode des situativen Lernens zu Ihrer Erziehungspraxis passt, ob Sie wirklich die meisten Entwicklungsanregungen genutzt haben – andernfalls ergänzen Sie, was fehlt. Eine Kombination des Lernens nach dem Situationsansatz mit dem gezielten Angebot der Entwicklungsanregungen ist vermutlich das bestmögliche Vorgehen.

Übrigens noch ein sehr wichtiger Hinweis zu den Lernspielanregungen insgesamt: Selbstverständlich sind die einzelnen Spiele, Anregungen und Übungen primär für Ihr Kind wichtig. Sie werden aber bei den Beschäftigungen feststellen, dass Sie Ihr Kind dabei noch viel besser kennen lernen, dass Sie dabei erfahren, wie Sie Ihr Kind am besten ansprechen, wenn Sie es zu einer bestimmten Aufgabe motivieren wollen. Sie selbst können dabei noch mehr Interesse daran bekommen, Ihr Kind aktiv zu fördern, seine Entwicklung zu unterstützen. Ihre Erfahrungen sind neben dem Lerneffekt für Ihr Kind ein fast ebenso wichtiger Vorteil, den die Entwicklungsanregungen mit sich bringen: ein Gewinn also für die ganze Familie!

Die wichtigsten Lernregeln

Versuchen Sie möglichst, sich die folgenden Gesichtspunkte immer mal wieder zu vergegenwärtigen:

- Das wichtigste Vorbild für Ihr Kind – das sind Sie selbst und andere Erwachsene in seinem Lebensumfeld! So wie Sie selbst gezielt Ihre Arbeiten angehen, wie Sie mit anderen Menschen umgehen, wie Sie Ihren Wün-

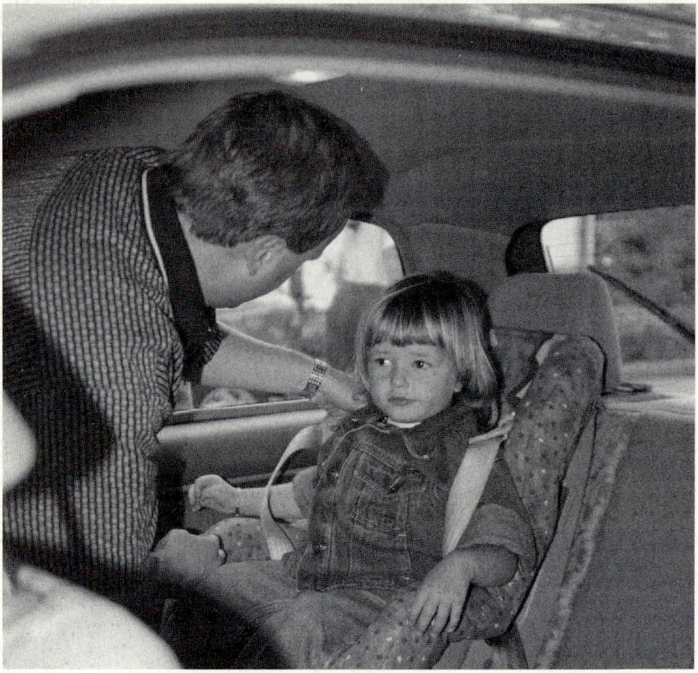

schen und Neigungen nachgehen – all das wird Ihr Kind als «richtiges Verhalten» interpretieren und für sich zum Maßstab machen (also auch z. B. Ihre Freude oder Enttäuschung über Ereignisse oder Handlungen).

- Vielfach lässt sich bei den folgenden Vorschlägen kaum unterscheiden, ob es sich im Einzelnen um eine allgemeine Anregung, ein Spiel oder eine Übung handelt – dies hängt wesentlich von der Art der Präsentation und vom Entwicklungsstand des Kindes ab: Ziel ist jedenfalls die bewusste Anregung, das Lernen im Spiel, das wiederholte Sich-mit-etwas-Beschäftigen, um es mehr und mehr zu beherrschen.
- Jede Anregung, jedes Spiel, jede Übung darf nur so lange dauern, wie es Ihrem Kind Spaß macht. Machen Sie's spannend und abwechslungsreich. Wenn eine Anregung einmal keine Begeisterung auslöst, dann versuchen Sie es ein anderes Mal wieder.
- Manche Spielangebote oder Übungen gefallen Ihrem Kind besonders gut, wiederholen Sie diese ruhig etwas öfter – damit festigen Sie sein Wissen und Können.

- Wiederholen Sie gelegentlich nach einigen Tagen dieselbe Anregung, um zu sehen, ob Ihr Kind die Aufgabe noch lösen oder bewältigen kann.
- Nehmen Sie immer wieder etwas Neues in Ihr Programm auf, oder gestalten Sie die Aufgabenstellung etwas anspruchsvoller – aber immer so, dass Ihr Kind sie noch gut bewältigen kann.
- Günstig ist, wenn Sie die Anregungen, Spiele und Übungen jeweils ein- bis zweimal vormittags und ein- bis zweimal nachmittags mit Ihrem Kind machen. Sie werden bald herausfinden, dass es zu bestimmten Tageszeiten dafür besonders aufgeschlossen ist. Zum Beispiel:
  - im ersten Vierteljahr: zwei- bis dreimal täglich je zehn bis zwölf Minuten,
  - im zweiten Vierteljahr: zwei- bis dreimal täglich je zwölf bis 15 Minuten,
  - im dritten Vierteljahr: zwei- bis viermal täglich je zwölf bis 20 Minuten,
  - im vierten Vierteljahr: drei- bis viermal täglich je 15 bis 20 Minuten.
- Die Altersangaben der Entwicklungsanregungen sind keine absoluten Angaben, sondern als Empfehlung gedacht.
- Unsere Spielübungen sind Vorschläge für Sie, Sie können sie jederzeit nach Ihren Vorstellungen abwandeln. Je abwechslungsreicher und anregender Ihr Spielangebot ist, desto besser. Vielleicht bringt Sie auch Ihr Kind auf Ideen, die in diesem Buch noch nicht zu finden sind!
- Machen Sie die Übungen nur, wenn Sie entspannt und gut gelaunt sind. Sonst bekommt Ihr Kind womöglich den Eindruck, dass Lernen etwas Unangenehmes, etwas Lästiges sei. Und das wäre gerade das Gegenteil von dem, was Sie erreichen wollen.
- Mutter und Vater sollten sich bei diesen Angeboten abwechseln – wann und wie immer das zeitlich zu machen ist. Jeder Erwachsene hat eine andere Art, Kinder anzuleiten, und auch das Ziel wird von jedem anders vorgegeben. Durch den Wechsel des erwachsenen Lernspielpartners wird eine allzu starke Fixierung auf die Person und die Aufgabenstellung vermieden.
- Wenn Sie sich nochmals kurz an die oben vorgeschlagenen Spiel- und Lernzeiten erinnern, werden Sie feststellen, dass für das eigenständige Spielen und Sich-Beschäftigen Ihres Kindes genug Zeit bleibt. Das ist auch wichtig, weil das selbstbestimmte Erfah-

ren und Lernen besonders wirkungsvoll ist. Ihr Kind stellt sich dabei in der Regel kleine Anforderungen und versucht, sie zu bewältigen. Ist die Anforderung zu hoch, schaltet das Kind von sich aus einige Zwischenstufen ein.

Tipps für die Durchführung einer Anregung

- Lesen Sie die jeweilige Aufgabe selbst gut durch, und legen Sie alles bereit, was Sie dazu brauchen.
- Beobachten Sie das Kind bei den Aufgaben gut, und geben Sie bei Bedarf kleine Hilfen, indem Sie zum Beispiel «lenkende» Fragen stellen oder gelegentlich unauffällig eingreifen.
- Sparen Sie nicht mit Anerkennung! Dann macht das Lernen doppelt Spaß (das wissen Sie aus eigener Erfahrung). Belohnen Sie Ihr Kind häufig mit Zärtlichkeiten und mit Worten – Ihr Kind braucht Ihre Bestätigung!
- Warten Sie für die Spiele und Übungen einen günstigen Zeitpunkt ab: wenn Ihr Kind ausgeschlafen, satt, gut gelaunt und unternehmungslustig ist. Unterbrechen Sie es nicht bei einer anderen Beschäftigung.

Noch etwas sollten Sie beachten: Ihr Kind ist schon eine (kleine) Persönlichkeit – vergleichen Sie es also nur gelegentlich mit anderen im Sinn eines Leistungsvergleichs!

Ihre Situation

Schließlich noch ein Tipp, der Sie ganz persönlich betrifft. Versuchen Sie, möglichst viele Unternehmungen zu starten, die auch Ihnen viel Spaß machen, Ihnen Anregungen geben und dazu beitragen, die mögliche Isolierung durch Ihr Kind aufzubrechen. Ob Sie sich eingeengt fühlen, können selbstverständlich nur Sie selbst beurteilen.

Denken Sie zum Beispiel an Gespräche mit Ihren Freunden und Bekannten: Dreht sich alles nur um Erziehung, um den Tagesablauf mit dem Kind usw.? Dann wäre das ein deutlicher Hinweis, dass Sie sich aktiv auf die Auseinandersetzung und Beschäftigung auch mit anderen Dingen einlassen sollten. Keine Angst, Ihr Kind wird dadurch nicht vernachlässigt. Was Sie selbst an Anregung erfahren, werden Sie ganz selbstverständlich an Ihr Kind weitergeben. Es wird dadurch eine ausgeglichene und kontaktfreudige Mutter und einen aktiven und aufgeschlossenen Vater erleben – und das ist im Sinne des Modelllernens und der Vorbildwirkung wichtig.

Durch das Sehen erschließt sich Ihr Kind die Welt

Ab zwei Jahren

Ihr Kind kennt inzwischen sicher die wichtigsten Farben beim Namen (Gelb, Orange, Rot, Violett, Blau, Grün, Braun, Weiß, Grau und Schwarz). Nun kann es die Bezeichnungen für Zwischentöne erfahren. In bunten Bildern, z. B. einer Zeitschrift, finden Sie gewiss Beispiele für Farbtöne wie Rosa, Türkis, Ocker.

Verwenden Sie zur genaueren Farbbestimmung auch die Eigenschaftswörter «hell» und «dunkel» in Verbindung mit einer Farbe: helles Rot, dunkles Blau usw. Kleben Sie Farbmuster auf einen langen Kartonstreifen, und suchen Sie zusammen mit Ihrem Kind entsprechende Farben in der Wohnung. Noch besser: In einer Druckerei, in einem Farbengeschäft oder bei einem Grafiker können Sie nach einem Farbfächer fragen – über die vielen Schattierungen von Farben werden Sie sicher selbst überrascht sein! Damit macht Ihrem Kind das Vergleichen noch mehr Spaß.

Der Überblick über diese detaillierte Farbskala ist für Ihr Kind nicht leicht. Deshalb bedeutet jede richtige Zuordnung wirklich eine Leistung, die Sie entsprechend anerkennen sollten. Die Musterfläche sollte immer etwa handtellergroß sein. Wiederholen Sie diese Beschäftigung alle 14 Tage fünf bis zehn Minuten lang. Tipp: Mit PC, Farbdrucker und Grafikprogramm können Sie die gewünschten Farben mühelos bereitstellen – und das auch noch in Formen, die Ihrem Kind gefallen (Kreise, Ovale, Rechtecke, Quadrate, Trapeze usw.). Achten Sie jedoch bei den ersten Farbvergleichen darauf, dass die Farbflächen alle in derselben Form vorliegen (sonst nennt Ihr Kind später vielleicht eine Ellipse Violett und ein Trapez Türkis).

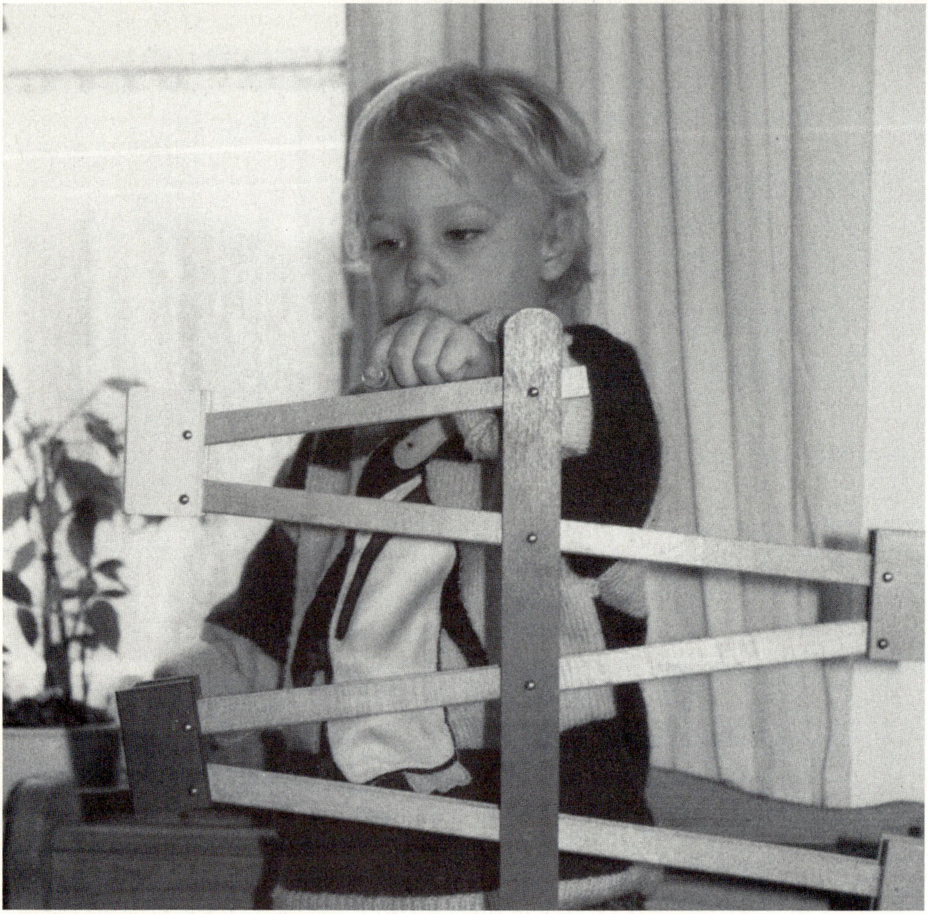

Bitte nehmen Sie sich die Zeit, etwa alle drei Monate gemeinsam mit Ihrem Kind das Kinderzimmer durchzusehen. Es darf bestimmen, mit welcher Farbe die Spielkiste, ein Kartonhaus oder der Bausteinkasten gestrichen werden sollen. So kann es allmählich Vorlieben für bestimmte Farben (im Zusammenhang mit bestimmten Gegenständen) entwickeln und über die Farbgestaltung mitbestimmen.

Außerdem bekommt der Raum ohne große Kosten immer wieder ein neues Gesicht. Auch ein Stuhl, der Tisch oder ein anderer geeigneter Gegenstand bieten sich für solche Veränderungen an. Und warum nicht auch die Zimmerwände? Stellen Sie sich darauf ein, dass die Wände im Kinderzimmer alle ein bis zwei Jahre gestrichen werden müssen. Dann werden Sie nicht bei Kritzeleien o. Ä. an falscher Stelle ungehalten sein. Noch etwas: Glatte, weiße Tapete eignet sich besser zum Bemalen als Putzuntergrund mit Farbanstrich.

Sie können mit Ihrem Kind leicht selbst einen kleinen Sehtest durchführen. Testen Sie zunächst an sich, welche Gegenstände Sie noch aus größerer Entfernung erkennen können (zum Beispiel zwei oder drei Bäume, ein Auto, einen Traktor, einen Busch, einen Hund usw.). Fragen Sie dann Ihr Kind, was es alles sieht, wenn es in die entsprechende Richtung blickt.

Im Zimmer testen Sie, ob Ihr Kind aus größerer Entfernung noch Details auf einem Bild erkennen kann, ob es kleine Gegenstände, zum Beispiel einen Nagel an der Wand, eine Fliege, ein Stückchen Schokolade, entdeckt. Prüfen Sie auch, ob Ihr Kind Farben richtig unterscheidet und ob es bei Dunkelheit ebenso gut sieht wie Sie. Voraussetzung ist natürlich immer, dass es die Gegenstände und Farben kennt, nach denen es gefragt wird. Davon können Sie sich ja jeweils einige Tage vorher überzeugen, wenn Sie bei einer Sache nicht ganz sicher sind. Sollten Sie Zweifel daran haben, dass Ihr Kind gut sieht, sprechen Sie unbedingt mit Ihrem Kinderarzt darüber. Er (oder ein Augenarzt) wird dann spezielle Sehtests (mit fein abgestuften Abbildungen von Gegenständen und Farbtönen) durchführen und sie mit Durchschnittswerten anderer Kinder vergleichen. Wiederholen Sie die Augenprüfung etwa jedes halbe Jahr.

Ab zwei Jahren und vier Monaten

Leiten Sie Ihr Kind dazu an, sich auch sehr kleine Dinge genau anzusehen, also zum Beispiel die Beine einer Fliege (zeigen Sie ihm, wie man sich vorsichtig nähert, um die Fliege nicht zu verscheuchen), die Beine einer Spinne, feine Muster in Steinen, die Maserung des Holzes, die Spuren eines dünnen Pinsels. Untersuchen Sie gelegentlich selbst solche Feinheiten mit den Augen. Ihr Kind beobachtet Sie dabei und findet ebenfalls Interesse an diesen Details. Bei solchen Aufgaben werden zugleich Wahrnehmung, Aufmerksamkeit und Konzentration geübt.

Als Kontrastübung dazu sehen Sie mit Ihrem Kind sehr große Dinge an: ein Gebäude mit mehreren Stockwerken, eine Kirche, einen hohen Baum, eine Fabrikanlage, einen Bahnhof usw. Interessant ist jetzt auch der Blick von einem hohen Aussichtsturm (Kirchturm, Hochhaus, Fernsehturm) oder von einem Berggipfel. Ihr Kind soll dabei Sichtweisen und Perspektiven kennen lernen, die es normalerweise nicht hat. Es betrachtet danach auch die Dinge seiner täglichen Umgebung mit anderen Augen und wird noch wissbegieriger.

Bei einem Waldspaziergang besteigen Sie mit Ihrem Kind einen Hochsitz. So verschaffen Sie sich einen Rundblick über das Gelände. Ihr Kind sieht nun Objekte in der Ferne, die ihm sonst nur aus der Nähe vertraut sind: Kirchen, Häuser, Schornsteine, ein Dorf, einen großen Bahnhof, eine Allee, eine Fabrik usw.

Lassen Sie sich von Ihrem Kind zeigen, wie groß es die verschiedenen Dinge sieht. Sprechen Sie mit ihm darüber, dass ein Gegenstand kleiner erscheint, je weiter er entfernt ist. Abends können Sie es auch auf

die Veränderungen der Farben hinweisen: Das rote Ziegeldach wirkt in der Dämmerung braun, ein grünes Feld sieht fast schwarz aus.

Ab zwei Jahren und sieben Monaten

Besuchen Sie mit Ihrem Kind eine Ausstellung, ein Museum, eine Galerie, ein Heimatmuseum oder etwas Ähnliches, wenn sich dazu eine Gelegenheit bietet. Damit wecken Sie sein Interesse für Themenbereiche, wie sie zum Beispiel in der Schule später immer wieder auftauchen (im Sachkundeunterricht, im Kunstunterricht usw.). Beachten Sie dabei aber bitte die folgenden Regeln:

- Versuchen Sie möglichst nicht, den Ausstellungsbesuch Ihres Kindes mit Ihrem eigenen zu verknüpfen. Denn dann hat keiner etwas davon. Sie möchten vielleicht gerade dort stehen bleiben, wo Ihr Kind nichts Interessantes entdeckt, und an den für das Kind wichtigen Punkten verweilen Sie sonst womöglich zu kurz.
- Sie sollten sich natürlich nicht sagen: «Wir müssen lang in der Ausstellung bleiben und alles genau sehen, weil der Eintritt teuer

war!» Bleiben Sie nur so lange, bis das Interesse Ihres Kindes schwindet. (Das ist allerdings oft schon nach etwa zehn bis 20 Minuten der Fall.)

– Sprechen Sie mit Ihrem Kind viel über das, was es sich anschaut. Machen Sie es auf Einzelheiten aufmerksam, die es fesseln können. Weisen Sie es auch auf vertraute Dinge innerhalb des Neuen hin. Seien Sie nicht ungeduldig, wenn das Kind vor dem uniformierten Aufseher oder einem Absperrungsseil länger stehen bleibt als vor einem weltberühmten Kunstwerk. Die Beziehung zu Ausstellungsgegenständen und Kunstwerken entwickelt sich von Besuch zu Besuch, sie ist nicht sofort herzustellen.
– Das Kind muss nicht die ganze Ausstellung sehen. Betrachten Sie lieber nur einige Bilder oder Ausstellungsstücke. Sie können ja an einem anderen Tag noch einmal hingehen.
– Nehmen Sie von den Exponaten, die Ihr Kind etwas genauer angesehen hat, zwei oder drei Kunstpostkarten mit. Die Bilder werden daheim an die allgemeine Pinnwand in Augenhöhe Ihres Kindes gehängt oder an einem anderen Ort befestigt, sodass sie mindestens zwei bis vier Wochen im Blickfeld Ihres Kindes bleiben – gelegentlich betrachten Sie die Bilder genauer, erzählen etwas dazu und machen sie so Ihrem Kind wieder interessant.

Zuletzt noch ein wichtiger Tipp: Bereiten Sie Ihr Kind auf den Ausstellungsbesuch vor. Damit ist allerdings keine «kunstgeschichtliche Einführung» gemeint. Die Vorbereitung sieht vielmehr so aus: Das Kind soll sich vorher auf einem Spielplatz oder einem anderen geeigneten Ort kräftig austoben. (Denn sonst will es das in den Ausstellungsräumen!) Nach dem Spielen bekommt es etwas zu essen und zu trinken – und nun können Sie, wenn Ihr Kind nicht müde ist, mit der größtmöglichen Aufmerksamkeit rechnen!

Auch im Kinderzimmer können Sie kleine Ausstellungen arrangieren. Sie benötigen dazu etwa zwei bis drei leere Reihen in einem offenen Regal in Augenhöhe Ihres Kindes. Dort veranstalten Sie im 14-tägigen Wechsel zum Beispiel die folgenden Ausstellungen:

Steine-Ausstellung: Sammeln Sie mit Ihrem Kind bei Spaziergängen große und kleine, geschliffene und kantige Steine in verschiedenen Farbtönen.

Bilder-Ausstellung: Kaufen Sie nach und nach einige Bilder in Postkartengröße von älteren und zeitgenössischen Künstlern. War Ihr Kind beim Besuch einer Kunstausstellung von einem Bild besonders gefesselt? – Dann nehmen Sie doch eine (größere) Reproduktion gleich in die «private Sammlung» auf (selbst dann, wenn Ihnen das Bild nicht besonders gefällt). Unterstützen Sie Ihr Kind im selbständigen Auswählen, unabhängig von Ihrem persönlichen Geschmack! Auch aus Zeitschriften können Sie (zusammen mit Ihrem Kind) u. U. eine gute Auswahl an Bildern zusammenstellen. Kaufen Sie dafür vielleicht einmal eine Tier- oder Pflanzenzeitschrift. Auch in Illustrierten, in Reiseberichten usw. können Sie geeignete Motive finden. Vermeiden Sie möglichst Bilder aus der Werbung – Ihr Kind bekommt davon sowieso genügend zu sehen, und Sie sollten verfrühte Produkt-Hersteller-Beziehungen nicht unterstützen.

Blätter-Ausstellung: Sammeln Sie die Blätter von zehn verschiedenen Bäumen in je zwei unterschiedlich großen Exemplaren. Schreiben Sie in großen Buchstaben die Namen der Bäume dazu: Ihr Kind verbindet dann schon bald die Ansicht des geschriebenen Wortes mit der jeweiligen Blattform. Auch gepresste Blumen, Gräser und Blätter von Sträuchern können Sie ausstellen.

Kinderbücher-Ausstellung: Stellen Sie alle Kinderbücher so in das Regal, dass das Titelbild gut zu sehen ist. Ihr Kind greift dann gern nach dem einen oder anderen Buch und beschäftigt sich eine Zeit lang damit.

Bauklötze-Ausstellung: Legen Sie von jedem Typ ein Exemplar auf das Regal. So sieht Ihr Kind deutlicher, wie viele unterschiedliche Baustein-Typen in seinem Baukasten enthalten sind.

Früchte-Ausstellung: Kaufen Sie einmal recht unterschiedliche Obstsorten ein, und stellen Sie von jeder Art ein Exemplar aus: Birne, Apfel, Zwetschge, Apfelsine, Mandarine, Aprikose, Zitrone, Grapefruit, Ananas, Kiwi, Banane usw. (Ein anderes Mal können Sie Gemüsesorten, Trockenfrüchte, Backwaren, Gewürze usw. ausstellen.)

Ihr Kind findet fast alle Dinge aufregend, die sich bewegen und verändern. Suchen Sie deshalb immer wieder Orte auf, an denen viel los ist:

- einen Bauplatz, an dem Ihr Kind die Arbeiter beobachten und das «Wachsen» eines Hauses verfolgen kann;

– eine Baustelle, an der ein Tunnel, eine Brücke, ein Kanal oder Ähnliches entsteht;
– einen Marktplatz;
– einen Jahrmarkt, ein Volksfest;
– einen Bahnhof, in dem das Kind das Ein- und Ausfahren der Züge, die Eile der Fahrgäste, das Auf- und Abladen der Gepäckstücke miterleben kann;
– ein Strandbad, in dem viele andere Kinder spielen, im Sand wühlen oder kleine Wassergräben bauen;
– einen Anlegeplatz für Dampfer oder Segelboote;
– eine Autobahnbrücke, von der es heruntersehen kann.

Ab zwei Jahren und zehn Monaten

Veranstalten Sie immer wieder Suchspiele. Schon der normale Tagesablauf bietet dazu viele Gelegenheiten: Ihr Kind sucht ein Paar Socken, seine Puppe usw. Begleiten Sie es gelegentlich beim Suchen. Nehmen Sie ihm diese Arbeit aber nicht gänzlich ab. Sie sollen dabei nur seinen «Suchweg» lenken und es zum Beispiel darauf aufmerksam machen, wenn es eine Ecke beim Suchen ausgelassen hat. Das erleichtert Ihrem Kind die Arbeit und lehrt es zugleich systematisches Suchen.

Überlegen Sie gemeinsam mit ihm, wann es den gesuchten Gegenstand das letzte Mal benutzt hat. So lenken Sie seine Gedanken auf Vorgänge in der Vergangenheit und fördern damit die Entwicklung der Zeitvorstellung.

Zusätzlich können Sie aber auch besondere Suchspiele arrangieren: Verstecken Sie Spielsachen, Kekse oder Bonbons im Garten oder bei einem Spaziergang. Tauschen Sie mal die Rollen: Ihrem Kind macht es sicher Spaß, wenn es selbst einmal etwas versteckt, das Sie dann suchen müssen! Zeigen Sie ihm dabei, wie Sie an die Sucharbeit herangehen (aber nur durch Ihr eigenes Tun, nicht durch Belehrungen).

Auch beim Ballspielen ergibt sich eine gute Gelegenheit zum Suchen, wenn der Ball durch Zufall weit ins hohe Gras oder hinter eine Hecke rollt.

So machen Sie das Sprechen zum beliebten Spiel

Ab zwei Jahren

Sie können die Sprechentwicklung Ihres Kindes wesentlich unterstützen, wenn Sie sich selbst um eine treffende Ausdrucksweise bemühen. Unterscheiden Sie zum Beispiel von Anfang an zwischen Stuhl, Hocker, Sessel, Armsessel, Sofa usw. Erklären Sie Ihrem Kind die Unterschiede zwischen einem flachen Teller, einem Suppenteller, einer Untertasse, einer Obstschale usw. Die Wörter, die Sie selbst verwenden, nimmt Ihr Kind in seinen Sprachschatz auf. Sie sollten jedoch nicht ständig korrigieren. Es genügt, wenn Sie selbst alle Gegenstände und Vorgänge mit dem richtigen Namen bezeichnen.

Benutzen Sie auch möglichst treffende Tätigkeitswörter. Sagen Sie zum Beispiel: «Wir gehen jetzt einkaufen, wir spazieren, wir wandern, wir klettern auf einen Berg, wir laufen über die Wiese, wir springen über den Bach ...» Üben Sie, jeweils den besten Ausdruck zu finden.

Versuchen Sie, möglichst immer die folgenden Regeln beim Sprechen mit Ihrem Kind einzuhalten:
- Drücken Sie Ihre Gedanken klar und deutlich aus.
- Verwenden Sie treffende Wörter und Ausdrücke.
- Sprechen Sie häufig in Vergleichen und Bildern.
- Bilden Sie immer vollständige, nicht zu lange Sätze.
- Sprechen Sie so natürlich wie möglich.
- Richten Sie Ihre Sprechgeschwindigkeit nach dem Aufnahmevermögen Ihres Kindes.
- Erzählen Sie Ihrem Kind nur dann etwas, wenn es Ihnen aufmerksam zuhört (nicht, wenn es z. B. gerade in ein Spiel versunken ist).
- Hören Sie selbst Ihrem Kind aufmerksam zu, wenn es etwas sagen möchte.

Machen Sie es sich zur Regel, alle zwei Wochen mit Ihrem Kind über einen anderen Bereich zu sprechen. Dabei verwenden Sie dann neue Ausdrücke und bereichern damit den Sprachschatz Ihres Kindes. Führen Sie ruhig jedes Mal zehn neue Wörter ein. Im Folgenden finden Sie eine Auswahl von Informationsbereichen, die sich gut für diese Anregungen eignen:

- Restaurant (Wie sind ein Gasthaus, ein Café oder ein Restaurant eingerichtet? Welche Tätigkeiten sind dort notwendig? – Das lässt sich natürlich am besten erklären, wenn Sie direkt im Lokal sitzen);
- Sportplatz (Welche Anlagen gibt es auf solch einem Platz? Welche Sportarten sind möglich? – Schauen Sie einmal mit Ihrem Kind bei einem Sportfest zu);
- Turnhalle (Was geschieht in einer Turnhalle? – Erklären Sie die Funktion der Geräte, die Sportarten und Spiele);
- Schwimmbad (Zeigen Sie Ihrem Kind die Schwimm- und Planschbecken, den Sprungturm, auch die Duschen, Toiletten, Umkleideräume und evtl. das Pumpenhaus usw.);
- Spielplatz (Suchen Sie außer dem vertrauten Platz auch einmal einen neuen auf, zum Beispiel einen Abenteuerspielplatz);
- Baustellen (Wie entsteht ein Haus? Welche Geräte brauchen die Arbeiter?);
- Kaufhäuser (Was kann man dort alles kaufen? Wie macht man das?);
- Bahnhof (Züge, Fahrkartenautomaten, Fahrkarten, Informationsstand, Informationstafeln, Schließfächer, Kioske, Gepäckwagen, Güterbahnhof);
- Gärtnerei (Beete, Pflanzen, Tätigkeiten des Gärtners);
- Jahreszeiten (Veränderungen der Pflanzen im Laufe des Jahres: Samen, Keimlinge, Setzlinge, junge Pflanzen, ausgewachsene Pflanzen; verschiedenartige Pflanzen usw.);
- Post (Briefträger, Pakete, Briefe, Postauto, Transportwege, Briefkästen);
- Landwirtschaft (Bauernhof, Felder, Saatgut, Dünger, Früchte, Tiere);
- Verkehr (Fahrzeuge, Verkehrsregeln, Schilder, Polizei);
- Tiere des Waldes (Zeigen Sie Ihrem Kind möglichst einige Tiere in der freien Natur, auch kleine, wie Käfer, Schnecken usw., dann auch Abbildungen dieser Tiere);
- Zirkus (während einer Vorstellung zeigen Sie Ihrem Kind die wichtigen Geräte, die Tiere und Artisten);

– Essen und Trinken (Speisen, Getränke, Zubereitung, Küchenausstattung und Gedecke).

Sprechen und Denken sind kognitive Bereiche, die dicht miteinander verwoben sind. Deshalb fördern Sie Ihr Kind auch im Denken außerordentlich, wenn Sie viel mit ihm sprechen. Dazu gehört auch diese Anregung: Beschreiben Sie in jeder Woche mindestens einen Gegenstand ganz genau, und zwar am besten einen, für den sich das Kind ohnehin schon sehr interessiert, mit dem es gerade spielt oder der neu ist. Sprechen Sie darüber, welche Farbe, Form und Größe der Gegenstand hat, wozu er gebraucht wird, wie man mit ihm umgeht, ob er die Arbeit erleichtert, ob er allein oder in Verbindung mit anderen Geräten benötigt wird, welche Pflege er braucht. Fast alle Gegenstände eignen sich für eine derartige Beschreibung: ein Stuhl, ein Schuh, das Telefon, ein Buch, eine Sonnenbrille, die Taschenuhr, eine Brotschneidemaschine, die Kaffeemühle, Werkzeug (Hammer, Zange, Schraubenzieher usw.), ein Spielzeuglastwagen, eine Spielzeuglokomotive usw.

Es dauert sicher noch lange, bis Ihr Kind Ereignisse nach ihrer zeitlichen Reihenfolge ordnen kann. Zuerst muss es lernen, was die Begriffe «vorher» und «nachher» überhaupt bedeuten. Dazu benötigt es viele verschiedene Beispiele. Schildern Sie Ihrem Kind deshalb häufig die Ereignisse der vergangenen Stunden. Etwa so: «Zuerst haben wir die Badesachen eingepackt, den Wasserball, das Handtuch, das Eimerchen und die Sandförmchen … Danach sind wir mit dem Fahrrad ins Bad gefahren … Dort haben wir uns umgezogen und geduscht. Darauf bist du ins Planschbecken gegangen …» Erst nach vielen ähnlichen Beispielen dürfen Sie erwarten, dass Ihr Kind vergangene Ereignisse besser ordnen kann und auch die entsprechenden Wörter richtig verwendet. Ermutigen Sie Ihr Kind aber alle zwei bis drei Tage, von einem vergangenen Ablauf zu erzählen.

Als nächster Schritt folgt, dass Sie gelegentlich schildern, was Sie tun werden. «Ich werde jetzt einen Brief an Oma schreiben. Dazu muss ich mir zuerst Papier und einen Kugelschreiber holen. Dann erzähle ich im Brief, wohin wir im Urlaub fahren werden …» Lassen Sie Ihr Kind auch beobachten, wie Ihre Handlungen nacheinander ablaufen.

Durch solche Berichte über vergangene und kommende Ereignisse erfährt Ihr Kind, wie sich die Zeit (vergleichbar einer Strecke) einteilen lässt. Es kann sich dann selbst über die Ereignisse orientieren und versteht besser, dass auf das Spielen das Mittagessen folgt, auf den Tag die Nacht. Außerdem lernt es, Pläne zu entwickeln und sich nach ihnen zu richten.

Ab zwei Jahren und vier Monaten

Sicher kommt Ihr Kind oft zu Ihnen, um Ihnen etwas mitzuteilen. Es erwartet dann, dass Sie ihm zuhören, weil es ja etwas Wichtiges sagen will. Für Sie bietet sich damit eine gute Gelegenheit, mehr über Ihr Kind, seine Gedankengänge, Wünsche und Vorlieben zu erfahren. Heucheln Sie also bitte nicht nur Interesse, sondern nehmen Sie das Anliegen Ihres Kindes ernst. Das Kind spürt sofort Ihr echtes Interesse. Dadurch wird es ermutigt, öfter zu kommen, um sich Ihnen mitzuteilen. Hören Sie zunächst geduldig zu, erzählen Sie ihm dann etwas mehr über sein Problem, erweitern Sie seine Vorstellungen, ziehen Sie einen Vergleich, helfen Sie ihm aus einer Schwierigkeit usw. Nur so lernt es, sich mit einem Partner zu unterhalten. Gleichzeitig übt es dabei, viel zu sprechen und sich genau und verständlich auszudrücken.

Die folgenden Hinweise geben Ihnen weitere Anregungen:

- Nehmen Sie Ihrem Kind nicht die Antwort ab, wenn es von anwesenden Bekannten etwas gefragt wird. Lassen Sie es ruhig selbst antworten. Die Erwachsenen werden dem Kind ja ohnehin kaum eine Frage stellen, die es absolut nicht beantworten kann. Wenn Sie bemerken, dass ihm die Antwort schwer fällt, nehmen Sie sie zum Anlass, ihm die fehlenden Informationen später zu geben, zum Beispiel wie es heißt, wo es wohnt usw. Solche Fragen können Sie auch ab und zu selbst an Ihr Kind richten, damit es versteht, was damit gemeint ist, und auf Fragen sachlich antworten lernt.
- Lesen Sie Ihrem Kind nicht schon beim ersten Wort seinen Wunsch von den Augen ab, wenn es um etwas bittet. Sonst lernt es nie, seine Wünsche richtig zu äußern. (Vielleicht würde es bald annehmen, dass alle Erwachsenen seine Wünsche erkennen und sie deshalb auch erfüllen müssen!) Lassen Sie es aussprechen und sich deutlich erklären. Dann können Sie auch leichter darüber sprechen, wenn Sie ei-

nen Wunsch abschlagen müssen. Denn auch bei einer Verweigerung sollten Sie Ihr Kind nicht einfach mit der Bemerkung «Das geht jetzt nicht!» abspeisen.

– Werden Sie nicht ungeduldig, wenn Ihr Kind noch langsam spricht. Je mehr Sie es zum schnellen Sprechen antreiben, desto mehr Schwierigkeiten wird es haben, flüssiges Sprechen zu erlernen. Gehen Sie einfach mit gutem Beispiel voran, und sprechen Sie sachlich, flüssig (nicht schnell oder überhastet!) und in kurzen Sätzen.
– Unterbrechen Sie Ihr Kind nicht, wenn es etwas sagen will. Warten Sie mit Ihren eigenen Überlegungen und Einwänden so lange, bis es seinen Satz ausgesprochen hat – im Zweifelsfall sogar ein bisschen länger. Vielleicht will es seinen Gedankengang noch fortführen. Und dabei sollten Sie es möglichst nicht stören!

Unentbehrlich sind jetzt mehrere Kinderbücher. Selbstverständlich sollte der Bildanteil noch weit überwiegen. Pro Seite oder Doppelseite genügen acht bis zehn Zeilen Text (große Schrift!). Die Bilder sollen die Geschichte einprägsam und verständlich darstellen. Die Farben dürfen nicht kitschig oder süßlich sein, sie sollen klar und plastisch wirken. Als Text eignet sich eine Sprache, die einfache, kurze Sätze sowie farbige, treffende Wörter verwendet und Verniedlichungen vermeidet.

In einem für diese Altersgruppe geeigneten Kinderbuch erzählt der Text eine durchgehende Geschichte mit einem oder mehreren Spannungshöhepunkten. Das Kind muss den Inhalt nachvollziehen können. Er muss für das Kind durch seine Information oder wegen seiner Bedeutung im emotionalen Bereich interessant sein. Grausame Geschichten (auch Märchen) und Erzählungen, in denen sadistisch gehandelt wird, sind nicht geeignet. Der Abschluss des Buches sollte positiv sein, damit das Kind nicht mit Angstgefühlen oder ungelöster Spannung zurückgelassen wird.

Gute Kinderbücher sind nicht immer billig. Deshalb ein Tipp: Haben Sie doch den Mut, mit anderen Eltern aus dem Haus oder vom Spielplatz über dieses Problem zu sprechen. Wenn jede Mutter fünf gute Bilderbücher kauft und sie mit zwei anderen Müttern austauscht, lernt jedes der drei Kinder in diesem Jahr fünfzehn Bücher kennen!

Ab zwei Jahren und sieben Monaten

Ihr Kind spricht mittlerweile in vollständigen Sätzen und kann sich gut mitteilen. Nur die Aussprache bereitet ihm noch manchmal Schwierigkeiten. Schreiben Sie deshalb einmal alle Laute auf, die Ihr Kind noch nicht richtig aussprechen kann. Dazu gehören häufig «st», «r» und «p».

Suchen Sie einige Wörter, die mit diesen Buchstaben beginnen. Sprechen Sie die Wörter mit diesen Lauten Ihrem Kind mehrmals langsam, deutlich und prägnant vor. Mit einem kleinen Scherz und etwas Geduld erreichen Sie, dass Ihr Kind Sie anschaut und Ihren Mund bei der Formung des entsprechenden Lautes gut beobachtet. Lassen Sie es das Wort wiederholen, und sprechen Sie am nächsten Tag ein anderes Wort vor, das mit demselben Buchstaben beginnt. Auch diesmal soll es gut auf die Bewegungen Ihres

Mundes achten und das Wort selbst wiederholen. Korrigieren Sie es nicht, wenn es den Laut weiterhin verfälscht oder auslässt. Und wiederholen Sie nie die fehlerhafte Aussprache. Dann würde sie sich nämlich im Gedächtnis Ihres Kindes besonders hartnäckig festsetzen. Sprechen Sie in den nächsten Wochen die Wörter, in denen der Laut enthalten ist, besonders deutlich.

Wenn Ihr Kind diesen Laut auch nach etwa drei Wochen noch nicht richtig aussprechen kann, sprechen Sie ihn auch isoliert vor. Sagen Sie zum Beispiel «ph», aber nicht «pe». Machen Sie die Bewegung der Zunge, der Lippen und des Mundes überdeutlich vor, und kleiden Sie das abwechselnde Sprechen des Lautes in eine Spielform: «Du sagst ‹p›, und dann sage ich zweimal ‹p›, dann wieder du, dann wieder ich.» Damit Ihr Kind das Spiel leicht versteht, sprechen Sie sein «p» zunächst leise mit.

Im Anschluss an diese Übung sollte Ihr Kind auch den Laut in einem Wort richtig sprechen. Das sollten Sie ebenfalls langsam und spielerisch lernen. Wichtig ist nur, die Aussprache zu üben und schließlich den Laut richtig auszusprechen. Auf dem Weg zu diesem Ziel braucht Ihr Kind die Motivation, den Laut richtig auszusprechen. Eine Begründung ist, dass es dann besser verstanden werden kann und nicht so viel zu wiederholen braucht. Es kann dann auch keine Verwechslung zwischen Wörtern geben, wie zum Beispiel zwischen «Pudel» und «Nudel», «Bus» und «Nuss», «Paste» und «Taste» usw. (Versuchen Sie hier Wörter zu finden, die den häufig undeutlich ausgesprochenen Laut enthalten.)

Eine besonders gute Sprech- und Sprachförderung stellt der Dialog dar. Geben Sie Ihrem Kind seine Lieblingspuppe und nehmen Sie irgendeine andere Puppe in die Hand. Die beiden Puppen unterhalten sich dann über Spiele, über Erlebnisse, über Essen und Trinken, den vergangenen Einkauf im Selbstbedienungsladen usw. Versuchen Sie möglichst, beim Sprechen mit Ihrem Kopf jeweils hinter die «sprechende» Puppe zu gehen: Nicht die Puppen springen hin und her, sondern Sie wechseln hinter den festen Positionen der Figuren.

Ab zwei Jahren und zehn Monaten

Versuchen Sie manchmal, selbst kleine Geschichten zu erfinden und Ihrem Kind zu erzählen. Beginnen Sie mit kleinen Tiergeschichten: Was erlebt ein Hund bei seinem Ausflug? Was passiert der Ente im Park? Welche Abenteuer erlebt eine Taube in der Stadt? Jede Geschichte sollte kurz sein, auf einen Höhepunkt zusteuern und einen kurzen, ggf. beruhigenden Schluss haben. Fragen Sie Ihr Kind anschließend, ob es sich an den Inhalt erinnern kann: «Erzähle mir bitte die Geschichte – wie war das mit der Katze? Ist sie auf den Baum gesprungen?» So lernt Ihr Kind, sich Handlungen einzuprägen und sie in eigenen Sätzen und Wörtern zusammenhängend wiederzugeben.

Interessante Tätigkeiten regen das Denken an

Ab zwei Jahren

Erwachsene sind oft enttäuscht, wenn ein Kind neues Spielzeug auseinander nimmt und zerstört. Doch kreative Kinder sind eben schon als Zweijährige unermüdliche Forscher (allerdings gibt es manchmal auch bereits Zerstörung aus Wut – eine Fehlentwicklung). Sie wollen für alle überraschenden oder ungewohnten Dinge eine Erklärung finden. Und darum untersuchen sie, warum das Spielzeugauto rollt (und nehmen die Räder ab), wie sich die Ladefläche des Kippers bewegen kann (und bauen sie ab), wie das Führerhaus am Chassis befestigt ist (und zerren deshalb so lange daran herum, bis das Auto in zwei Teile zerlegt ist).

Rechnen Sie von vornherein mit diesem Forscherdrang, wenn Sie Spielzeug kaufen. Es sollte viel dabei sein, was man auseinander nehmen und wieder zusammensetzen kann. Auch wenn das Kind das vielleicht nur einige Male macht, hat das Spielzeug seinen Lernzweck erfüllt.

Besorgen Sie sich einen Holzbaukasten mit Schrauben und Muttern. Damit können Sie etwas bauen (ein Auto, einen Kran, eine Schubkarre, einen Tisch usw.), das Ihr Kind anschließend auseinander nehmen darf. Zeigen Sie dem Kind gelegentlich, wie die einzelnen Dinge funktionieren, warum sich etwas dreht usw. Wenn Sie etwas bewegen, wird Ihr Kind bald aufmerksam hinschauen – und Ihnen schließlich den Gegenstand aus der Hand nehmen, um es selbst zu tun.

Lassen Sie es auch manchmal zuschauen, wenn Sie Haushaltsgeräte auseinander nehmen und zusammenbauen: In die Rührmaschine führen Sie die geeigneten Rührstäbe ein und nehmen sie zum Spülen wieder heraus; der Pfeifenkopf beim Schnellkochtopf wird zum Säubern abgeschraubt; Sie setzen den Staubsauger zusammen oder leeren ihn. All das sind hochinteressante Vorgänge für Ihr Kind. Sie befriedigen einerseits seine Neugier, andererseits regen sie sein Interesse an technischen Vorgängen an.

Zu den regelmäßigen Beschäftigungen gehört das Aufräumen. Vielleicht zählt es nicht gerade zu Ihren Lieblingstätigkeiten (in diesem Fall wird es voraussichtlich auch von Ihrem Kind bald abgelehnt). Machen Sie ein Spiel daraus, dann ist es für beide unterhaltsamer: Fragen Sie Ihr Kind, wohin jedes einzelne Ding gehört. Wenn es die Stelle richtig angegeben hat, darf es den Gegenstand dorthin bringen!

Selbstverständlich sollten Sie Ihrem Kind bei jedem Aufräumen nicht zu viel zumuten – es genügt, wenn es zwei oder drei Gegenstände an ihren Platz stellt. Damit gewöhnt es sich bereits an eine wichtige Aufgabe und lernt, wohin die Dinge gehören. So findet es sie auch schneller, wenn es sie braucht. Die Spielsachen, mit denen es noch weiterspielen will, werden natürlich nicht aufgeräumt.

Regen Sie Ihr Kind etwa alle vierzehn Tage zu einem bestimmten Spiel mit Bauklötzen an: einen Bauernhof, ein ganzes Dorf oder eine Stadt mit mehreren Häusern, ein Schwimmbad zu bauen usw. Überlegen Sie gemeinsam mit dem Kind, wie die einzelnen Details gestaltet werden sollen (der Zaun, die Bäume, die Häuser usw.). Das gemeinsame Spiel macht Ihnen vielleicht selbst so viel Spaß, dass Sie einen besonders hohen Turm oder eine kunstvolle Burg entstehen lassen möchten! Doch das sollten Sie eher nicht tun. Ihr Kind wird dadurch vielleicht entmutigt. Es merkt, dass es so etwas Schwieriges nicht nachbauen kann. Vielleicht versucht es das sogar, doch weil es dabei notwendigerweise scheitert, kommt die Enttäuschung bestimmt.

Geben Sie lieber nur solche Beispiele, die es selbst nachvollziehen kann oder die ein wenig über seiner Fähigkeitsgrenze liegen. Oder beobachten Sie Ihr Kind genau bei seinem eigenen Tun, und helfen Sie ihm gelegentlich einen kleinen Schritt weiter, sodass Ihr Kind die Anregung gleich umsetzen kann. Damit kommt es am besten voran.

Ihr Kind ist in diesem und im nächsten Lebensjahr in einer Entwicklungsphase, die überwiegend durch anschaulich-praktisches Denken gekennzeichnet ist. Das bedeutet: Aufgaben können überzeugend nur dann gelöst werden, wenn sich die dazu notwendigen Hilfsmittel im Sichtkreis des Kindes befinden. Sie können das leicht an folgendem Beispiel ausprobieren: Spielen Sie mit Ihrem Kind im Sand, und stellen Sie dabei die Aufgabe, ein Loch zu graben. Wenn in der Nähe gut sichtbar eine Schaufel liegt, beginnt das Kind mit der Arbeit. Ist die Schaufel jedoch nicht zu sehen, dann wird Ihre Aufforderung auch mit dem Hinweis «Hole dir die Schaufel aus der Tasche» kaum Resonanz finden.

Versuchen Sie einmal, so vorzugehen: Stellen Sie kleine Aufgaben, zu deren Lösung gewisse Hilfsmittel erforderlich sind, und legen Sie diese Dinge in den Sichtbereich des Kindes. Das löst bei ihm das so genannte «Aha-Erlebnis» aus, den zündenden Funken. Halten Sie deshalb die wichtigsten Dinge bereit, ehe Sie die eigentliche Aufgabe stellen (Malgeräte, Bauklötze, Naturmaterialien usw.). Die Auffor-

derung: «Hole deine Farbstifte aus der Schublade und male!» ist für Ihr Kind im Allgemeinen kein Anreiz. Übrigens wirkt deswegen auch Ihr Vorbild und Ihr eigenes Verhalten so anregend. Ihr Kind sieht, wie etwas gemacht wird und wie dabei etwas entsteht. Das überzeugt es in diesem Alter mehr als tausend Worte!

Ab zwei Jahren und vier Monaten

So können Sie das Gedächtnis und das Erinnerungsvermögen Ihres Kindes fördern – es handelt sich dabei um das Grundmuster der bekannten Kim-Spiele mit einigen Veränderungen:

– Legen Sie vier Gegenstände (zum Beispiel einen Kamm, eine Bürste, ein Stück Seife, ein kleines Handtuch) auf eine Fläche, und bitten Sie Ihr Kind, sich diese einzuprägen. Dann sieht es kurz weg, während Sie einen Gegenstand entfernen. Jetzt fragen Sie: «Was habe ich weggenommen?» Probieren Sie dieses Spiel bald auch mit fünf, ab zweidreiviertel Jahren mit sechs Gegenständen.

- Legen Sie drei oder vier Gegenstände auf eine Fläche. Dann soll Ihr Kind wegschauen. Jetzt verändern Sie die Lage eines Gegenstands. (Drehen Sie ihn um, oder legen Sie ihn an eine andere Stelle der Fläche.) Ihr Kind versucht nun zu erraten, was sich geändert hat. (Es wird erst einige Zeit brauchen, bis es die Aufgabe versteht.) Später können Sie auch mehrere Gegenstände auslegen und weniger deutliche Veränderungen vornehmen.
- Legen Sie drei oder vier Gegenstände auf eine Fläche, und bitten Sie Ihr Kind, dass es sich die Dinge ganz genau ansieht. Dann muss es wegschauen, und Sie tauschen einen Gegenstand aus. Ihr Kind versucht nun zu erraten, welches Ding verschwunden ist und was stattdessen neu hinzukam. Später können Sie auch bei diesem Spiel den Schwierigkeitsgrad ein wenig steigern.

Spielen Sie etwa alle vierzehn Tage eines dieser drei Spiele. Denken Sie sich immer neue, ein wenig schwierigere Varianten zu den einzelnen Spielen aus. Lassen Sie zum Beispiel beim ersten Spiel nach und nach alle Gegenstände verschwinden. Der Schwierigkeitsgrad ist dann richtig bemessen, wenn auf durchschnittlich fünf Erfolge nur ein Misserfolg trifft.

Von den meisten Dingen, mit denen Ihr Kind Sie täglich hantieren sieht, hat es ein vages Verständnis. Es weiß, wo der Gegenstand hingehört oder wozu Sie ihn brauchen. Oft wird es jedoch ein falsches oder einseitiges Wissen davon haben. Benutzen Sie deshalb häufig die Gelegenheit zur genaueren Information. Erklären Sie Ihrem Kind,

- was Sie mit einem Gegenstand tun,
- warum Sie es tun,
- wie Sie damit umgehen,
- wie der Gegenstand funktioniert,
- welche Sicherheitsvorschriften zu beachten sind.

Lassen Sie es eventuell auch selbst damit umgehen. Unter Ihrer Anleitung wird das bei vielen Geräten möglich sein. Zeigen Sie bei Ihren Erklärungen jeweils den erwähnten Bestandteil, damit das Kind eine ganz konkrete Vorstellung davon bekommt. Auch so einfache Dinge wie einen Besen oder eine Kehrichtschaufel sollten Sie in Ihrem «Anschauungsunterricht» nicht auslassen. Gewiss kann Ihr Kind auch bei diesen Betrachtungen etwas Neues lernen. Dieses Wissen dient ihm zugleich zum Verständnis anderer Gegenstände.

Mit jedem neuen Wort erschließt sich Ihrem Kind die Wirklichkeit etwas mehr. Ein Wort ist wie ein magisches Werkzeug, das die Dinge festhält. Gewöhnlich lernt Ihr Kind ein neues Wort anhand eines bestimmten Gegenstands (Flasche, Glas usw.). Doch fast alle Wörter bezeichnen zugleich mehrere, einander nur ähnliche Dinge.

Diese Tatsache können Sie schon jetzt Ihrem Kind vermitteln. Damit fördern Sie die Entwicklung seines Denkens und sein Abstraktionsvermögen. Zeigen Sie ihm also gleich mehrere verschiedenartige Exemplare, die mit diesem Wort gemeint sein können. Natürlich sollten Sie das nicht bei jedem Gegenstand tun. Aber benutzen Sie doch ab und zu die Gelegenheit dazu. Ihr Kind wird dann ganz von selbst dazu übergehen, auch schon früher gelernte Wörter in ihrer Bedeutung richtig zu verallgemeinern.

Ab zwei Jahren und sieben Monaten

Viele Kinder beschäftigen sich gern mit Puzzle-Spielen. Andere lehnen sie aber auch völlig ab. Versuchen Sie, bei Ihrem Kind Interesse dafür zu wecken. Beginnen Sie mit einem Puzzle aus zwei Teilen. In einer Zeitschrift finden Sie leicht die farbige Abbildung eines Gegenstands, den Ihr Kind gut kennt. Kleben Sie sie auf einen Karton auf, und zerschneiden Sie sie dann (mit einem leicht gebogenen Schnitt) in zwei Teile. Zeigen Sie Ihrem Kind, wie man die beiden Teile wieder richtig zusammensetzen kann. Es wird das sicher auch selbst versuchen wollen. Am nächsten Tag fertigen Sie ein neues, zweiteiliges Puzzle an, später ein dreiteiliges. Geeignete Motive sind zum Beispiel: ein Haus, ein Auto, ein Baum, eine Blume, eine Frucht.

Geben Sie Ihrem Kind jeweils nur ein Puzzle zum Spielen. Mit den Teilen verschiedener Bilder kommt es vorerst noch nicht zurecht. Steigern Sie die Schwierigkeit bis zu maximal vier Teilen am Ende des dritten Lebensjahres. Bei Puzzles übt Ihr Kind seine Wahrnehmungsfähigkeit, seine Fähigkeit, aus einzelnen Elementen etwas geistig und manuell zusammenzusetzen. Es

lernt, genau zu vergleichen, Vorstellungen aufzubauen und zu überprüfen sowie über Versuch und Irrtum zu einem bestimmten Ergebnis zu kommen.

Nun ist Ihr Kind so weit, dass Sie mit ihm über einige Maßbegriffe sprechen können (Längenmaße, Gewichtsmaße und Raummaße). Erklären Sie ihm zunächst an Beispielen die Ausdrücke

- lang, kurz;
- schwer, leicht;
- groß, klein.

Zeigen Sie ihm immer gleichzeitig die beiden gegensätzlichen Beispiele: einen langen Stab, einen kurzen Stab, einen schweren Korb, einen leichten Korb, einen großen Stein, einen kleinen Stein usw. Nach etwa zwei Monaten verdeutlichen Sie ihm auch, dass die Angaben «lang» und «kurz» relativ sind. Ein kurzer Zaun ist immer noch viel länger als eine lange Nadel! Als Nächstes (wiederum etwa acht Wochen später) vergleichen Sie drei Dinge nach einer ausgewählten Dimension, zum Beispiel nach der Länge: eine kurze Schnur, eine kürzere Schnur, die kürzeste Schnur. Einige Tage später sprechen Sie über den langen Zaun, den längeren Zaun und den längsten. Erst wenn Ihr Kind diese Begriffe selbst sicher gebrauchen kann (im nächsten Jahr), sollten Sie zu schwierigeren Beschreibungen übergehen: «Dies ist der längste Zaun, er ist länger als dieser Zaun …» Suchen Sie entsprechend auch Beispiele für schwer, schwerer, am schwersten, leicht, leichter, am leichtesten, groß, größer, am größten, klein, kleiner, am kleinsten. Stellen Sie etwa alle zwei bis drei Tage einen oder zwei derartige Vergleiche an.

Sammeln Sie in den nächsten Wochen viele unterschiedliche Flaschen. Wenn genug beisammen sind, stellen Sie sie in einer Reihe auf. Deuten Sie auf eine der Flaschen, und fragen Sie Ihr Kind, welche Flasche fast so aussieht wie diese. Wahrscheinlich werden Sie ihm beim ersten Mal erklären müssen, was Sie mit dieser Frage meinen. Stellen Sie deshalb zwei ähnliche Flaschen nebeneinander, und sprechen Sie über ihre gemeinsamen Merkmale: ihre Farbe, ihre Größe, ihre Form usw. Lassen Sie Ihr Kind die Form der Flasche auch mit den Händen erfühlen. So verstärkt sich der Eindruck, den es vom Sehen hat, auch durch das Tasten.

Dann probieren Sie diese Anregung noch einige Male. Spielen Sie die

Frage nach der Ähnlichkeit auch mit anderen Dingen durch: mit verschiedenen Apfelsorten, mit Käsepackungen, mit Malstiften usw. Je mehr Beispiele Sie finden und Ihr Kind vergleichend beschreiben lassen, desto deutlicher wird es auch bisher unbeachtete Unterschiede bewusst erkennen. Seine Wahrnehmungen werden dadurch differenzierter. Es übt neue Wörter ein, die die feinen Unterschiede beschreiben können, und erwirbt damit eine differenzierte Erfahrungsgrundlage für sein Denken. Aber auch seine Kreativität wird gefördert, die ja erst dann aktiv werden kann, wenn ein Mindestwissens- und -erfahrungsrepertoire vorhanden ist.

Sie können Ihr Kind schon frühzeitig auf die Unterschiede zwischen Ursache und Wirkung aufmerksam machen. So helfen Sie ihm, aus einer Vielzahl von Eindrücken besonders wichtige herauszufinden. Dafür ein Beispiel: Wenn sich bei Regenwetter Pfützen bilden, liegt das im Wesentlichen an der Regenmenge und zugleich an der Beschaffenheit des Bodens.

Es liegt aber zum Beispiel nicht daran, dass es vielleicht blitzt. Das ist nur eine Begleiterscheinung. Situationen, in denen Sie Ihr Kind auf Wichtiges und Unwichtiges aufmerksam machen können, sind beispielsweise:

- Füllen Sie im Freien oder in der Badewanne einen Eimer mit Wasser bis fünf Zentimeter unter den Rand. Lassen Sie dann nach und nach einige nicht schwimmende Dinge hineingleiten: Steine, ein Stück Eisen, Sand, einen großen Waschlappen usw. Ihr Kind darf natürlich helfen. Es wird bemerken, dass der Wasserspiegel abhängig vom Volumen, aber unabhängig vom Gewicht der Gegenstände steigt.
- Leiten Sie mit einem Schlauch Wasser in einen Sandhaufen, und beobachten Sie mit Ihrem Kind, was dabei geschieht: Der Sand wird weggespült, und es bildet sich eine Pfütze. Hebt man den Schlauch an, wird die Spülwirkung des Wasserstrahls größer. Er kann sogar ein richtiges Loch ausspülen. Wenn der Schlauch eingegraben wird, spült er sich selbst wieder frei. Wird der Daumen halb vor die Schlauchöffnung gehalten, verändert sich die Spritzwirkung. Der Sand wird dann noch schneller weggeschwemmt. Zeigen Sie Ihrem Kind, welche Wirkungen durch die Veränderungen am Schlauch oder an der Spritzrichtung auszulösen sind.

– Schalten Sie ein kleines Radio ein, und lassen Sie Ihr Kind ausprobieren, wie es die Musik lauter oder leiser stellen kann. Nur wenn es an einem bestimmten Knopf dreht, wird die Sendung lauter oder leiser. Auch das Ein- und Ausschalten geht nur mit Hilfe des entsprechenden Knopfes.
– Lassen Sie mit Ihrem Kind einen Drachen steigen. Es kann dabei genau beobachten, wie der Wind den Flug beeinflusst und was passiert, wenn Sie mit dem Drachen laufen oder stehen bleiben. Verlängern Sie die Schnur so weit wie möglich, verkürzen Sie sie, zeigen Sie Ihrem Kind alles, was man mit einem Drachen tun kann. Es darf ihn auch selbst führen. Erklären Sie ihm jeweils, warum der Drachen seine Flughöhe oder Flugrichtung ändert. Anschließend soll Ihr Kind selbst genau beschreiben, was der Drachen (entsprechend Ihren Bewegungen) voraussichtlich tun wird.
– Schauen Sie mit Ihrem Kind von einer kleinen Brücke in einen Bach. Machen Sie es auf das Spiegelbild aufmerksam. Werfen Sie gemeinsam Äste und Steine ins Wasser. (Die Steine versinken, die Äste schwimmen weiter!) Was tun kleinere Schiffchen? Sie drehen sich, sie werden zum Rand getrieben, sie schwimmen eilig den Bach hinab usw. Dabei lernt Ihr Kind, dass im Bach unterschiedliche Strömungen herrschen, obgleich doch das Wasser insgesamt in die gleiche Richtung abwärts fließt. Kleiden Sie diese Beobachtungen in ein Spiel: Was macht dein Schiffchen im Vergleich zu meinem? Wessen Schiffchen ist am schnellsten?

Denken Sie sich bitte weitere Möglichkeiten für diese Übung aus. Bei all diesen Experimenten kommt es darauf an, dass Ihr Kind:
– genau beobachtet (wenn auch nur kurze Zeit),
– genau beschreibt,
– Erklärungen findet,
– die Erklärungen überprüft,
– sich eventuell neue Erklärungen ausdenkt, bis es die richtige gefunden hat.

Regen Sie Ihr Kind wie in einem Spiel durch geeignete Fragen immer wieder zu weiteren Denkschritten in eine bestimmte Richtung an, aber bieten Sie ihm möglichst wenig fertige Lösungen. Nur so lernt Ihr Kind, selbständig zu denken!

Nehmen Sie ein großes Blatt Papier (DIN A2), und zeichnen Sie in eine Ecke einen Hasen, in die andere eine Rübe. Dann ziehen Sie eine Linie vom Hasen zur Rübe, die einige Kurven und etwa drei Überschneidungen hat. Bitten Sie Ihr Kind, mit dem Finger oder mit einem Farbstift den Weg des Hasen zur Rübe nachzufahren (möglichst ohne abzusetzen).

Bei weiteren Spielen können die Linien zunehmend kurven- und kreuzungsreicher werden. Als Themen bieten sich zum Beispiel an:

- Eine kleine Ente sucht ihre Mutter.
- Ein Schiff fährt in einem Seen- und Flussgebiet verschiedene Landeplätze an und kommt schließlich zum Hauptanlegeplatz.
- Ein Auto fährt durch die Stadt und kehrt dann in seine Garage zurück.

Ihr Kind will täglich Neues über seine Umwelt wissen

Ab zwei Jahren

In jeder Jahreszeit gibt es andere Obst- und Gemüsesorten zu kaufen. Sprechen Sie mit Ihrem Kind darüber, wo die verschiedenen Arten wachsen und wann man sie kaufen kann. Machen Sie Ihr Kind mit den einzelnen Arten vertraut, indem Sie jedes Vierteljahr im Verlauf von zehn bis 14 Tagen möglichst viele unterschiedliche Früchte und Gemüsesorten auf Ihren Speisezettel setzen, neben den üblichen auch ausgefallene Dinge wie Ananas, Schwarzwurzeln, verschiedene Nüsse (Haselnüsse, Walnüsse, Erdnüsse usw.) und Trockenfrüchte (Datteln, Feigen, Rosinen, Sultaninen). Bringen Sie z. B. einmal wöchentlich nur die Obst- und Gemüsesorten auf den Tisch, die in der näheren Umgebung gewachsen sind.

Lassen Sie Ihr Kind beim Kaufen und beim Auspacken daheim zuschauen (damit es auch sieht, in welcher Menge Sie die jeweilige Art einkaufen). Zeigen Sie ihm dann, wie Sie diese Dinge zubereiten.

Alles, was sich bewegt, macht Kindern besonders Spaß. Deshalb können Sie gemeinsam mit Ihrem Kind gar nicht genug Tiere ansehen. Gehen Sie möglichst nahe an ein Tier heran, lassen Sie Ihrem Kind Zeit, das Tier lange zu beobachten. Es soll nicht nur das Aussehen, sondern auch das Verhalten des Tieres kennen lernen: wie und was es frisst, wie es sich vor Gefahren schützt, wie es schläft usw. Erzählen Sie ihm auch, welche Bedeutung es für die Menschen hat. Machen Sie es nach und nach mit folgenden Tiergruppen vertraut:

- Haustiere (Hund, Katze, Kaninchen, Meerschweinchen, Hamster, Fische im Aquarium, Vögel im Käfig);
- Tiere in Garten und Feld (Hase, Igel, Ameise, Regenwurm, Raupe,

Biene, Hummel, Ente, Gans, Schwan, Frosch, Libelle, Eidechse, Blindschleiche, Ringelnatter);
- Tiere im Wald (Reh, Hirsch, Fuchs, Dachs, Eichhörnchen);
- Vögel (Sperling, Amsel, Drossel, Star, Buchfink, Kohlmeise, Rotkehlchen, Schwalbe, Möwe, Bussard, Habicht usw.).

Erzählen Sie Ihrem Kind etwas über das Tier, nachdem es ihm gerade zugesehen hat. Einige Stunden später erinnern Sie es noch einmal daran: Malst du das Tier? Wollen wir beide ein Bild von dem Tier suchen?

Für Pflanzen interessiert sich Ihr Kind vorerst noch nicht so sehr, wenn es sich nicht gerade um Blumen mit prächtigen bunten Blüten handelt. Doch Sie können sein Interesse leicht wecken, wenn Sie Blumen, Sträucher und Bäume in ein Spiel oder eine Beschäftigung einbeziehen:

- Sammeln Sie bei Spaziergängen durch Wiesen und Felder einige Blumen. Zeigen Sie Ihrem Kind, was man mit Blumen tun kann (einen kleinen Kranz binden, sie in eine Blumenvase stellen, gepresste Blüten aufkleben usw.).
- Pflücken Sie immer wieder andere Blumensorten, lassen Sie auch Ihr Kind danach suchen. Dabei nennen Sie jeweils den richtigen Namen und wiederholen ihn später bei einer Unterhaltung mehrmals. Wenn Ihr Kind fünf Blumenarten sicher unterscheiden kann, machen Sie einen Strauß, in dem von jeder Art zwei bis drei vorkommen. Danach erst nehmen Sie weitere Blumenarten hinzu.
- Wenn Sie im Bestimmen von Blumen nicht sicher sind, fragen Sie einen Floristen oder Gärtner im Beisein des Kindes nach dem richtigen Namen. So erfährt es nebenbei gleich, wie man sich fehlende Informationen beschaffen kann. Sie können aber auch in einem Bestimmungsbuch nachschlagen, in dem Blumen abgebildet sind. Vielleicht macht es Ihrem Kind Spaß, nach dem Bild der Blume zu suchen.
- Nach und nach können Sie es auch mit Sträuchern und Bäumen vertraut machen. Dies ist für Ihr Kind besonders interessant, wenn etwa an einem Strauch Stachelbeeren (oder Johannisbeeren oder Himbeeren) und an den Bäumen Kirschen und Äpfel hängen. Im Herbst können Sie gemeinsam Wal- oder Haselnüsse suchen, Eicheln und Tannenzapfen sammeln. Machen Sie Ihrem Kind deutlich,

dass es nur Früchte von Bäumen und Sträuchern essen darf, die es zuverlässig kennt.

Jetzt können (und müssen) Sie auch mit der Verkehrserziehung beginnen. Gehen Sie von den folgenden Grundregeln aus:

– Verhalten Sie sich auf der Straße immer so, wie sich Ihr Kind später allein verhalten soll. Laufen Sie also nie schnell vor einem Auto über die Straße, benutzen Sie möglichst Fußgängerüberwege, bleiben Sie auf dem Gehweg. Ihr Kind beobachtet Sie ständig und übernimmt Ihr Verhalten.
– Zeigen Sie Ihrem Kind, wie man eine Straße richtig überquert. Sie schauen erst nach links und rechts und sagen etwa: «Da kommt ein Auto, wir müssen also noch warten ... Jetzt kommt kein Auto, weder von links noch von rechts.» Dann gehen Sie

auf dem kürzesten Weg auf die andere Seite.

- Erklären Sie Ihrem Kind die Verkehrsampeln («Wenn das Fußgängerzeichen rot ist, dürfen wir nicht hinüber, erst wenn der grüne Fußgänger aufleuchtet!»).
- Zeigen Sie Ihrem Kind, dass es nicht unbedacht vom Randstein auf die Straße treten darf, weisen Sie es auf Radwege hin.
- Machen Sie Ihr Kind jeden Monat mit einem anderen Weg vertraut und gehen Sie ihn dann möglichst oft. Erzählen Sie Ihrem Kind dabei, worauf zu achten ist. Dazu eignet sich der Weg zu Ihrem bevorzugten Geschäft, zur nächsten Bushaltestelle, zum Park, zum Spielplatz, zu Freunden usw. Ihr Kind gewöhnt sich allmählich daran, wie es sich auf diesen Straßen verhalten soll. Und das überträgt es in den folgenden Lebensjahren unter Ihrer Anleitung auch auf fremde Wege und neue Verkehrssituationen.
- Zeigen Sie Ihrem Kind, wie schnell Autos und andere Fahrzeuge herannahen. Leiten Sie es an, nie eine Straße zu überqueren, wenn sie nicht frei ist (wenn also noch ein Fahrzeug kommt). Sprechen Sie mit ihm auch über die Fehler, die Ihr Kind bei anderen Verkehrsteilnehmern beobachtet.
- Viele schwere Unfälle mit Kindern passieren, weil die Kinder zwischen parkenden Autos hindurch auf die Straße laufen oder ganz unvermittelt auf die Fahrbahn rennen (weil der Ball weggerollt ist, weil sie auf der anderen Seite einen Freund entdeckt haben usw.). Zeigen Sie Ihrem Kind deshalb immer wieder, wie es sich in diesen typischen Gefahrensituationen verhalten muss.

Ab zwei Jahren und vier Monaten

Nehmen Sie sich einmal die Zeit, je ein Exemplar der wichtigsten Kleidungsstücke Ihres Kindes hervorzuholen: Oberbekleidung, Unterwäsche, Strümpfe, Kopfbedeckung, Handschuhe, Mantel usw. So bekommt Ihr Kind einen Überblick über seine Garderobe und unterscheidet, wofür man die einzelnen Teile braucht. Wenn es irgendetwas davon ausprobieren oder anziehen will, darf es das natürlich.

Die Demonstration wird übrigens zu einem lustigen Spiel, wenn Sie auf dem Boden «ein ganzes Kind» auslegen. Sie können auch noch Winter- und Sommersachen, Badesachen, Nachthemden usw. miteinander vergleichen. Und dann machen Sie verschiedene Spiele: «Was passt nicht zusammen?» (die Badehose zum Winterpulli usw.).

Machen Sie Ihr Kind mit den wichtigsten Materialien bekannt, die in seiner Umgebung vorkommen: Holz, Eisen, Stahl, Aluminium, Messing, Kupfer, Silber, Gold, Papier, Wolle, Seide, Gummi, Leder, Plastik, Styropor, Glas usw. Zeigen Sie ihm dazu verschiedene Gegenstände, die aus dem jeweiligen Material hergestellt wurden.

Sicher können Sie mit einigen Materialien auch etwas basteln: Holzlöffel schnitzen, Ringe aus Draht biegen, Styropor schneiden oder brechen und bemalen usw. Als zwei Elternteile können Sie sich dabei sicher sehr gut ergänzen, da jeder bestimmte Materialien bevorzugt. Beim Zusehen und Probieren lernt Ihr Kind auch, wie verschiedene Werkzeuge eingesetzt werden. Auf große Perfektion kommt es dabei zwar nicht an, nehmen Sie sich jedoch möglichst solche Aufgaben vor, die Ihnen einigermaßen gelingen. Denn wenn etwas völlig misslingt, ist Ihr Kind enttäuscht.

Das so genannte Fragealter beginnt bei jedem Kind zu einem anderen Zeitpunkt. Manche fangen schon sehr früh an, die bekannten «W-Fragen» zu stellen (wer, was, wann, wie, wo, warum usw.). Jede Antwort auf so eine Frage bringt Ihr Kind einen Schritt weiter und ermutigt es, weiterhin viel zu fragen. Mit der Zeit erwirbt es so ein breites Grundwissen. Sie sollten also möglichst immer die Zeit und die Geduld aufbringen, alle Fragen zu beantworten (... klar, dass das manchmal auch lästig ist).

Zeigen Sie Ihrem Kind immer wieder etwas Neues aus unserer Umwelt, das es schon gut verstehen kann. Allen Vorschlägen ist gemeinsam, dass sich dabei einiges bewegt, dass es eine Abwechslung gegenüber dem Alltag darstellt und das Kind (durch den Kontrast zwischen gewohnt und neuartig) dazu anregt, auch seine vertraute Umgebung mit neuen Augen zu sehen.

- Besuchen Sie einen Bauernhof, wenn Sie in der Stadt wohnen. Schauen Sie sich dabei gemeinsam die Tiere an, und erklären Sie Ihrem Kind, wozu die Tiere gehalten werden, wo ihr Stall ist, wo ihr Futter zubereitet oder aufbewahrt wird. Noch besser als Erklärungen sind natürlich eigene Beobachtungen, die das

Kind machen kann: wenn es beim Melken zuschauen darf, wenn es beim Eiersuchen hilft, wenn es sieht, wie die Kühe zur Weide getrieben werden. Es soll aber auch die Maschinen kennen lernen, die auf dem Bauernhof verwendet werden: den Traktor, die Mähmaschine, ein Förderband, einen Aufzug usw. Führen Sie es in die Ställe, in die Scheune, zur Hundehütte, ggf. zum Misthaufen usw., sodass es auch erfährt, wie auf dem Bauernhof die verschiedenen Aufgaben gelöst werden. Bei den nächsten Besuchen des Bauernhofs beziehen Sie auch bewusst die Umgebung ein. Das heißt: Gehen Sie durch das ganze Dorf, zeigen Sie Ihrem Kind die wichtigsten Plätze (Kirche, Marktplatz, Feuerwehrhaus, Dorfteich, Rathaus, Wirtshäuser, Weideplätze, Äcker und Felder usw.).

– Besuchen Sie gelegentlich mit Ihrem Kind Volksfeste, Umzüge, Wochen- und Jahrmärkte. Es geht dabei nicht allein um die Veranstaltung selbst. Auch das Mitmachen der Zuschauer ist für Ihr Kind sehr interessant. Es spürt ihre Erwartung, es sieht ihre Heiterkeit, es verfolgt ihre Aktivitäten (Klatschen usw.) und macht dabei wichtige Erfahrungen. Bleiben Sie aber immer nur so lange, wie Ihr Kind mag. Nach einiger Zeit hat es wahrscheinlich genug von der Veranstaltung. Es wird von den vielen Menschen zu wenig persönlich angesprochen, es kann sich nicht frei bewegen. Doch schon ein kurzer Besuch bringt Entwicklungsimpulse mit sich.

– Besuchen Sie in diesem Jahr mindestens dreimal einen Tierpark. Wundern Sie sich nicht, wenn Ihr Kind lieber bei den Enten oder Wellensittichen stehen bleibt als vor dem Löwenkäfig und anderen großen Tieren. Erst nach mehrmaligem Besuch verliert es die Scheu vor ihnen. Außerdem sind natürlich Tiere, die sich bewegen, viel interessanter für Ihr Kind als Tiere, die passiv in einer Ecke liegen. Machen Sie es auf Details aufmerksam: auf die kräftigen Hörner eines Steinbocks, auf die Kletterkünste der Affen, auf das Pfauenrad usw.
Nehmen Sie sich nicht vor, gleich beim ersten Mal den gesamten Tierpark zu besichtigen. Ihr Kind hat mehr davon, wenn es lange vor einem einzigen Käfig stehen bleiben darf (zum Beispiel dem Affenkäfig oder dem Becken mit den Seehunden) und die Tiere beobachten kann, als wenn es die große Pflichtrunde absolvieren

muss. Überfüttern Sie es nicht mit Informationen. Beobachten Sie auch, wie andere Eltern ihre Kinder zum Zusehen anregen, wo sie stehen bleiben und was andere Kinder gern sehen. Vielleicht ist es etwas, was auch Ihr Kind fasziniert. Zwischendurch darf es natürlich auch z. B. mal ein Eis oder die Fahrt mit einer Kinderbahn geben, solange dieser Konsum nicht zum Hauptzweck des Ausflugs wird.

– Oben finden Sie die Anregung, dass ein Stadtkind zur Abwechslung einen Bauernhof und ein kleines Dorf kennen lernen soll. Genauso wichtig ist es natürlich, dass ein auf dem Land lebendes Kind eine Stadt kennen lernt. Es soll die Verkehrsmittel sehen (Straßen- oder U-Bahnen, Omnibusse, Züge, Überführungen, Tunnel, Kreuzungen mit Ampeln usw.), große Warenhäuser und Spezialgeschäfte, Hochhäuser, Wohnblocks, einen Fernsehturm, eine Fabrikanlage, den Bahnhof usw.) sowie weitere Besonderheiten der Stadt, die nicht zu große Wege mit sich bringen.
Das alles lässt sich natürlich nicht bei einem einzigen Besuch verwirklichen. Durch die Vielzahl der neuen Eindrücke würde Ihr Kind höchstens verwirrt. Fahren Sie stattdessen mehrmals in die Stadt, und suchen Sie dann einen bestimmten Bereich (Verkehrsmittel, Geschäfte, Gebäude, Plätze usw.) gezielt auf. Am folgenden Tag zeichnen Sie dann gemeinsam eine oder zwei der Attraktionen, vor denen Ihr Kind stehen blieb. Rufen Sie ihm im Gespräch immer wieder wichtige Details in Erinnerung. Durch Vergleiche werden Ihre Erklärungen noch lebendiger: «Dort fahren viele Autos, hier fahren nur wenige, bei uns sind die Häuser niedriger als der Kirchturm, in der Stadt sind sie viel höher.»

Ab zwei Jahren und sieben Monaten

In diesem Jahr sollte Ihr Kind schon Genaueres über die Tätigkeiten beider Elternteile erfahren. Wenn der Vater oder die Mutter einen überwiegend von Männern oder Frauen ausgeübten Beruf hat (Ingenieur, Sekretärin), sollte Ihr Kind auch andere Berufe kennen lernen, die gleichermaßen von Männern wie von Frauen ausgeübt werden (zum Beispiel Postbote, Kellner, Taxifahrer usw.). So bekommt Ihr Kind von vornherein nicht den Eindruck, dass Berufsrollen immer geschlechtsgebunden sind (wenn es erwachsen ist, wird

es voraussichtlich noch weniger in diesem Sinn geschlechtsgebundene Berufe geben als heute).

Möglicherweise üben Sie einen Beruf aus, den Sie Ihrem Kind kaum durch Erklärungen verständlich machen können (zum Beispiel Therapeut, Programmierer oder Bankkaufmann) oder bei dem die Besichtigung des Arbeitsplatzes nicht möglich ist (vielleicht gibt es einen Tag der offenen Tür?). Versuchen Sie wenigstens ansatzweise, Ihrem Kind die Tätigkeiten zu beschreiben.

Vielleicht kann auch ein selbständig tätiger Bekannter aushelfen, dessen Arbeitsplatz immerhin oft eher zugänglich ist als ein Arbeitsplatz in der Industrie. Er (oder sie) sollte dem Kind dann seine Tätigkeit möglichst genau und anschaulich beschreiben.

Den Beruf des Vaters oder der Mutter können Sie zu Hause in Teilen nachspielen. Etwa «Ausfahrer»: Einer geht in ein Zimmer, holt dort einen «Auftragsblock» hervor und tritt danach seine Fahrtroute an. Dann geht er in den Lagerraum und lädt die auszuliefernde Ware auf das Fahrzeug (Kinderlastwagen). Das Kind hilft ihm dabei. Dann wird das Auto zugeschlossen und fährt los. Zwischendurch halten Sie an einer Tankstelle, vor Verkehrsampeln, bei den Kunden usw. Sie können immer wieder den einen oder anderen Teil dieser langen Handlungskette nachspielen. So merkt sich Ihr Kind die entsprechenden Tätigkeiten viel besser. Vergessen Sie auch nicht Dinge wie Frühstücks- und Mittagspause, Geld abliefern, Gehalt von der Bank abheben. Das Kind soll schon jetzt den Zusammenhang zwischen Geldverdienen und Geldausgeben kennen lernen. (Wenn Sie Ihren Beruf zu Hause ausüben, ist es natürlich viel einfacher, ihm die wichtigsten Zusammenhänge zu erklären.)

Geben Sie dieser Einführung in das Berufsleben viel Spielraum. Immerhin füllt die Berufstätigkeit sehr viel Zeit, oft die meiste von Erwachsenen aus. Und ohne entsprechende Erklärungen kann das Kind gar nicht verstehen, warum der Vater oder die Mutter morgens verschwindet, warum oft von Geld oder von Berufsproblemen gesprochen wird und warum der Lebensinhalt der Erwachsenen nicht im Spielen besteht. Wenn Sie Ihr Kind mit Ihrem und ein oder zwei anderen Berufen vertraut gemacht haben, können Sie auch über bestimmte Bedingungen der Arbeit sprechen: was Ihnen an der Arbeit gefällt, ob der Arbeitsplatz schön ist, ob und wie Sie mit anderen Menschen zusammenarbeiten, was Ihre Kollegen tun usw.

Viele Erfahrungen über Berufe sammelt Ihr Kind natürlich auch in seinem Tagesablauf. Es beobachtet die Postbotin, den Zeitungsträger, die Männer von der Müllabfuhr, die Bankangestellte, die Arzthelferin usw. Täglich begegnet es berufstätigen Menschen im Gemüseladen, in der Metzgerei, beim Frisör, in der Bäckerei, im Bus usw. Die so gewonnenen Eindrücke können Sie noch vertiefen, indem Sie ihm von den Berufen dieser Personen mehr erzählen, indem Sie sich in der Gegenwart Ihres Kindes von diesen Menschen etwas über deren Tätigkeiten berichten lassen und stehen bleiben, um jemanden während der Arbeit zu beobachten. Vermeiden Sie negative Bewertungen einzelner Tätigkeiten, weisen Sie vielmehr auf die Nützlichkeit der verschiedenen Berufe hin.

Ab zwei Jahren und zehn Monaten

Sprechen Sie jetzt einmal ganz ausführlich mit Ihrem Kind über den menschlichen Körper. Beginnen Sie während des Badens. Sie können zum Beispiel ein kleines Quiz starten: «Wo ist dein Kopf?», «Wo ist die Nase?», «Wo ist dein Bauchnabel?», «Wo ist dein Glied?» bzw. «Wo ist deine Scheide?», «Wo ist deine kleine Zehe?»

Fragen Sie im Laufe mehrerer Tage alle Körperpartien – auch durcheinander – ab (Scheitel, Haare, Ohren, linken Arm, rechten Arm, Hände, Finger, Schulter, Hals, Nase, Augen, Augenbrauen, Wimpern, Schläfe, Stirn, Kinn, Wange, Zunge, Zähne, Oberkörper, Brust, Rücken, Rippen, Bauch, Penis / Scheide, Po, Hüfte, Oberschenkel, Unterschenkel, Waden, Knie, Ferse, Fuß, Rist, Ballen, Zehen, Ellbogen, Daumen, Zeigefinger, Mittelfinger, Ringfinger, kleinen Finger, Fingerkuppe, Knöchel usw.).

Wenn Ihr Kind nicht mehr mitmachen will, unterbrechen Sie das Spiel. Zwischendurch loben Sie es bei richtigen Antworten. Und fragen Sie auch ab und zu: «Und wo ist meine Nase (mein Mund, mein Bauch usw.)?» Die Körperteile, die es noch nicht namentlich kennt, zeigen Sie ihm an seinem und Ihrem eigenen Körper. Wechseln Sie sich in der Erklärung der Geschlechtsteile mit Ihrem Partner ab, und zeigen Sie dabei auch die unterschiedlichen Geschlechtsmerkmale. Sie können Ihrem Kind jetzt auch schon einiges von den Vorgängen in seinem Körper erzählen: vom Weg der Nahrung, vom Blut als Transportmittel, vom Atmen, von der Aufgabe seines Herzens (lassen Sie es seine und Ihre Herzschläge fühlen), von der Aufgabe der Knochen (Stabilität des Körpers), von der Aufgabe der Muskeln (Ihr Kind sollte zum Beispiel Ihren Oberarmmuskel anfassen, wenn Sie etwas hochheben) usw.

All diese Erklärungen sollen mit konkreten Beispielen verbunden sein und können nicht an einem Tag, sondern je nach Gelegenheit gegeben werden. Wenn Sie gerade die Haare Ihres Kindes waschen, können Sie z. B. bevorzugt alle dabei berührten Körperteile ansprechen.

Viele Geräte in Ihrem Haushalt kennt Ihr Kind bereits sehr gut und weiß genau, welchen Aufgaben sie dienen. Von anderen hat es nur eine sehr verschwommene Vorstellung. Weiß es zum Beispiel schon, warum Sie bestimmte Nahrungsmittel im Kühlschrank aufbewahren, andere aber nicht? Weiß es, wie der Staubsauger funktioniert, warum die Kleider in einen Schrank gehängt werden, wie die Waschmaschine arbeitet? All diese Dinge können Sie ihm von nun an erklären, sein Interesse werden Sie bald bemerken.

Solche Erläuterungen haben noch ein paar andere positive Seiten (neben der reinen Information): Ihr Kind denkt mit, es vergleicht frühere Erfahrungen mit den neuen, es korrigiert Fehlauffassungen, es genießt die Unterhaltung mit Ihnen, es wird mehr bereit sein, seinen Wissensstand allgemein zu erweitern. Bald wendet es sein neues Wissen praktisch an (im Alltag oder im Spiel), es erlebt dabei eine Bereicherung des Handelns und Denkens gegenüber früheren Tätigkeiten. So wird es darin bestärkt, zusätzlich Informationen zu sammeln.

Besonders interessant ist es, alte und moderne Geräte miteinander zu vergleichen: Besen – Staubsauger, Kohleherd – Elektroherd, Ofenheizung – Zentralheizung, Schneebesen – elektrischer Rührbesen usw. Diese Vergleiche sind nicht immer im eigenen Haushalt möglich. Machen Sie Ihr Kind vielleicht ab und zu bei Besuchen auf ein älteres (oder modernes) Gerät aufmerksam, das Sie nicht mehr (oder noch nicht) in Ihrem Haushalt verwenden.

Werkzeugkästen sind im Allgemeinen eine Fundgrube für Kinder. Doch der elterliche Werkzeugkasten enthält oft nicht nur Dinge, die zum Spielen geeignet sind. Stellen Sie deshalb einige Dinge zusammen, mit denen Ihr Kind hantieren darf. Dazu gehören: ein kleiner Hammer, eine Dose mit dünnen, etwa drei Zentimeter langen Nägeln, ein oder mehrere Stücke weiches Holz (Brettchen) oder eine Korkplatte, eine Beißzange und ein 50 cm langer, dünner, weicher Draht, eine Flachzange, ein Schraubenzieher und einige Schrauben.

Dann geben Sie ihm natürlich ein paar Hinweise für den Umgang mit diesen Werkzeugen. Basteln Sie gemeinsam zum Beispiel einen kleinen Puppentisch (mit einer Platte und zwei Seitenteilen), eine Platte mit Drahthenkeln (zum Transport für Bausteine), ein Brett mit Nägeln, an denen man die Topflappen aufhängen kann, usw.

Setzen Sie sich neben Ihr Kind, während es die einzelnen Werkzeuge ausprobiert (so können Sie

auch kleine Gefahrensituationen kontrollieren). Zeigen Sie ihm, wie es die verschiedenen Werkzeuge verwenden kann.

Wenn sein Spiel stockt, geben Sie ihm eine weiterführende Anregung. Bringen Sie in jedem Fall sein kleines Werk zu einem Abschluss (auch wenn Ihr Kind inzwischen weggeht und sich für etwas anderes interessiert). Es soll sehen, dass aus den verschiedenen Einzelteilen etwas Fertiges entsteht und dass es für eine Aufgabe benutzt werden kann.

Nach einigen Tagen wiederholen Sie dieses Spiel mit einer anderen Zielsetzung, aber mit denselben Werkzeugen. Es ist wichtig, dass es die vielen Gelegenheiten erkennt, bei denen man die Geräte des Werkzeugkastens verwenden kann. Dann wird es später seine Beschäftigungen damit umso sinnvoller und phantasievoller gestalten können.

So können Sie die Musikalität Ihres Kindes fördern

Ab zwei Jahren

Bringen Sie – wie schon im zweiten Lebensjahr – auch jetzt Ihrem Kind viele Lieder bei. Beginnen Sie damit, dass Sie die erste Strophe zweimal hintereinander vorsingen. Wenn Ihr Kind Ihnen (von sich aus) aufmerksam zuhört, fordern Sie es beim dritten Mal zum Mitsingen auf. Schauen Sie es bei dieser Wiederholung direkt an. So kann es Ihre Mundbewegungen verfolgen.

Erklären Sie ihm gleich oder am nächsten Tag den Inhalt des Liedes mit Ihren Worten. (Aus diesem Grund sollten Sie nur Lieder auswählen, die Ihr Kind auch verstehen kann und die inhaltlich in unsere Zeit passen.) Anschließend sprechen Sie den Text des ganzen Liedes vor. Noch einprägsamer wird Ihre kleine «Gesangsstunde», wenn Sie eine Figur oder eine Szene des Liedes auf ein großes Blatt Papier zeichnen. (Natürlich darf Ihr Kind mitmalen, wenn es Lust dazu hat; es macht auch nichts, wenn ihm das Malen dann plötzlich mehr Spaß macht als das Singen!)

An einem der nächsten Tage wiederholen Sie das Lied mit allen Strophen. Sprechen Sie alle Verse des Liedes, singen Sie es anschließend gemeinsam mit Ihrem Kind. Nach einer Pause von ein paar Tagen kommen Sie wieder auf das Lied zurück, etwa in folgender Weise:

- eine Strophe singen (mit dem Kind),
- einmal summen (auf die Silbe «la» oder «mm»),
- einmal nur den Text sprechen,
- noch einmal alle Strophen des Liedes singen,
- einmal das Lied singen und dazu klatschen,
- einmal das Lied singen und dazu tanzen oder rhythmische Bewegungen machen.

Es gibt natürlich noch andere Variationen: Sie können das Lied zum Beispiel sehr leise singen. Dabei hört Ihr Kind besonders aufmerksam zu. Oder Sie singen sehr laut oder langsamer als sonst oder bewegter. Klatschen (oder trommeln) Sie auch einmal nur den Rhythmus des Liedes (also ohne Melodie). Ihre Stimme sollte beim Singen immer möglichst natürlich klingen, und der Text sollte klar zu verstehen sein.

Wenn Sie keine Kinderlieder (mehr) kennen, sollten Sie sich ein Liederbuch kaufen, das von Erzieherinnen in einer Kinderkrippe oder im Kindergarten verwendet wird. In jeder Buchhandlung wird man Sie beraten. Nur wenige Kinder in diesem Alter können Lieder richtig nachsingen. Vermeiden Sie jede abwertende Kritik, da Sie Ihrem Kind sonst die Freude und Unbefangenheit beim Singen nehmen.

Kinder sollen nicht nur Musik hören – sie sollen auch sehen, wie Musik «gemacht» wird: von Orchestern, Kapellen, kleinen Gruppen oder einzelnen Personen. Die Qualität der «Aufführung» spielt dabei keine vorrangige Rolle. Lassen Sie Ihr Kind also zuschauen, wenn eine Blaskapelle bei einem Volksfest spielt, wenn ein Kurorchester ein Konzert gibt, wenn Straßenmusikanten die Passanten unterhalten oder wenn eine Popgruppe spielt.

Sicher wird sich Ihr Kind nur kurze Zeit dafür interessieren. Doch das genügt ja auch. Immerhin beobachtet es dabei, was die Musiker mit den einzelnen Instrumenten machen, es sieht, welche Instrumente es überhaupt gibt und wie unterschiedlich ein und dieselbe Musikgruppe spielen kann. Ergänzen Sie dieses direkte Erlebnis mit Musik vom CD-Player oder vom Kassettenrekorder, aus dem Radio oder Fernseher. Erklären Sie ihm dabei auch immer wieder einmal, welches Soloinstrument man gerade hört. Bei Konzert- und Opernübertragungen im Fernsehen schwenkt die Kamera oft zu den Solisten. Sehen Sie solche Sendungen gemeinsam an. Das können Sie auch machen, wenn Sie wenig musikalische Fähigkeiten haben!

Vielleicht hat Ihr Kind jetzt schon Spaß an einem richtigen «Musikprogramm», das Sie mit ihm spielen. Beginnen Sie mit einem kleinen (Ihrem Kind unbekannten) Lied, das Sie auf einem Instrument (auch Kinderinstrument) spielen. Dann singen Sie gemeinsam ein Lieblingslied Ihres Kindes. Anschließend sprechen Sie ein Gedicht, das Ihrem Kind Spaß macht. Als nächster Programmpunkt folgt ein Tanz, den Ihr Kind allein oder mit Ihnen zusammen probiert. Den Abschluss kann ein kleines Instrumentalstück bilden. Das alles sollte nicht länger als zehn Minuten dauern. Wenn dieses Spiel Ihrem Kind gefallen hat, wiederholen Sie eine ähnliche Aufführung in der folgenden Woche. Wenn Ihr Kind zu einer anderen interessanten Aktivität abschweift, setzen Sie zunächst Ihr Programm unbeirrt fort: Ihr Kind nimmt (teilweise) auch auf, was Sie nebenbei anbieten. Und vielleicht kommt es nach einiger Zeit von selbst und will wieder mitmachen.

Unsere Vorschläge sollen Ihnen nur Anhaltspunkte geben, die Sie so phantasievoll wie möglich erweitern können. Wichtig ist, dass das Programm ohne langweilige Stockungen abläuft; gut ist, wenn sich Ihr Kind aktiv beteiligt. Achten Sie auf genügend körperliche Bewegung, sonst verliert Ihr Kind die Lust an der Sache!

Ab zwei Jahren und sieben Monaten

Wenn Ihr Kind mit sehr viel Begeisterung bei den musikalischen Spielen mitmacht, können Sie von jetzt an einige spezielle Anregungen geben. Ist das nicht der Fall, genügt es, wenn Sie sein musikalisches Interesse weiterhin mit den Übungen des ersten halben Jahres fördern. Die folgenden Spiele fallen ihm vielleicht später leichter:

- Klatschen Sie mit Ihrem Kind verschiedene Rhythmen: belebte, schnelle, gravitätische usw. Wiederholen Sie diese Übungen am nächsten Tag, und regen Sie Ihr Kind zum Mitklatschen an. Diese Übungen sind für Ihr Kind leicht zu bewältigen, wenn Sie ein wenig Geduld aufbringen und einen Rhythmus häufiger wiederholen. Machen Sie zwischen den Wiederholungen größere Pausen. Wählen Sie anfangs leichte Rhythmen. Sie brauchen nicht unbedingt alle Rhythmen selbst zu erfinden – ein Keyboard (auch eines für Kinder) enthält viele weitere Anregungen!
- Testen Sie, ob Ihr Kind schon Töne nachsingen kann (die richtige Tonhöhe trifft). Berücksichtigen Sie die Tonlage, in der Ihr Kind gewöhnlich singt (hoch oder tief), und wählen Sie die

Stimmlage entsprechend. Sie können den Ton auch mit einer Blockflöte vorgeben. Loben Sie Ihr Kind, wenn es klappt, und zeigen Sie Ihre Freude. Dann macht es ihm mehr Spaß, die Töne richtig nachzusingen. Diese Übung ist nicht leicht. Auch ältere Kinder und Erwachsene können einen Ton nicht immer auf Anhieb richtig treffen. Wenn Ihr Kind das jetzt aber schon lernt, ist ein wichtiger Baustein der musikalischen Bildung gelegt.

– Summen Sie einen Liedanfang vor, und fragen Sie Ihr Kind, welches Lied so beginnt.

Beim Gestalten erfährt Ihr Kind, was es alles kann

Ab zwei Jahren

Ihr Kind soll natürlich so viel wie möglich im Freien spielen. In den wärmeren Jahreszeiten wird es sich dabei häufig im Sandkasten aufhalten; im Winter kann es sich mit etwas Glück öfters im Schnee austoben. Sorgen Sie dafür, dass es viele Erfahrungen mit Materialien wie Sand, Lehm, Erde, Splitt, Kieseln, Wasser, Schnee, Eis sammeln kann. Dazu gehört, dass Sie ihm auch entsprechendes Spielzeug geben: Förmchen, eine Schaufel, einen Eimer, einen Rechen und ein Sieb, eventuell auch eine kleine Schubkarre.

Beim Spielen lernt Ihr Kind, mit trockenem und mit feuchtem Sand umzugehen. Es formt ihn, es versucht ihn zu transportieren, es backt damit Kuchen, es buddelt Gräben, Löcher und baut Hügel, es streut ihn in den Wind, und es beobachtet, wie er sich während dieser Tätigkeiten verändert. Mal rinnt er, mal klumpt er, man kann ihn glätten, sieben, aufeinander türmen usw. Viele Sandspiele wird Ihr Kind von anderen Kindern abgucken, wenn es auf dem Spielplatz ist. Aber setzen Sie sich auch selbst zu ihm, und zeigen Sie ihm einige kleine Tricks, z. B.:

- wie man ein Loch mit der Schaufel tiefer, runder oder größer machen kann;
- wie ein kleiner Berg aufgeschüttet und zwischendurch festgeklopft wird;
- wie das Kuchenbacken geht;
- wie eine Straße gezogen wird, auf der dann ein Spielzeugauto entlangfährt;
- wie Förmchen für Verzierungen benutzt werden können.

Haben Sie Hemmungen bei der Vorstellung, dass Ihnen andere Eltern bei Ihren «Sandkastenspielen» zuschauen? Wichtiger ist es, dem eigenen Kind weiterzuhelfen und sich mit ihm zu beschäftigen! Im Übrigen warten die anderen Eltern am Spielplatz wahrscheinlich nur auf eine mutige Vorläuferin – und setzen sich dann selbst ganz ungezwungen in den Sand zu den Kindern. Es ist wissenschaftlich nachgewiesen, dass Kinder ohne gelegentliche Anregungen, aber auch ohne Anerkennung der Werke in ihrer Entwicklung langsamer vorankommen. Sie können dann sogar völlig das Interesse an einem ganzen Spielbereich verlieren, besonders, wenn sie bemerken, dass die anderen Kinder ihnen bei den entsprechenden Tätigkeiten immer überlegen sind.

Auch im Winter können Sie Ihrem Kind eine Menge Anregungen geben. Zeigen Sie ihm, wie man einen Schneeball formt und eine Schneekugel groß rollt, bauen Sie einen Schneemann mit ihm (der aber nicht viel größer als das Kind sein sollte), bilden Sie gemeinsam Tiere, Höhlen, Berge usw. Doch selbst der lustigste Schneemann wird Ihrem Kind natürlich keinen Spaß machen, wenn es beim Bauen nasse Füße bekommt und friert oder wenn es sich in seiner dicken Kleidung kaum noch bewegen kann. Ziehen Sie ihm deshalb Kleidung und Handschuhe an, die zwar wasserdicht und warm sind, aber dennoch das Fühlen und Zugreifen nicht behindern!

Ab zwei Jahren und vier Monaten

Für die folgenden Anregungen benötigen Sie eine größere Menge Ton oder Knetmasse. (Ton können Sie in einem Eimer, den Sie mit nassem Tuch bedecken, längere Zeit aufbewahren.) Zum Kneten braucht Ihr Kind anfangs nur eine Farbe; ab zweidreiviertel Jahren können Sie dann drei weitere Farben verwenden. Die richtige Menge wäre ein Block von zehn mal zehn mal fünf Zentimetern. Setzen Sie sich zum Modellieren zusammen mit Ihrem Kind an einen Tisch (den Sie am besten mit einer geeigneten Unterlage schützen, die nur beim Kneten verwendet wird). Kneten Sie einen kleineren Batzen mit beiden Händen weich, dann rollen Sie ihn oder drücken ihn flach. (Wenn die Knetmasse sehr fest ist, sollten Sie auch für Ihr Kind das Material vorher weich kneten.) Modellieren Sie nur ganz einfache Dinge: eine Wurst, eine Schlange, einen Teller, eine Mulde usw. Nach verschiedenen Versuchen kann Ihr Kind das sicher auch. Bald können Sie zu komplizierteren Dingen, zum Beispiel Tie-

ren, übergehen (möglichst Tiere ohne dünne Beine, die sonst leicht abfallen bzw. umknicken!).

Ab zwei Jahren und sieben Monaten

Nun können Sie richtige «Malstunden» einführen. Folgende Utensilien sind dabei sehr nützlich:

– Ein «Malerkittel», der die Kleidung schützt. Wie wäre es mit einem weißen Kittel? Ihrem Kind machen die bunten Farbkleckse darauf sicher Spaß. Tipps zum Malerkittel: z. B. ein ausrangiertes Hemd oder eine Bluse (evtl. den Kragen abtrennen); selbst genäht aus einem alten Betttuch, mit Nähmaschine oder mit großen Stichen und aus dicker, farbiger Wolle.
– Eine große Unterlage (ein mal eineinhalb Meter groß), die auf dem Boden ausgerollt wird: Dann kann Ihr Kind Malpapier und Farbkasten darauf legen, und Sie brauchen sich keine Sor-

gen um Kleckse auf dem Teppich zu machen.

- Viel Papier! Ein Blatt sollte am besten viermal so groß wie ein Briefbogen sein. Vielleicht können Sie sich günstig Abfälle aus einer Druckerei besorgen. (Kleben Sie das Papier an den Ecken auf der Unterlage fest. Dann kann sich Ihr Kind mit einer Hand aufstützen und mit der anderen Hand malen, ohne dass das Blatt verrutscht.)
- Farbe und Farbbehälter. Schütten Sie zwei Esslöffel flüssiger Farbe (vier bis sechs verschiedene Farben) in kleine Näpfe (zum Beispiel Joghurtbecher oder Senfgläser), und kleben Sie die Behälter auf ein großes Brett (40 mal 40 cm).
- Geeignete Pinsel. Besorgen Sie Ihrem Kind zum Beispiel einen Rundpinsel mit festen Borsten (sechs bis zehn Millimeter Durchmesser) und einen Flachpinsel (1,2 bis 1,5 cm breit).

In der ersten Zeit sollten Sie auf einem eigenen Blatt mitmalen.

Dann kann Ihr Kind beobachten, wie Sie den Pinsel halten und eintauchen, wie Sie Linien und Kreise malen usw. Malen Sie auch bald einen Menschen, natürlich nicht übertrieben «kunstvoll», sondern nur flächig in großen Zügen (Kopf, Rumpf, Beine, Arme, Haare, Augen, Nase und Mund). Gegen Ende des Jahres kann Ihr Kind schon recht gut Menschen malen. Dann fragen Sie danach, ob der Kopf direkt auf dem Körper ruht. Ihr Kind «entdeckt» dann als weiteres Detail den Hals. Entsprechend findet es noch andere Einzelheiten: die Handfläche, die Finger usw. Rechnen Sie aber nicht damit, dass es diese Dinge dann auch bei den nächsten Bildern malt. Es wird immer wieder frühere Formen der Darstellung wiederholen. Und dann macht es plötzlich wieder einen großen Schritt nach vorn. Wichtig ist, dass Sie seine Bilder anerkennen und sich sichtbar darüber freuen. Dazu gehört, dass Sie die Malwerke im Kinderzimmer und vielleicht noch an anderen Stellen der Wohnung aufhängen (Pinnwand der Familie). Nach einiger Zeit tauschen Sie die Bilder gegen neue aus. Lassen Sie möglichst auch andere Kinder mitmalen. So bekommt Ihr Kind weitere, nicht pädagogisch gemeinte Anregungen, die es interessiert aufgreift.

Versprechen Sie sich übrigens nicht gleich zu viel von den Malkünsten Ihres Kindes! Die ersten Werke werden nur aus einigen Linien bestehen, die sich wild überkreuzen, und aus «Farbsümpfen». Lassen Sie sich aber trotzdem erklären, was auf dem Bild dargestellt ist. Ihr Kind weist dann sicher auf bestimmte Striche und erklärt Ihnen etwas dazu. Nach und nach werden Sie zwischen den Aussagen des Kindes und der Darstellung eine gewisse Übereinstimmung entdecken. Beim Menschen, den Ihr Kind sicher oft zu malen versucht, finden Sie vielleicht zuerst nur einen Kopf mit zwei langen, dünnen Beinen daran («Kopffüßler»). Später kommen die Arme dazu (die dann vielleicht noch aus dem Kopf wachsen) und dann erst der Rumpf. Schlagen Sie Ihrem Kind immer wieder neue Motive vor: ein Tier, eine Blume, einen Baum, ein Haus usw. Folgende Dinge sollten Sie vermeiden:

– Kritisieren Sie die Bilder nicht, vergleichen Sie sie nicht wertend, mischen Sie sich nicht «verbessernd» ein.
– Geben Sie Ihrem Kind nicht zu viele Farben auf einmal.
– Benutzen Sie noch keine Staffelei (weil die nassen Farben quer über das ganze Bild laufen).
– Lassen Sie das Kind nicht zu lange mit Fingerfarben malen (es

kann damit nicht so fein malen, wie es will, weil alle Striche gleich breit sind und die Farbe nicht so lange mitläuft wie beim Pinsel).
– Geben Sie ihm nicht zu kleines Papier.
– Lassen Sie das Malen nicht zu einer Seltenheit werden (z. B. weil dabei zu viel Papier verbraucht wird oder weil Ihnen die Kleckserei lästig ist).

Wenn Sie gerade wenig Zeit haben und nicht beobachten können, was Ihr Kind mit den Farben (möglicherweise) anstellt, geben Sie ihm einfach Wachsmal- oder Fettstifte. Vier bis sechs verschiedene Farben genügen. Auch dafür sollten Sie das Papier gut auf der Unterlage befestigen, damit es nicht verrutschen kann. So hat es Ihr Kind beim Zeichnen leichter. Wachsmal- oder Fettstifte sind natürlich nicht nur ein Ersatz für die anderen Farben. Der Wechsel zwischen Malen und Zeichnen ist sogar wichtig und notwendig. Beim Zeichnen sind Ihrem Kind Arbeitsweisen möglich, die mit Wasserfarben noch nicht so recht klappen: Es kann zum Beispiel leichter Details einfügen (Augen, Knöpfe usw.).

Ab zwei Jahren und zehn Monaten

Im Freien oder in der Wohnung können Sie Ihr Kind zu folgenden Spielen anregen:
– Einen Personenzug, eine Straßenbahn oder einen Güterzug aus Stühlen und Tischen bauen. Je mehr Kinder mitspielen, desto lustiger ist das natürlich. Das Fahrzeug startet an einer bestimmten Station, es hält, wird entladen, Personen steigen aus oder ein, der Bahnhofsvorsteher pfeift usw.
– Ein Schiff, ein Lastauto oder ein Feuerwehrauto aus Tischen, Stühlen, Kissen, Decken usw. bauen und damit fahren.
– Ein Haus, eine Höhle, ein Zelt aus Brettern, Decken, Kartons bauen usw. Man kann darin z. B. schlafen, essen oder Puppen und Spieltiere hineinsetzen.

Gegen Ende des Jahres ist Ihr Kind schon sehr geschickt. Sie können seine Fähigkeit zur Koordination von Augen und Fingern mit einem uralten Spielzeug leicht fördern: mit Perlen. Kaufen Sie in einem Spielzeuggeschäft ein paar große Holzperlen in zwei Farben oder bunte Glasperlen mit großen Löchern (20–30 Stück). Zeigen Sie Ihrem Kind, wie man mit einer (stumpfen) Nadel und (reißfestem) Garn die Perlen zu einer Kette auffädelt.

Wenn es die Technik einigermaßen beherrscht, können Sie ihm Anregungen zur Gestaltung geben. Nehmen wir an, es stehen weiße und braune Perlen zur Verfügung. Dann gibt es zum Beispiel folgende Möglichkeiten: Sie machen ein Armband oder eine Halskette aus lauter braunen Perlen, eine andere wird weiß-braun, eine dritte besteht nur aus weißen Perlen, eine vierte aus je zwei weißen, einer braunen Perle abwechselnd usw. Wählen Sie immer erst dann ein neues Beispiel, wenn Ihr Kind die vorhergehende Anregung aufgegriffen hat. (Lassen Sie es aber auch dazwischen «unregelmäßige» Ketten nach eigenem Belieben aufreihen.)

Aus bunten Zeitschriftenseiten oder selbstklebendem (Schrank-)Papier können Sie ein Mosaik gestalten. Reißen Sie das Papier zusammen mit Ihrem Kind in kleine Schnitzel. Anschließend kleben Sie sie auf ein großes Blatt, und zwar so, dass dabei entweder eine Figur oder ein Farbmuster entsteht.

Bewegungsspiele fördern die Initiative

Ab zwei Jahren

Zur durchschnittlichen Entwicklung der kindlichen Muskeln genügt das allgemeine motorische Bewegungspensum, das ein Kind täglich von sich aus vollbringt. Dennoch ist es günstig, diesem allgemeinen Training, das sich unwillkürlich beim Spielen und bei der Erkundung der Umwelt ergibt, noch einige spezielle Übungen hinzuzufügen, vor allem dann, wenn Sie in einer engen Wohnung leben und Ihr Kind nur wenig im Freien herumtoben kann:

- Lassen Sie Ihr Kind (beim täglichen Spaziergang) auf einer großen Treppe klettern.
- Lassen Sie es auf kleinen Mäuerchen (zehn bis 20 cm hoch) balancieren. (Gegen Ende des Jahres kann die Mauer auch 30 bis 50 cm hoch sein.)
- An einem Mäuerchen kann Ihr Kind auch lernen, mit beiden Füßen gleichzeitig abzuspringen.
- Lassen Sie es von einem Mauervorsprung in Ihre Arme springen.
- Gehen Sie zu einem kleinen, steilen Abhang, den Ihr Kind auf allen vieren hinauf- und hinunterklettern kann. Bald wird es dort, auch ohne die Hände zu Hilfe zu nehmen, Gleichgewicht halten können.
- Lassen Sie Ihr Kind entlang einer geraden Linie (zum Beispiel einer Plattenreihe) gehen. Später soll es das auch mit geschlossenen Augen versuchen, hinterher vergleichen Sie beide dann die Abweichung.
- In einer Kiesgrube oder an einem Fluss können Sie Zielwerfen mit Steinen üben. Ihr Kind kann zum Beispiel auf ein Stück Holz oder einen alten Blechkübel Steine werfen (aus einer Entfernung von etwa zwei Metern).
- Auf einem freien Gelände kann Ihr Kind einen Stab (Spazierstock, Besenstiel) senkrecht

tragen, einmal mit angewinkelten Armen, dann mit hoch erhobenen Händen.
– Beim Ballspielen kann es den Ball abwechselnd mit dem linken und rechten Fuß vor sich her stoßen.

Die folgenden Tipps dienen dem Vertrautwerden mit dem Wasser, der wichtigsten Vorübung für das Schwimmen. Berücksichtigen Sie sie beim Baden Ihres Kindes. (Wie Sie mit Ihrem Kind schwimmen lernen, beschreiben wir im «Elternbuch 4».)

– Das Badewasser soll eine Temperatur zwischen 30 und 32 Grad haben (mit dem Thermometer messen!). Natürlich muss auch das Badezimmer angenehm warm sein. Zum Abschluss duschen Sie – möglichst nach Ankündigung und Zustimmung – Ihr Kind mit kälterem Wasser (zwischen 17 und 20 Grad) ab, damit sich die Poren der Haut schließen und um es abzuhärten (geben Sie Ihrem Kind ein positives Beispiel: Wenn Sie selbst sich kalt abduschen, geben Sie lieber fröhliches Prusten von sich als Zähneklappern und Jammern).
– Bleiben Sie sicherheitshalber immer im Badezimmer, wenn Ihr Kind in der Wanne sitzt. Es könnte passieren, dass es mal mit der Nase ins Wasser fällt und sich dann vor lauter Schreck nicht selbst wieder hochstemmt.
– Lassen Sie warmes Wasser nachlaufen, wenn sich das Badewasser zu sehr abgekühlt hat. Dabei wird Ihr Kind mit strömendem Wasser vertraut, es kann mit Wellen, Spritzern und Luftblasen spielen. Verwenden Sie die Dusche als «Regen» oder (vorsichtig) als «Springbrunnen» (Springbrunnen wird ihm besonders gefallen – das kann allerdings zu einer beachtlichen Überschwemmung führen).
– Zum Baden gehören unbedingt ein paar Spielsachen: Wassertiere, Schiffchen, Becher, eine wasserfeste Puppe usw.
– Wenn Ihr Kind sich in der Wanne sicherer fühlt, können Sie den Wasserspiegel erhöhen. Lassen Sie es zwischendurch auf dem Bauch liegen, spielen Sie mit ihm «Wassergießen», «Schaumschlagen», «Planschen», «Sturm am Meer» usw.
– Seien Sie großzügig und lassen Sie Ihr Kind auch heftig in der Wanne herumspritzen. Sie können ja vorher ein großes Tuch auf den Boden legen, das die Überschwemmung aufnimmt. Bei der Spritzerei macht sich das Kind am besten mit dem Element Wasser vertraut. Denn da-

bei lernt es, dass es gar nicht so schlimm ist, wenn auch mal was ins Gesicht oder in die Augen geht – es findet das dann meist sogar lustig!

– Setzen Sie sich ab und zu selbst in die Wanne zu Ihrem Kind und spielen Sie mit ihm!

Ab zwei Jahren und vier Monaten

In diesem Alter begeistern sich Kinder noch kaum für klassische gymnastische Übungen, wie zum Beispiel Kniebeugen oder Liegestütze. So etwas ist einfach zu langweilig für sie. (Und den Nutzen können sie ja noch nicht erfassen.) Doch jede Gymnastik macht Spaß, wenn sie mit einem Spielgegenstand verbunden ist, zum Beispiel mit einem Ball. Denn dann konzentriert sich das Kind ganz auf den Gegenstand (den Ball) und merkt gar nicht, dass es dabei ein beachtliches körperliches Training absolviert.

Die meisten Ballspiele lassen sich nach Geschwindigkeit, Schwierigkeit und Zeitdauer leicht steigern. Sie können sie also einerseits dem Können Ihres Kindes anpassen, es dabei aber andererseits zu jeweils neuen Aufgaben herausfordern. Fangen Sie immer mit einer Übung an, die leicht für Ihr Kind ist. Dann steigern Sie die Schwierigkeit der Aufgaben langsam, und zwar immer nur so, dass es Ihrem Kind noch Spaß macht. Das ist in der Regel der Fall, wenn ihm die Aufgabe gelingt, wenn es sich bei der zweiten und dritten Wiederholung schon sicher fühlt und später nur selten einen Fehler macht. Beobachten Sie deshalb seine Reaktionen.

Ihren eigenen Ehrgeiz (in Bezug auf die sportlichen Leistungen Ihres Kindes) sollten Sie möglichst ganz unterdrücken. Wiederholen Sie lieber die einfachsten Spiele, anstatt das Kind zu schwierigen Übungen herauszufordern. Es braucht Ihre Anerkennung und Ihr Lob. Wenn ihm etwas gelingt, will es Ihre Freude darüber spüren. Doch wenn Sie stattdessen nur sagen: «Das hast du aber schon besser gekonnt!», verliert es leicht sein Selbstvertrauen. Es wird die Übung dann nicht mehr ohne Zwang wiederholen. Denn es will vor allem das Versagen vermeiden.

Die folgenden Spiele können Sie gut mit einem Ball machen, der etwa 15 bis 20 cm Durchmesser hat, schön bunt ist und gut springt:

– Sie sitzen Ihrem Kind gegenüber, beide mit gegrätschten Beinen. Rollen Sie den Ball zwischen sich

hin und her (Steigerung: größere Entfernung).

- Sie sitzen sich mit geschlossenen Beinen gegenüber. Lassen Sie den Ball zwischen sich einige Male rechts von den Beinen entlangrollen, dann links.
- Sie und das Kind legen sich flach auf den Bauch. Aus dieser Lage rollen Sie sich den Ball zu (Steigerung: größere Entfernung).
- Sie und Ihr Kind sitzen sich gegenüber und stützen die Hände hinter sich auf. Dann stoßen Sie sich den Ball gegenseitig mit den Füßen zu und stoppen ihn auch mit den Füßen.
- Ihr Kind macht eine Brücke, bei der es Hände und Füße auf den Boden aufstützt (zunächst Bauch zum Boden, später Rücken zum Boden), dann wird der Ball unter der Brücke durchgerollt.
- Ihr Kind steht mit dem Rücken zu Ihnen und rollt den Ball durch seine gegrätschten Beine

nach hinten. Sie, ebenfalls mit dem Rücken zum Kind, fangen ihn auf und rollen ihn aus der gleichen Stellung zurück.

- Sie und Ihr Kind stehen sich gegenüber und werfen sich gegenseitig den Ball zu. Beginnen Sie mit einer Entfernung von etwa einem Meter. Aber passen Sie auf, dass der Ball nie ins Gesicht des Kindes fliegt!
- Zeigen Sie Ihrem Kind, wie es den Ball hochwerfen und selbst fangen kann. Verzichten Sie darauf, Ihre eigenen Fangkünste am haushoch geworfenen Ball zu demonstrieren! Das würde Ihr Kind nur entmutigen. Werfen Sie ihn anfangs nicht höher als bis zum eigenen Kinn.
- Der Ball wird mit beiden Händen hoch über den Kopf genommen und weit nach vorn geworfen.
- Der Ball wird mit beiden Händen hochgehoben, vor die eigenen Füße geworfen und beim Hochspringen wieder aufgefangen. (Warten Sie mit dieser Übung so lange, bis Ihr Kind zugeworfene Bälle sicher fängt.)
- Stellen Sie einen Wäschekorb ein bis zwei Meter vor Ihrem Kind auf, und lassen Sie es den Ball hineinwerfen (Steigerung: größere Entfernung, kleinerer Korb).
- Sie und Ihr Kind nehmen je ei-nen Ball und halten ihn mit beiden Händen hoch über dem Kopf. Dann laufen Sie zweimal in großem Kreis hintereinander her, ohne den Ball zu verlieren.

Wiederholen Sie all diese Spiele nicht zu oft hintereinander, um das Kind nicht zu langweilen oder zu ermüden. Wechseln Sie deshalb zwischen den Anregungen.

Lassen Sie Ihr Kind auf Ihrem Rücken reiten. Wenn es sich erst einmal daran gewöhnt hat und auch Ihren Hals nicht mehr ängstlich umklammert, dürfen Ihre Bewegungen allmählich abwechslungsreicher und ausladender werden.

Setzen Sie das Kind auf Ihre Schultern, und laufen Sie so mit ihm hin und her. Sie können sich auch etwas vor- und zurückbeugen. Aber halten Sie dabei seine Hände immer gut fest, damit es sich sicher fühlt. Achten Sie darauf, dass Ihr Kind nirgends anstößt (Türrahmen, Lampen usw.)!

Umfassen Sie beide Handgelenke Ihres Kindes, und schwingen Sie es drei- bis fünfmal im Kreis herum (öfter nicht, denn Sie und das Kind werden sicher schwindlig dabei!). Sie können auch «Flieger» spielen, wenn Sie Ihr Kind an einem Arm und einem Bein (derselben Körperseite) festhalten. Natürlich brauchen Sie dafür viel Platz.

Lassen Sie Ihr Kind langsam Ihren Rücken herunterrutschen, während Sie es an den Händen halten. Zum Schluss können Sie es absetzen oder wieder hinaufziehen.

Spielen Sie «Schubkarre»: Sie fassen Ihr Kind oberhalb der Knie, und es läuft auf seinen Händen vorwärts (Strecke von zunächst einem auf etwa drei Meter steigern).

Zeigen Sie Ihrem Kind, wie man einen Purzelbaum macht. Anfangs braucht es eine kleine Hilfestellung dazu und eine Unterlage.

Ab zwei Jahren und sieben Monaten

Gehen Sie häufig zu Kinderspielplätzen. Es gibt zwar viel an den Plätzen und Geräten auszusetzen (Einengung der Kreativität, Starrheit im weitesten Sinn, «totes Material»). Doch für begrenzte Zeit bieten sie den Kindern gute Möglichkeiten für Körperbewegungen. Verzichten Sie also nicht auf Rutsche, Schaukel, Wippe, Rundlauf, Sandkasten, Kletterbogen und Kletterturm. Vielleicht haben Sie ja sogar das Glück, in der Nähe eines phantasievoll gestalteten Beispiels zu wohnen, oder Sie suchen einige Spielplätze im Wechsel auf. (Aber selbst dann sollten Sie zwischendurch immer wieder andere, anregende «Umwelten» aufsuchen, wo Ihr Kind spielen kann – Wiesen, Seeufer, einen Wald usw.)

Sicher interessiert sich Ihr Kind sehr bald für die Rutsche. Es schaut den anderen Kindern zu und beobachtet, was sie dort tun. Vielleicht will es gleich selbst hinaufklettern und von oben bis unten rutschen. Erlauben Sie ihm das nicht. Es muss erst langsam mit der Rutschbahn vertraut werden. Lassen Sie es zuerst nur kleine Stückchen vom unteren Ende herunterrutschen, und halten Sie es dabei unter den Armen fest. Erst nach mehrtägiger Vorbereitung darf es dann von ganz oben herunterrutschen. Und auch dabei müssen Sie anfangs danebenstehen. (Suchen Sie sich für diese Vorübungen eine Rutschbahn aus, an der nur wenige andere Kinder spielen.) Bleiben Sie beim Hinaufklettern hinter Ihrem Kind, damit Sie es bei einem Fehltritt auffangen können. Gut ist auch, wenn Sie

(oder ein Schulkind) ein paar Mal mitrutschen und das Kind festhalten.

Wahrscheinlich sind Sie anfangs ängstlicher als Ihr Kind. Lassen Sie sich jedoch nichts anmerken! Sie wollen ja sicher nicht, dass Ihr Kind von Ihnen die skeptische oder furchtsame Einstellung zu dem Gerät übernimmt! Seien Sie aber auch nicht leichtsinnig! Beobachten Sie Ihr Kind, und prüfen Sie, ob es alles richtig macht.

Wir haben die Rutsche nur als Beispiel herausgegriffen und Ihnen dabei das schrittweise Erkunden und Probieren nahe gelegt. Ähnlich können Sie bei allen anderen Geräten des Spielplatzes vorgehen. Wenn Sie sehen, dass Ihr Kind nur wenig Anleitung braucht, weil es die anderen Kinder gut beobachtet und ihr Verhalten übernimmt, beschränken Sie Ihre Hilfestellung auf das Mindestmaß. Aus der umsichtigen Lernweise bei einem Spielgerät erwirbt Ihr Kind Erfahrungen, die es teilweise auch auf andere Geräte überträgt. Zugleich muss daneben immer ein Spielraum für selbständiges Erforschen und Erproben bleiben.

Jetzt kann Ihr Kind ohne Schwierigkeiten mit einem Roller, einem Dreirad oder z. B. einem Tretauto umgehen. Diese Kinderfahrzeuge fördern die motorische Entwicklung sehr. Das Kind gewöhnt sich an einige Bewegungsabläufe, es automatisiert sie und steuert zugleich aktiv andere Muskelgruppen. Diese Mehrfachbeanspruchung sieht etwa so aus: Während die Füße gleichmäßig treten, beachtet das Kind den Gehweg, weicht Hindernissen aus, genießt das Fahrgefühl und hat trotzdem noch Augen für interessante Dinge, die sich ringsum ereignen.

Es ist nicht notwendig, dass Sie all diese Fahrzeuge kaufen. Sprechen Sie einmal mit Nachbarn oder Freunden, die ein Kind im gleichen Alter haben. Sicher sind sie bereit (und vielleicht positiv von Ihrem Vorschlag angetan), Ihrem Kind vorübergehend das Dreirad oder den Roller im Austausch mit einem Go-Kart oder Kinderfahrrad zu überlassen.

Vielen Kindern fällt es schwer, rechts und links zu unterscheiden. Eine der Schwierigkeiten beim Lernprozess liegt darin, dass Sie Ihrem Kind gewöhnlich gegenüberstehen: Ihre rechte Hand weist auf die linke Hand des Kindes.

Sie müssen sich also, wenn Sie von rechts und links reden, immer neben Ihr Kind stellen (oder hocken). Sonst wird es den Unterschied noch lange nicht begreifen. Halten Sie Ihren rechten Arm neben den rechten Arm des Kindes: «Das ist der rechte Arm.» Betonen Sie einige Zeit lang alle Dinge, die rechts sind: «Du malst gerade mit deiner rechten Hand!» – «Eben hast du Oma mit der rechten Hand begrüßt!» – «Du machst die Tür mit der rechten Hand auf!» usw.

Nach 14 Tagen machen Sie Ihr Kind mit dem Begriff links vertraut: «Ich trage meine Uhr am linken Arm.» – «Du bekommst auch eine Spielzeuguhr für deinen linken Arm.» – «Das Bild hängt links an der Wand.» Üben Sie dies zunächst wiederum zwei Wochen.

In der fünften Woche verwenden Sie beide Begriffe. Erst in der sechsten Woche sollten Sie testen, ob Ihr Kind wirklich Bescheid weiß: «Hebe bitte deine rechte Hand ganz hoch!» Wenn es richtig reagiert, sparen Sie nicht mit Lob. Wenn es den falschen Arm hochhebt, sprechen Sie zunächst zwei bis drei Wochen lang nicht mehr von «rechts» und «links». Von der Technik des Lernens her hilft die längere Pause aus zwei Gründen: zum einen werden falsch gelernte Zuordnungen vergessen («gelöscht»), zum anderen werden Überschneidungen vermieden. Nach der Pause beginnen Sie wieder langsam von vorn. Fragen Sie erst dann nach der linken Hand, wenn Ihr Kind die Frage nach der rechten immer richtig beantwortet.

Großen Erfolg können Sie bei Ihrem Kind mit einem Hindernislauf durch die ganze Wohnung ernten. (Sie müssen sich natürlich daran beteiligen!) Bauen Sie diese Hindernisse ein: einen Stuhl zum Durchkriechen, einen Stuhl zum Drübersteigen, einen Tisch zum Durchkrabbeln (in der Hocke), einen Sessel zum Durchrobben, einen Tisch, um den Sie zweimal herumgehen, einen Hocker zum Draufsteigen. Zwischendurch wird außerdem noch ein Purzelbaum gemacht, ein Stück auf allen vieren gekrochen, entlang einer geraden Linie (z. B. Teppichkante) balanciert, ein halb gefüllter Wassereimer getragen usw. Stellen Sie die Hindernisse so zusammen, dass alle Körperteile beansprucht werden. Ihr Kind übt bei diesem Spiel zusätzlich Kraft, Schnelligkeit, Gelenkigkeit, Koordination und Genauigkeit. Wiederholen Sie den Hindernislauf etwa alle zwei bis drei Wochen. (Er bietet auch bei einem

Kindergeburtstag eine Abwechslung!) Machen Sie alle Übungen des Parcours vor, und lassen Sie sie Ihr Kind gleich danach ausführen.

Ab zwei Jahren und zehn Monaten

Nun können Sie auch bei gemeinsamen Waldspaziergängen kleine Hindernisläufe einbauen. Setzen Sie sich ein Ziel, das Ihrem Kind verlockend erscheint: eine Hütte, einen Hochsitz, ein Wildgehege usw. Dann suchen Sie sich einen geeigneten hindernisreichen Weg dahin aus. Das könnte zum Beispiel dabei zu überwinden sein:

- durch einen Graben stapfen,
- über eine schmale Brücke gehen,
- auf einem Baumstamm balancieren,
- durch ein Gestrüpp kriechen,
- auf einen kleinen Berg steigen,
- auf einem Ast schaukeln,
- an einem kleinen Baum herumturnen.

Wenn der Weg nicht zu lang ist, wird sich Ihr Kind bei einem so abwechslungsreichen Spaziergang bestimmt nicht langweilen. Am Ziel muss es aber noch eine kleine Überraschung erleben. Vielleicht

können Sie mit ihm ein Pfeifchen schnitzen, einige besondere Baumwurzeln suchen, Vögel bei ihrem Nest beobachten usw.

Nehmen Sie sich ein Instrument, mit dem Sie gut einen Rhythmus angeben können: eine Trommel, einen Gong oder einen alten Kochtopf. Dann gehen Sie mit Ihrem Kind durch die Wohnung und richten Ihren Geh- und Musikrhythmus nach seinen Schritten. Wenn es gleichmäßig geht, wechseln Sie zu schnellerem oder langsamerem Gehen. Wenn auch das klappt, übernimmt allmählich das Instrument die Führung: Bitten Sie das Kind, genau zuzuhören («Bei jedem Schlag setzen wir einen Fuß auf!»). Auch dabei sollten Sie die Schrittgeschwindigkeit verändern.

Kann Ihr Kind schon mit beiden Beinen zugleich hüpfen? Von der untersten Treppenstufe oder einem Hocker springt es sicher schon. Aber zeigen Sie ihm auch, wie es vom Fußboden mit beiden Beinen zugleich abspringen kann. Gehen Sie in die Hocke «wie ein Frosch», pendeln Sie mit den Armen vor und zurück und springen Sie mit den wieder vorschwingenden Armen los. Ihr Kind macht Ihnen das bestimmt gern nach und wird es bald gelernt haben.

Üben Sie auch, wie man auf einem Bein «wie ein Storch» stehen kann, wie man mit dem rechten und linken Bein hochhüpfen kann, wie man mit beiden Beinen hochspringt, wie man auf Zehenspitzen stehen kann.

Ahmen Sie oft gemeinsam Tiere nach, die eine charakteristische Gehweise haben:

- hüpfen wie ein Frosch,
- sich schlängeln wie eine Schlange,
- stolzieren wie ein Hahn,
- huschen wie eine Maus,
- kriechen wie eine Schildkröte,
- stapfen wie ein Elefant,
- schreiten wie eine Giraffe,
- schleichen wie eine Katze,
- flattern wie ein Vogel.

Jetzt lernt Ihr Kind, «ich» zu sagen

Das Vertrauen in die eigenen Fähigkeiten ist eines der wichtigsten Lernziele der Ich-Entwicklung. Das Anspruchsniveau des Kindes richtet sich in der Regel nach der bevorzugten Bezugsperson; von ihr übernimmt es die Vorstellung, welche Anforderungen es bewältigen sollte. Wenn von ihm zu viel verlangt wird, entwickelt es ein überhöhtes Anspruchsniveau. Die Wahrscheinlichkeit für Misserfolge ist dann deutlich erhöht gegenüber einem den Leistungen angepassten Anspruchsniveau: Es kann sich kein Vertrauen in die eigene Leistungsfähigkeit bilden. Die Fähigkeit sinkt zusätzlich ab, weil das Kind nach häufigen Enttäuschungen und Misserfolgen nicht mehr mit allen Kräften an einer Aufgabe arbeitet. Stattdessen vergeudet es viel Energie mit Überlegungen wie «Werde ich das schaffen?», «Das schaffe ich ja doch nicht!» usw. Deshalb: Überfordern Sie Ihr Kind nicht!
Freuen Sie sich mit ihm, wenn es kleine Leistungen gut vollbringt. Das erhöht seine Leistungsfähigkeit durch Übung und Gewöhnung. Das Kind bekommt Vertrauen in das eigene Ich. Das ist eine wichtige Voraussetzung für ein emotional ausgeglichenes Erleben und Verarbeiten.

Ab zwei Jahren

Ihr Kind soll sich nun auch schon längere Zeit allein beschäftigen, es hat genügend Fähigkeiten und Fertigkeiten als Voraussetzung dazu entwickelt. Es genügt also, dass die Bezugsperson nur noch zeitweise anwesend ist.

Jeder erfolgreiche Versuch, sich selbst zu beschäftigen, stärkt die Selbständigkeit des Kindes. Es erfährt ein Gefühl der Befriedigung durch das Bewusstsein, dass es Situationen wunschgemäß verändern, gestalten bzw. durch Tätigkeiten

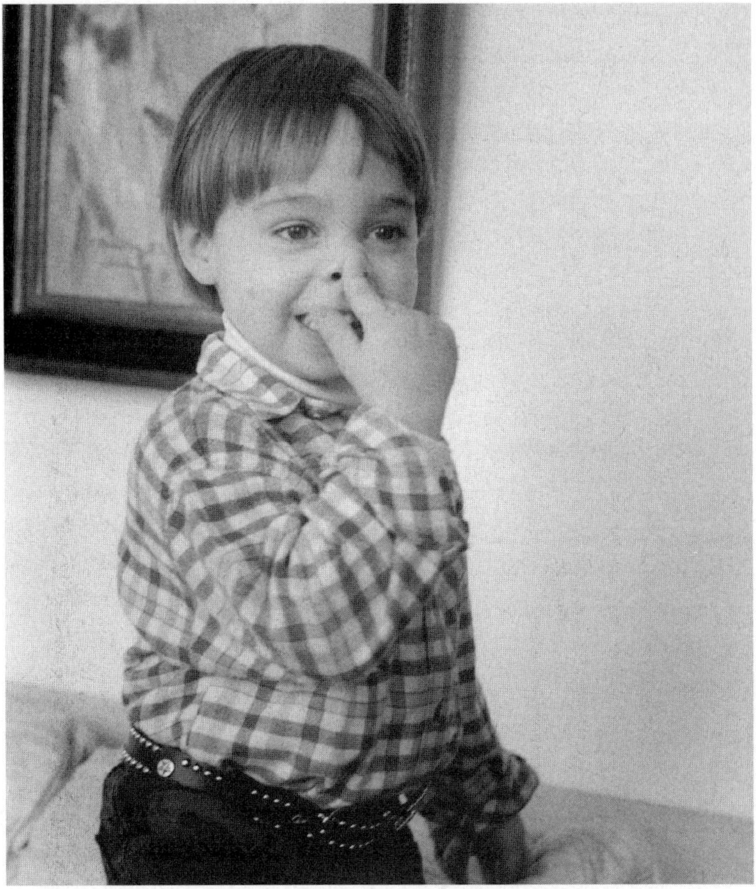

ausfüllen kann. Stören Sie diese Aktivitäten des Kindes so wenig wie möglich. Das heißt: Reißen Sie es nicht aus einem Spiel heraus, in das es sich vertieft hat. (Sie wollen ja auch nicht beim Lesen, Fernsehen oder bei der hauswirtschaftlichen Arbeit gestört werden!) Warten Sie z. B. lieber einmal mit einem Zwischenimbiss, bis Ihr Kind von sich aus seine Tätigkeit unterbricht.

Sie werden sein Spiel zwar nicht stören, wenn Sie das eine oder andere Spielzeug oder einen Gegenstand, mit dem Ihr Kind sein Spiel ergänzen kann, hinzugeben. Aber tun Sie das unauffällig. Ihr Kind will jetzt nicht einmal eine Bemerkung hören wie: «Das kannst du sicher gut gebrauchen» oder: «Willst du das haben?»

Solche intensiven Beschäftigungsphasen stellen gleichzeitig auch Selbstregulierungsphasen Ihres Kindes dar. Es kann während einer Beschäftigung von der vorangehenden ausruhen, es kann motorische Unruhe durch stille Tätigkeiten ausklingen lassen und umgekehrt.

Lassen Sie Ihr Kind den eigenen Lernfortschritt beobachten. Das trägt dazu bei, dass es sich ein Bild von sich selbst machen kann.

Sprechen Sie also darüber, was Ihr Kind gerade gelernt hat, zum Beispiel so: «Gestern konntest du noch nicht vom Stuhl herunterspringen, und jetzt geht es schon prima. Du hast es gelernt. Jetzt kannst du es!» Oder: «Vor einigen Wochen konntest du deinen Mantelknopf noch nicht aufmachen. Gerade hast du es getan. Du kannst es!» Wenn Sie solche Lernprozesse betonen, versteht Ihr Kind mehr und mehr, dass vieles auch im folgenden Zeitraum gelernt werden kann. Dieses Wissen bzw. das stabile Selbstbewusstsein und seine Selbständigkeit helfen ihm auch, gelegentliche Misserfolge leichter zu ertragen.

Seine Lernfortschritte können Sie Ihrem Kind auch einmal so verdeutlichen: Weisen Sie auf die Zukunft hin: «Wir lernen jetzt, wie man ein Buch Seite für Seite weiterblättern kann. Du wirst es auch gleich können. Schau, ich mache es so ...» Nach dem erfolgreichen Blättern Ihres Kindes sparen Sie nicht mit Anerkennung. Erinnern Sie es daran, dass es etwas zunächst nicht konnte, was es nun aber gelernt hat.

Aufgaben, die Ihr Kind noch nicht bewältigen kann (und auch noch längere Zeit nicht schaffen wird), sollten Sie nicht ausdrücklich betonen, um das Selbstbewusstsein Ihres Kindes nicht gleich wieder zu erschüttern. Lenken Sie sein Augenmerk hinsichtlich seiner Lernfortschritte besonders auf die kurz vor ihm liegende Zeitspanne, die es überblicken kann («heute Nachmittag», «morgen»).

Sein Wissen über sich selbst gründet sich beim Kind wesentlich auf Erfahrungen mit seinem Körper. So lernt Ihr Kind seinen Körper kennen:
- beim Baden in der Wanne,
- bei Spielen und Übungen aus dem Abschnitt «Gymnastik und Bewegung»,
- beim Liebkosen,
- indem über den Körper gesprochen wird.

Die spätere gezielte Sexualerziehung sollte Informationen über die beteiligten Gefühle einschließen und sich nicht nur auf die Anatomie beschränken.

Zeigen Sie Ihrem Kind gelegentlich einige ältere Fotos von ihm selbst, und lassen Sie es gleichzeitig in den Spiegel schauen. So kann es sich mit seinem früheren Aussehen vergleichen.

Lassen Sie Ihr Kind über festgelegte Dinge selbst bestimmen. Ihr Kind weiß mittlerweile, dass es sich selbst steuern kann, dass es sich gewissermaßen

selbst gehört. Aber seine Selbstinterpretation ist noch wenig gefestigt. Wenn Sie ihm zum Beispiel in energischem Ton einen Auftrag geben («Komm sofort her»), befolgt es ihn vermutlich, ohne das eigentlich zu wünschen; es ist also auch noch wesentlich durch Mutter oder Vater bestimm- bzw. manipulierbar. Sein Selbstverständnis wird gestärkt, wenn Sie wiederholt aufzählen, was ihm, was Ihnen allein, was Ihnen allen gehört. Sagen Sie dazu, dass es über seine eigenen Dinge selbst bestimmen kann. Damit erweitern Sie seinen Einflussbereich und auch sein Wissen darüber.

Ab zwei Jahren und sieben Monaten

Zeigen Sie Ihrem Kind den richtigen Umgang mit dem Fernsehangebot. Vielleicht übt der Fernseher schon jetzt eine magische Anziehungskraft auf Ihr Kind aus (vor allem, wenn Sie selbst häufig in seiner Gegenwart davor sitzen). Ihr Kind sollte in diesem Alter möglichst wenig fernsehen, vielmehr alle Anregungen und Erlebnisse durch den direkten Kontakt erfahren. Sogar Tiersendungen und pädagogisch betreute Kinderprogramme sind für diese Altersstufe nicht geeignet. (Wenn Sie selbst etwas sehen wollen und dies für Ihr Kind ungeeignet ist: Zeichnen Sie es per Video auf und sehen Sie es sich später an.)

Wenn sich Ihr Kind langweilt, erfinden Sie ein Spiel, oder greifen Sie zu den Entwicklungsanregungen. Es braucht dringend den aktiven Umgang mit seiner Umwelt. Wahrnehmen, Sprechen, Denken, Gedächtnis, Lernen, Wissen, Handeln, emotionales Verhalten usw. müssen ständig angeregt werden, wenn Ihr Kind alle seine Fähigkeiten entwickeln soll. Beim Fernsehen ist es lediglich passiver Zuschauer.

Ihr Kind kann nun schon kleine Aufträge ausführen: etwas zureichen, aufräumen, den Mantel aufhängen usw.
Geben Sie jeden Auftrag gut überlegt. Überzeugen Sie sich unmittelbar danach, ob er richtig ausgeführt wurde, und loben Sie Ihr Kind. Damit zeigen Sie ihm, dass es Sie richtig verstanden und die Sache gut gelöst hat. Außerdem sieht es durch Ihre Anerkennung, dass Sie den Auftrag für wichtig halten. Vermeiden Sie Kommentare wie: «Ich habe dir schon oft gesagt, du sollst …» Aber beginnen Sie auch nicht umständlich mit der Bemerkung: «Du würdest mir einen großen Gefallen tun, wenn du …» Geben Sie stattdessen jeden Tag einige gut verständliche Aufträge.

Helfen Sie Ihrem Kind, seine Gefühle zu entfalten

Ab zwei Jahren

Sicher haben Sie bei Ihrem Kind schon einige der folgenden Gefühlsäußerungen beobachten können: Liebe, Glück, Zuneigung, Freude, Neugier, Eifersucht, Neid, Wut, Angst. Es zeigt seine Gefühle natürlich anders als ein Erwachsener: Es stampft vielleicht heftig mit dem Fuß auf, es vergießt dicke Tränen bei Schmerzen oder einem plötzlichen Erschrecken.

Wenn so etwas vorkommt, sollten Sie mit ihm über die Ursache sprechen (also zum Beispiel klären, warum es aufstampfte usw.). Es konnte vermutlich einen eigenen Wunsch nicht verwirklichen, es wurde von Ihnen «überfahren», es versteht die Ablehnung seines Wunsches nicht. Es fasst sie vielleicht sogar als ein Zeichen mangelnder Liebe auf. Nur wenn Sie genau erklären, warum sein Wunsch nicht erfüllt werden kann, wird es Ihre Entscheidung (leichter) akzeptieren.

Wenn Sie eine Gefühlsäußerung richtig erkannt haben, können Sie gelegentlich mit Ihrem Kind darüber reden. Sagen Sie ihm, wie dieses Gefühl bezeichnet wird, und sprechen Sie mit ihm über die Ursache. So lernt es seine eigenen Verhaltensweisen genauer kennen. Das wird ihm später auch helfen, sich selbst zu steuern.

Durch genaues Beobachten des kindlichen Verhaltens merken Sie auch schnell, wenn sich Veränderungen anbahnen. Zeigen sich plötzlich mehr negative Reaktionen als positive, dann stimmt etwas nicht. Das heißt: Sie müssen dann Ihr eigenes Verhalten überprüfen. Vielleicht bringen Sie zu wenig Zeit zum Spielen auf, vielleicht hören Sie nicht genügend auf Ihr Kind, sondern schreiben ihm zu viel vor oder reden pausenlos auf es ein? Vielleicht hat es Schwierigkeiten mit den Geschwistern oder anderen Bezugspersonen? Vielleicht ist aber auch lediglich sein körperliches Wohlbefinden eingeschränkt. In jedem Fall müssen Sie dann die Situation so verändern, dass die positiven Gefühle wieder überwiegen. Das ist auch deshalb wichtig, weil alle neuen Eindrücke und Erlebnisse von den vorangegangenen mitbestimmt werden. So wird etwa ein normalerweise gefühlsneutrales Ereignis im einen Fall positiv aufgenommen, im anderen negativ. Negativ interpretierte Erlebnisse können das Kind auf die Dauer depressiv, missmutig und gefühlskalt machen. Positive Eindrücke verstärken dagegen eine positive Lebensgrundstimmung.

Entscheidend ist dabei nicht eine Einzelsituation. Erst viele ähnliche Erlebnisse im Verlauf einer größeren Zeitspanne prägen die Gefühle dauerhaft. Ein Beispiel zeigt Ihnen vielleicht etwas deutlicher, wie Sie mit Ihrem Kind nach einer Gefühlsäußerung sprechen können:
Das Kind will einen Vogel aus dem Käfig nehmen. Sie befürchten, dass er wegfliegt und nur schwer wieder einzufangen ist. Also gehen Sie nicht auf den Wunsch ein. Ihr Kind protestiert, weint, wird wütend. Sagen Sie dann zum Beispiel: «Hör bitte zu, ich will dir erklären, warum du den Vogel nicht herausnehmen kannst!» Vielleicht ist es noch nicht gleich bereit, Ihnen zuzuhören. Dann warten Sie, bis es sich ein wenig beruhigt hat, und versuchen es dann noch einmal: «Wenn der Vogel aus dem Käfig kommt, fliegt er davon. Wir können ihn nicht fangen, denn er ist viel schneller als wir. Wenn wir auf den Tisch steigen, um ihn von der Gardinenstange zu holen, sitzt er bereits wieder auf dem Schrank. Wenn jemand zur Tür hereinkommt, fliegt er hinaus ins Freie. Dann findet er den Rückweg nicht mehr. Er verhungert vielleicht draußen, weil er nicht gewohnt ist, sich die Nahrung selbst zu suchen. Wir möchten den Vogel aber doch behalten!» Spielen Sie eventuell die Szene vor. Auch das trägt dazu bei, dass Ihr Kind seine Wut ablegt. Es sieht ein, dass Ihr Verbot nicht willkürlich war, sondern einen Sinn hatte.

Viele Gefühle und die Art, sie zu zeigen, erfährt Ihr Kind, wenn es andere Menschen beobachtet: Es sieht im täglichen Umgang mit Ihnen, welche Ereignisse auf Sie zukommen und wie Sie sich dabei verhalten – ob Sie den Vorfall gelassen hinnehmen, unruhig sind, sich aufregen, wütend werden usw.

Es ist eine gute Regel für Sie, nur dann stärkere Gefühlsäußerungen zu zeigen, wenn Ihr Kind den Anlass oder Grund dafür einsehen kann. Sonst nimmt es an, dass Ihr Verhalten völlig unmotiviert ist. Es würde den Eindruck bekommen, dass Gefühlsäußerungen unberechenbar, zufällig und willkürlich sind. Ihr Kind soll vielmehr lernen, bei bestimmten Ursachen angemessen emotional zu reagieren. Denn dann können andere Menschen sein Verhalten leichter deuten und richtig auf seine Äußerungen reagieren. Machen Sie Ihrem Kind also verständlich, warum Sie selbst sich in bestimmten Situationen so und nicht anders verhalten. Es wird all das sehr schnell auffassen und lernen. Wenige gute Beispiele, Hinweise und Erklärungen reichen aus, damit Ihr Kind das unterschiedliche Verhalten seiner Mitmenschen zu interpretieren lernt.

Ein gutes Hilfsmittel zum Verständnis von Gefühlsäußerungen sind Kinderbücher und Bilderbücher mit kurzen Texten. Lesen Sie eine Geschichte vor, in der zum Beispiel ein trauriges oder wütendes, lachendes oder neugieriges Kind beschrieben wird, und sprechen Sie über den Grund seines Verhaltens und über seine Gefühle.

Die Distanz zu den Ereignissen macht Ihrem Kind das Verständnis leichter. Es ist ja nicht selbst in den Konflikt verwickelt. Suchen Sie Beispiele für die verschiedenen Gefühle. Damit fördern Sie zugleich auch sein soziales Verhalten. Denn Gefühlsäußerungen sind ja mit die wichtigsten Signale im Umgang mit anderen Menschen.

Oft kommen in Kinderbüchern auch Tiere vor, die menschliche Gefühle zeigen. Ein Hase ist «traurig» oder «weint» sogar, ein Vogel singt «glücklich» usw. Vermeiden Sie solche Geschichten als Beispiel. Ihr Kind bekommt sonst vom Verhalten eines Tieres einen falschen Eindruck. Und außerdem geht es ja um menschliche Verhaltensweisen; das Beispiel von Tieren wäre also ein unnötiger Umweg.

Lassen Sie Ihrem Kind genügend Zeit, angemessene Gefühlsäußerungen zu entwickeln. Das heißt: Kritisieren Sie es niemals, wenn es Gefühle zeigt. Sagen Sie also nie: «Du musst doch nicht so wild herumhüpfen, wenn du dich freust!» oder «Sei doch nicht so wütend!»

Sie können die Gefühlsäußerungen höchstens beeinflussen, indem Sie

über den Anlass sprechen (oder abwarten). Nehmen Sie sich deshalb immer die Zeit, nach dem Grund zum Beispiel des Ärgers oder des Wutausbruchs zu fragen, und suchen Sie dann nach einer befriedigenden Lösung. Sie kann manchmal schon einfach darin bestehen, dass Sie Ihr Verbot sachlich begründen, bis Ihr Kind es versteht. Das trägt dazu bei, dass es mit der Zeit verständiger reagiert. Vermeiden Sie aber Scheinargumente wie: «Draußen ist es heute viel zu kalt!» (Sie könnten Ihr Kind ja wärmer anziehen ...) Schon bald durchschaut es Täuschungsmanöver. Und dann wird es beginnen, Sie hinters Licht führen zu wollen!

Vor allem ein Gefühl müssen Sie sehr sorgfältig beobachten: die Angst. Zeigt Ihr Kind tatsächlich nur bei begründeten Anlässen Angst? Ist es zu ängstlich? Fragen Sie sich dann, ob Sie es ständig aus eigener übertriebener Ängstlichkeit warnen («Nein, da kannst du herunterfallen!» – «Lauf nicht so schnell, sonst fällst du hin!» – «Nein, das kann brechen!»). Üben Sie lieber aktiv mit ihm, wie es Gefahren vermeiden kann («Wenn du auf den Baum klettern willst, musst du dich mit dieser Hand an dem Ast festhalten und den Fuß dorthin stellen!»). Dabei müssen Sie jedoch die Angst Ihres Kindes ernst nehmen und dürfen es nicht überfordern. Nach mehreren Hinweisen und Tipps macht Ihr Kind dann keinen Fehler mehr. Es wird sicher und erlebt seinen Erfolg. Natürlich dürfen Sie selbst auch nicht unbegründete Angst zeigen oder gleich einen Schreckensruf ausstoßen, wenn etwa ein Messer vom Tisch fällt …

Häufig werden Sie bei Ihrem Kind ganz unangemessene Reaktionen feststellen – übermäßige Gereiztheit, Unruhe, Nervosität, Aufregung, Aggressivität oder mehrere Wutausbrüche hintereinander. Das ist dann wahrscheinlich ein Zeichen dafür, dass es übermüdet oder überfordert ist. Oft hilft dann schon das Angebot eines Fruchtsaftes oder einiger Kekse, eines Apfels oder einer kleinen Schnitte Brot. Wenn Ihr Kind darauf nicht eingeht und auch nicht ins Bett will, können Sie kaum etwas anderes tun als abwarten (oder es mit einer Geschichte oder einem Bilderbuch unterhalten). Es kommt jedenfalls leichter über den Spannungszustand hinweg, wenn von ihm dann weniger Aktivität gefordert wird.
Bedenken Sie auch Ihre eigene Rolle bei solchen Reaktionen Ihres Kindes. Nehmen Sie sich genügend Zeit, spielen Sie gern mit ihm, lassen Sie sich etwas einfallen? Sie wissen ja: Ihr Kind braucht nicht nur Raum und Nahrung, sondern Ihre Anregungen.

So findet Ihr Kind Kontakt zu anderen Menschen

Ab zwei Jahren

Die folgende erste Anregung richtet sich nur an Eltern, die mehrere Kinder haben. Denn es geht um das Verhalten der Geschwister untereinander – und um Ihren Einfluss darauf. Natürlich wollen Sie, dass sich Ihre Kinder verstehen, dass sie miteinander spielen und dass sie zusammenhalten. Doch wie lässt sich das erreichen? Vermeiden Sie die wichtigsten Anlässe, die zum Streit zwischen Geschwistern führen:

- Kein Kind darf bevorzugt werden. Die Geschwister fühlen sich dadurch natürlich zurückgesetzt und zeigen dies durch Aggressivität gegenüber dem Lieblingskind.
- Zärtlichkeiten sollten auf alle gleichmäßig verteilt sein, nicht nur z. B. dem Jüngsten, dem Sohn, der Tochter gelten.
- Vergeben Sie nicht Pflichten und Aufgaben mit den Worten: «Du bist doch schließlich älter und vernünftiger!»
- Ältere Kinder übernehmen oft nur ungern Babysitter-Dienste, bzw. sie akzeptieren nur ungern die Ablehnung eigener Wünsche zugunsten des jüngeren Kindes. Geben Sie stattdessen immer wieder Anregungen zu gemeinsamen Aktivitäten.
- Spielen Sie mit allen Kindern gemeinsam (zum Beispiel mit Bausteinen oder mit Puppen usw.), und geben Sie dabei jedem die Tipps, die seinem Alter und Entwicklungsstand entsprechen. So gewöhnen sich die Kinder daran, längere Zeit ohne Konflikte miteinander zu spielen.
- Bitten Sie jedes Kind gelegentlich, dem anderen ein Spielzeug abzugeben. Sie müssen dabei natürlich diplomatisch vorgehen und dürfen keinesfalls Druck auf die Kinder ausüben. Fragen Sie höchstens zweimal hintereinander, ob ein Kind bereit ist, etwas

abzugeben oder zu verleihen. Wenn es das ablehnt, versuchen Sie es zu einem späteren Zeitpunkt wieder. Auf diese Weise leiten Sie Ihre Kinder langsam dazu an, später auch ganz von sich aus Spielsachen auszutauschen.

- Lassen Sie die Kinder nicht zu lange allein im Zimmer, damit kein größerer Streit ausbrechen kann. Wenn sie schon länger ohne Ihr Dabeisein friedlich zusammen gespielt haben, können Sie die unbeaufsichtigten Spielphasen verlängern.
- Geben Sie Ihren Kindern Anregungen wie: «Ich mache euch einen Vorschlag. Du fährst mit dem Lastwagen Bauklötze zum Bauplatz. Und du baust damit einen Turm!» Auch wenn Ihre Kinder einen derartigen Vorschlag nur ganz kurz aufgreifen, haben Sie viel erreicht. Die Kinder erfahren, dass man in einem Spiel verschiedene Tätigkeiten übernehmen kann, die sich ergänzen. Und sie verlieren vorübergehend das Interesse daran, nun unbedingt mit dem Spielzeug des anderen spielen zu wollen.
- Beschäftigen Sie die Geschwister auch einzeln in Ihrer unmittelbaren Umgebung (in der Küche, beim Aufräumen, beim Autowaschen usw.). Jedes der Geschwister braucht auch Ihre persönliche Ansprache, um sich geliebt und verstanden zu wissen.

Selbstverständlich müssen Sie auch den Altersabstand berücksichtigen. Nur wenn er etwa ein bis zweieinhalb Jahre beträgt, können Sie in diesem Alter erwarten, dass die Kinder auch längere Zeit miteinander spielen wollen – sonst sind die unterschiedlichen Interessen so ausgeprägt, dass es zu wenig Chancen für gemeinsame Aktivitäten gibt. In Ausnahmefällen spielen allerdings auch Geschwister mit größerem Altersabstand miteinander.

Erweitern Sie die Erfahrungen Ihres Kindes mit Erwachsenen. Bisher kennt es wahrscheinlich niemanden so gut wie Vater und Mutter. Nutzen Sie von nun an jede Gelegenheit, bei der es Freunde, Bekannte und Verwandte besser kennen lernen kann. Dazu gehört zum Beispiel, dass es sich während eines Besuchs im gleichen Raum wie die Erwachsenen aufhält und dort spielen kann. So kann es den Gesprächen zuhören und gleichzeitig ein Gefühl dafür bekommen, wie Erwachsene miteinander umgehen. (Wenn Sie nur allein mit Ihrem Kind sprechen, erfährt es diese Art des Dialogs

CAFE
Puerto Plata

nicht.) Lassen Sie Ihr Kind auch gelegentlich mit anderen Erwachsenen allein, wenn es sie schon kennt und mag.

Bitten Sie Besucher ruhig, einmal die Aufsicht zu übernehmen und sich für kurze Zeit mit dem Kind zu beschäftigen. Vielleicht kann der Erwachsene auch etwas allein tun, bei dem Ihr Kind nur interessiert zuschaut: eine Handarbeit, die Pfeife stopfen, einen Film in den Fotoapparat einlegen, ein Möbelstück streichen usw. Natürlich wird es all die Dinge besonders spannend finden, die es bei Ihnen bisher nicht beobachten konnte. Dabei werden Ihre eigenen Verhaltensweisen ein wenig relativiert, es erfährt, dass sich nicht alle Erwachsenen so verhalten wie Sie. Nach vielen Erfahrungen mit anderen kann es sich dann an einer breiten Verhaltenspalette orientieren und das daraus übernehmen, was ihm gemäß ist.

Ab zwei Jahren und sieben Monaten

Erweitern Sie die sozialen Erfahrungen Ihres Kindes nun auch systematisch durch den Kontakt mit anderen Kindern. Das ist nicht nur sehr wichtig, wenn es keine Geschwister hat. Auch Kinder mit Geschwistern sollten Kinder aus anderen Familien kennen lernen. Im Spiel mit Kindern seines Alters und bei gemeinsamen Beschäftigungen lernt Ihr Kind:

- Auch andere Kinder erleben mit ihren Handlungen und Verhaltensweisen Freude, Erfolge und Misserfolge.
- Ihr Kind kann sich in die Gruppe und in die Situation anderer Menschen einbezogen fühlen. So erlebt es, dass es nicht jederzeit von seinen Eltern abhängig ist. Es entfaltet mehr Eigeninitiative oder lässt sich durch andere Kinder anregen. Durch den Erfolg fühlt sich das Kind in seiner Verhaltensweise bestärkt und bekommt Selbstvertrauen. Es ist deshalb auch wichtig, dass es nicht nur mit einem (zum Beispiel dominierenden) Kind zusammenkommt, sondern unterschiedliche Erfahrungen machen kann. So lernt es am besten, die eigenen Interessen mit denen des Spielpartners abzustimmen.
- Ihr Kind ist durch die Überlegenheit eines Erwachsenen immer eingeengt. Er lenkt es durch Worte, durch seine Spielvorschläge usw. (Andererseits wäre es falsch und unnatürlich, wenn er «auf Kind» machen würde. Außerdem würde das Kind unsicher in der Interpretation dessen,

was Erwachsensein bedeutet und einschließt.) In einer gleichaltrigen Kindergruppe fällt diese Überlegenheit weg; das entlastet es psychisch.
- Ihr Kind lernt früh, sich auf die Interessen anderer einzustellen. Geben und Nehmen können dabei sehr häufig wechseln: Einmal nimmt Ihr Kind einem anderen etwas aus der Hand, dann wird ihm etwas weggenommen. Ein anderes Mal gibt es freiwillig etwas her und bekommt etwas auf Wunsch. Zustimmung, neutrales Verhalten und Ablehnung erfährt Ihr Kind auch durch Worte unmittelbar von einem gleichaltrigen Spielgefährten und kann dann sein eigenes Verhalten leichter darauf einrichten.
- Die soziale Rolle Ihres Kindes wird nicht vorschnell festgelegt. Es bleibt flexibel, da es sich oft auf verschiedene Verhaltensweisen einstellen muss. In den nächsten Jahren kann es sich dank seiner unterschiedlichen Erfahrungen auf eine Rolle einpendeln, die ihm gemäß ist: eine Rolle, die soziales Verhalten gegenüber anderen bewusst einbezieht, ohne dabei eigene Wünsche und Interessen ganz aufzugeben.

Damit Ihr Kind diese verschiedenen Lernziele erreichen kann, braucht es also gleichaltrige Spielgefährten. Wenn Sie keine Familie mit Kindern kennen, sollten Sie auf dem Spielplatz andere Eltern ansprechen. Erklären Sie ihnen, warum Sie den Kontakt zwischen Kindern für wichtig halten. Anfangs sollten noch Elternteile von beiden Kindern dabei sein, wenn Sie sich in Ihrer oder der anderen Wohnung treffen. Erst wenn die Kinder sich aneinander gewöhnt haben und gut zusammen spielen, gehen die Erwachsenen in ein anderes Zimmer.

Nach einer Weile sehen Sie (und der andere Elternteil) dann auch, ob Sie vermisst werden. Beim nächsten Mal kann der Elternteil, der zu Besuch ist, schon fragen, ob er kurz weggehen kann. Er sollte nicht heimlich fortgehen, weil die Enttäuschung groß ist, wenn das Kind die Abwesenheit bemerkt und es damit nicht einverstanden ist.

Wenn sich die Kinder aneinander und an die Trennung von den Eltern gewöhnt haben, können Sie sie gut ein- bis zweieinhalb Stunden allein in der anderen Familie spielen lassen.

Beobachten Sie die Kinder beim Spielen, und greifen Sie ruhig ein, wenn ein Streitfall von den Kindern nicht richtig gelöst werden kann (wenn also droht, dass sich eines zu sehr in seinen Zorn hineinsteigert, wenn es aggressiv wird oder sich weinend zurückzieht). Zeigen Sie den Kindern immer wieder, wie man sich aufeinander abstimmen kann, indem man Spielsachen gleichmäßig verteilt oder austauscht. Gerechtes Tauschen und Teilen sind mit die wichtigsten demokratischen Spielregeln, die Ihr Kind schon jetzt einüben kann. Werden Sie nicht müde, die Kinder immer wieder dazu anzuleiten, bis sie dies von selbst als eine befriedigende Lösung ansehen.

Gegen Ende des dritten Lebensjahres können Sie verschiedene Rollenspiele vorschlagen, die Ihr Kind mit Ihnen oder mit anderen Kindern spielt, zum Beispiel:

- Der Briefträger bringt Post.
- Wir kaufen ein.
- Es kommt Besuch.
- Wir fahren Straßenbahn.
- Ein Polizist regelt den Verkehr.

Übersichten

Trotz der munteren Belastung scheint dieser Vater sich einen guten Überblick zu bewahren und das Gleichgewicht zu halten.

Gewicht und Größe

Die Bedeutung von Körpergewicht und Körpergröße sollte nicht überschätzt werden – lassen Sie sich also nicht beunruhigen, wenn Ihr Kind gesund ist, aber von den angegebenen Werten abweicht!

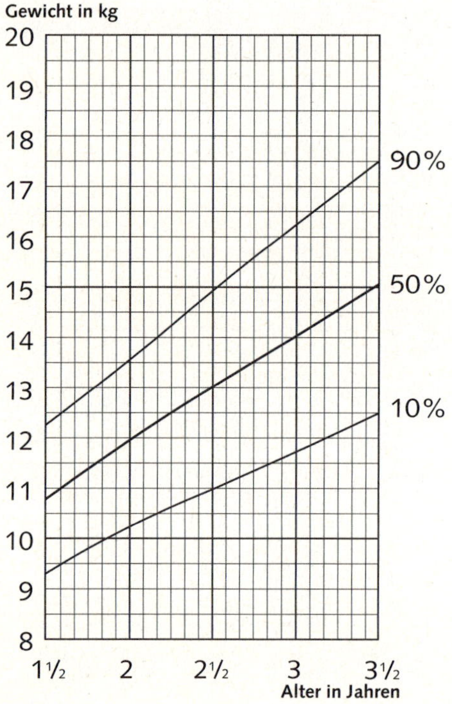

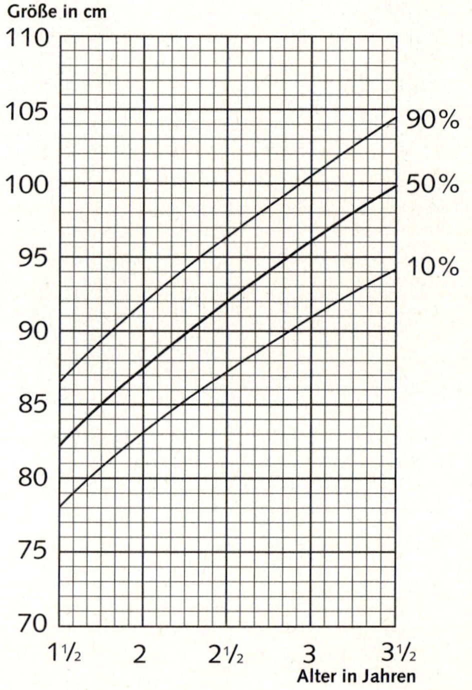

Wachstumskurven für Mädchen

Gewicht und Körpergröße sollten einander möglichst entsprechen. Die Abbildungen *(nach: Kinderarzt 10, 11: 1979, 1980)* zeigen die altersentsprechende Gewichts- und Größenverteilung mit Perzentilen (Prozentkurven) für jeweils 10, 50 und 90 Prozent aller Mädchen und Jungen.

Bitte lesen Sie die Perzentilangaben wie folgt: Wenn Ihr Kind mit seinen Körpermaßen genau dem Durchscnitt der Gleichaltrigen entspricht, liegen seine Werte auf der 50%-Linie; 50 Prozent der Kinder liegen dann mit ihren Werten darüber, 50 Prozent darunter. Lesen Sie die 10%- und die 90%-Linie entsprechend.

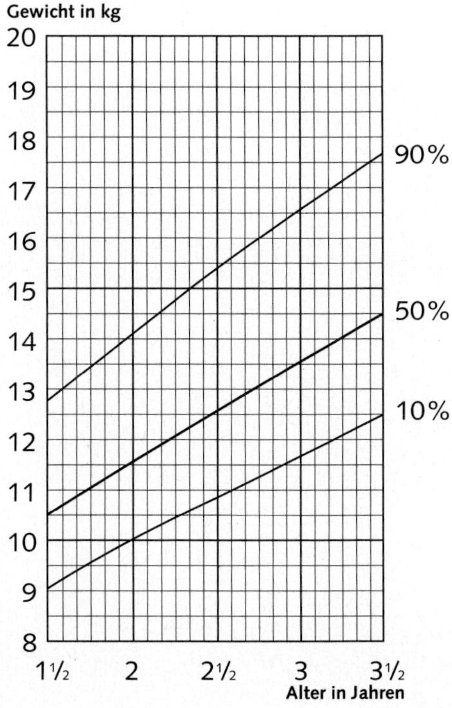

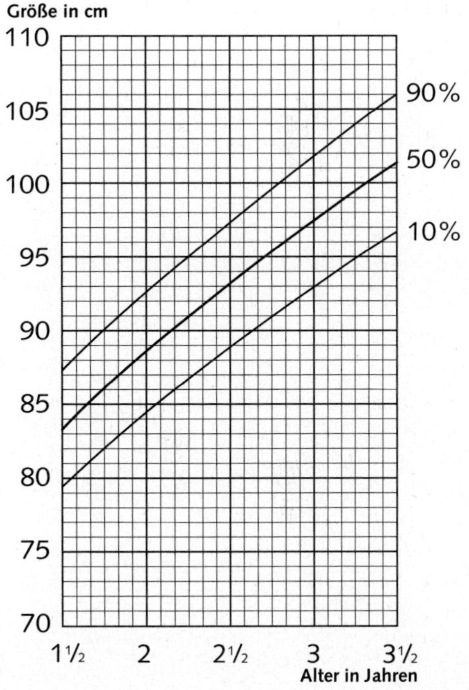

Wachstumskurven für Jungen

Literatur

Adam, D. und P. Stoll: Elternschule. Baierbrunn 1990

Arbeitsausschuss Kinderspiel + Spielzeug e.V.: Das Spielzeugbuch. 22. Verzeichnis des spiel gut ausgezeichneten Spielzeugs. Ulm 1998

Arbeitsausschuss Kinderspiel + Spielzeug e.V.: Gutes Spielzeug von A-Z. Ratgeber für Spiel und Spielzeug. Ulm 1997

Biddulph, S.: Das Geheimnis glücklicher Kinder. München 1998

Biddulph, S.: Weitere Geheimnisse glücklicher Kinder. München 1999

Bornhaupt, B. v. und K. Hurrelmann: Kinder im Streß? Weinheim 1991

Brezinka, W.: Erziehungsziele in der Gegenwart. Donauwörth 1984

Bundesministerium für Bildung und Forschung (Hg.): Grund- und Strukturdaten 1998/99. Bonn 1998

Callenbach, E.: Billig leben mit Stil. Hamburg 1995

Collange, Ch.: Die Wunschfamilie. Düsseldorf 1995

Conrad, K. G.: Unsere Kinder – unsere Zukunft. Zur gesellschaftlichen Verantwortung von Familie und Erziehung. Heidelberg 1998

Cramm, D. von: Kochen für Kleinkinder. München 1999

Daas, B.: Was mein Kind essen soll. Reinbek 1999

Dauber, H.: Lernfelder der Zukunft. Perspektiven humanistischer Pädagogik. Bad Heilbrunn 1997

Davidson, A. und R. Davidson: Lust aufs Leben. Was Eltern ihren Kindern mitgeben können. Reinbek 1998

Deutsches Jugendinstitut e.V. (Hg.): Was für Kinder. Aufwachsen in Deutschland. Ein Handbuch. München 1993

Deutsches Jugendinstitut e.V. (Hg.): Wie geht's der Familie? Ein Handbuch zur Situation der Familien heute. München 1988

Düsseldorfer, E. (Hg.): Das große Buch der Kinderspiele. Niedernhausen 1994/95

Ebert, S. (Hg.): Zukunft für Kinder. Grundlagen einer übergreifenden Politik. München 1991

Einon, D.: Spielen – Lernen – Fördern. München 1998

Elmadfa, I., W. Aign und D. Fritzsche: GU-Nährwert-Kompass 1988/89. München 1988

Ernst, A., V. Herbst, K. Langbein, Ch. Skalnik (Hg.): Kursbuch Kinder. Köln 1993

Erziehung für das 21. Jahrhundert. Werte – Wissen – Fähigkeiten im Informationszeitalter. Würzburg 1999

Flitner, A.: Reform der Erziehung. Impulse des 20. Jahrhunderts. München 1999

Frankfurter Frauenschule e. V. (Hg.): Geschlecht und Kindheit. Königstein 1997

Giesecke, H.: Einführung in die Pädagogik. Weinheim 1999

Grüneisl, G. und W. Zacharias: Die Kinderstadt. Eine Schule des Lebens. Handbuch für Spiel, Kultur, Umwelt. Reinbek 1989

Gudjons, H.: Pädagogisches Grundwissen. Bad Heilbrunn 1999

Harnack, G.-A. von und B. Koletzko (Hg.): Kinderheilkunde. Berlin 1997

Hentig, H. von: Bildung. Ein Essay. München 1996

Hoehl, M. und P. Kullik (Hg.): Kinderkrankenpflege und Gesundheitsförderung. Stuttgart 1998

Holtmeier, H.-J.: Gesunde Ernährung von Kindern und Jugendlichen. Stuttgart 1986

Holtmeier, H.-J.: Diät bei Übergewicht und gesunde Ernährung. Stuttgart 1986

Hurrelmann, K. und G. Unverzagt: Kinder stark machen für das Leben. Herzenswärme, Freiräume und klare Regeln. Freiburg 1999

Katalyse-Umweltgruppe Köln e. V. (Hg.): Chemie in Lebensmitteln. Köln 1991

Katalyse e.V. – Institut für angewandte Umweltforschung (Hg.): Kinderernährung. Köln 1998

Kaufmann-Huber, G.: Kinder brauchen Rituale. Ein Leitfaden für Eltern und Erziehende. Freiburg 1998

Keller, H.: Lehrbuch Entwicklungspsychologie. Bern 1998

Kovacs, H. und S. Linder: Kinderkrankheiten erkennen und behandeln. Ravensburg 1996

Largo, R. H.: Kinderjahre. Die Individualität des Kindes als erzieherische Herausforderung. München 1999

Leach, P.: Die ersten Jahre deines Kindes. Bern 1998

Lewin, K., R. Lippitt und R. K. White: Patterns of aggressive behavior in experimentally created social climates. Journal of Social Psychology. 1939 (10), 271–299

Liebenow, H.: Konsequenz – Wie Eltern lernen, was Kinder brauchen. Reinbek 1999

Liebich, D.: Mit Kindern richtig reden. Wirksam erzählen, ermahnen, erklären. Freiburg 1998

Maget, F. u. a. (Hg.): Wie fest ist das soziale Netz? München 1994

Merkens, H. von und F. Schmidt (Hg.): Sozialisation und Erziehung in ausländischen Familien in Deutschland. Tutzing 1997

Miller, A.: Am Anfang war Erziehung. Frankfurt a. Main 1987

Montessori, M.: Erziehung zum Menschen. Montessori-Pädagogik heute. Stuttgart 1997

Montessori, M.: Kinder sind anders. München 1999

Neill, A. S.: Das Prinzip Summerhill. Fragen und Antworten, Argumente, Erfahrungen, Ratschläge. Reinbek 1971

Nitsch, C.: Babys liebevoll fördern. Wie die Eltern die Entwicklung ihres Kindes spielerisch unterstützen. München 1999

Nitsch, C.: Bloß nicht alles richtig machen. Vom partnerschaftlichen Umgang mit Kindern. Reinbek 1998

Oerter, R. und L. Montada (Hg.): Entwicklungspsychologie. München, Weinheim 1995
Pacher, W.: Wenn Kinder keine Grenzen kennen. Konflikte lösen ohne Machtanwendung. Freiburg 1999
Petermann, F. (Hg.): Lehrbuch der klinischen Kinderpsychologie. Erklärungsansätze und Interventionsverfahren. Göttingen 1998
Petersen, G.: Kinder unter 3 Jahren in Tageseinrichtungen. Band 1: Grundfragen der pädagogischen Arbeit in altersgemischten Gruppen. Köln 1988
Pfaffenberger, R. und M. Schattanik: Kindererziehung im Alltag leichter gemacht. Ein Praxisbuch für Eltern und ErzieherInnen: Erziehung durch Ermutigung. Oldenburg 1998
Pighin, G.: Kindern Werte geben – wann und wie? Halt und Orientierung als Lebensgrundlage. München 1998
Preuschoff, G.: Von 0 bis 3. Alltag mit Kleinkindern. Köln 1998
Purves, L.: Die Kunst, (k)eine perfekte Familie zu sein. München 1996
Richter, H.-E.: Patient Familie. Entstehung, Struktur und Therapie von Konflikten in Ehe und Familie. Reinbek 1994
Robb, J. und H. Letts: Clevere Kids fallen nicht vom Himmel. Auch Lernen will gelernt sein. München 1998
Rost, B. und A. Otten: Ernährung im Kindesalter. Stuttgart 1998
Schaare, J.: Erziehung zur Autonomie. Neuwied 1998
Schäfer, G. E.: Bildungsprozesse im Kindesalter. Weinheim 1995
Schneewind, K. A. u. a.: Familienpsychologie. Stuttgart 1991
Schoenebeck, H. von: Unterstützen statt erziehen. Themensammlung. Münster 1997
Schreiber, M.: Linkshändige Kinder (I) und (II). Kindergarten heute. 1988 (18), 4, 172–176 und 1988 (18), 5, 19–24
Shapiro, L.: EQ für Kinder. Wie Eltern die Emotionale Intelligenz ihrer Kinder fördern können. München 1998
Sichtermann, B.: Vorsicht Kind. Eine Arbeitsplatzbeschreibung für Mütter, Väter und andere. Berlin 1998
Speck, O.: Chaos und Autonomie in der Erziehung. Erziehungsschwierigkeiten unter moralischem Aspekt. München 1997
Staatsinstitut für Frühpädagogik (Hg.): Situationseinheiten für die Praxis. Einführung. Donauwörth 1984
Statistisches Bundesamt (Hg.): Datenreport 7. Zahlen – Fakten über die Bundesrepublik Deutschland 1995/96. Landsberg am Lech 1997
Stein, A.: Wenn Kinder aggressiv sind. Wie wir verstehen und helfen können. München 1997
Tausch, R. und A. M. Tausch: Erziehungspsychologie. Begegnung von Person zu Person. Göttingen 1998
Textor, M. R.: Familien: Soziologie, Psychologie. Eine Einführung für soziale Berufe. Freiburg i. Breisgau 1991
Veith, P.: Eltern nehmen Kinder ernst. Die 7-Schritte-Methode zur Lösung von Familienkonflikten nach Rudolf Dreikurs. Freiburg 1998
Wendt, D.: Entwicklungspsychologie. Eine Einführung. Stuttgart 1997

Wild, R.: Sein zum Erziehen. Mit Kindern leben lernen. Freiamt 1998
Wild, R.: Kinder wissen, was sie brauchen. Freiburg 1998
Wisskirchen, H.: Die wiederentdeckte Erziehung. Kinder suchen Autorität und Orientierung. München 1997
York, U.: Nachschlagen statt Zuschlagen. Erziehungsfragen auf einen Blick. Reinbek 1997
Zimmer, K.: Wenn Eltern laufen lernen. Von der Säuglingspflege bis zur Lösung von Erziehungsproblemen. München 1998
Zimmer, R.: Handbuch der Bewegungserziehung. Freiburg 1996
Zimmer, R.: Handbuch der Sinneswahrnehmung. Grundlagen einer ganzheitlichen Erziehung. Freiburg 1998

Zeitschriften

Aktuelle Informationen zu Gesetzesänderungen, Neuerungen im Bereich Gesundheitswesen usw., aber auch weitere Entwicklungsanregungen sind unter anderem den letzten Jahrgängen folgender Zeitschriften zu entnehmen:

Spielen und Lernen. Beilage: spiel mit. Für alle Kinder, die gern spielen und lernen. Velber Verlag GmbH (Hg.)
ELTERN. Gruner & Jahr (Hg.)
Kinderzeit. Sozialpädagogische Blätter. Pestalozzi-Fröbel-Verband und B & B GmbH. Paderborn
Kindergarten heute. Zeitschrift für Erziehung im Vorschulalter. Verlag Herder GmbH & Co. KG (Hg.)
klein & groß. Lebensorte für Kinder. Die Fachzeitschrift für Erzieherinnen und sozialpädagogische Fachkräfte. Hermann Luchterhand Verlag GmbH. Neuwied
Unsere Kinder. Fachzeitschrift für Kindergarten- und Kleinkindpädagogik. Österreichische Caritaszentrale (Hg.)

Informationen der Bundesregierung und der Bundesministerien:

Bei den Pressestellen des Bundes und der Ministerien gibt es eine große Anzahl von Broschüren, Faltblättern usw., die Kinder und Eltern betreffen. Diese Informationen sind weitgehend kostenlos erhältlich (einige Monate vor Wahlen dürfen die meisten Broschüren nicht mehr abgegeben werden, weil sie als Werbung für die regierenden Parteien aufgefasst werden könnten). Schreiben Sie an das entsprechende Ministerium und lassen Sie sich von dort eine Bestellliste der Broschüren zusenden, danach wählen Sie die gewünschten Informationsschriften anhand dieser Übersicht.
Bei den öffentlichen Dienststellen, im Jugendamt, im Finanzamt usw. können Sie auch oft einzelne Broschüren bekommen. Einige Beispiele sind im Folgenden genannt:

Bundesministerium für Familie, Senioren, Frauen und Jugend (10117 Berlin, Glinkastr. 18–24 – Tel. 030–2065550)
- Staatliche Hilfen für Familien
- Erziehungsgeld. Erziehungsurlaub
- Mutterschutzgesetz
- Das Leben vor der Geburt
- Eltern werden aktiv
- Signale sehen – Hilferufe hören. Keine Gewalt gegen Kinder

– Eine Hilfe für Alleinerziehende
– Zurück in den Beruf

Bundeszentrale für gesundheitliche Aufklärung, BZgA (51101 Köln – wegen vieler Anfragen: nur schriftliche Bestellung ohne Postfach- oder Straßenangabe! Tel. 0221–899920)
– Kinderspiele
– Unsere Kinder
– Sicherheitsfibel. Ratgeber für Eltern zur Verhütung von Kinderunfällen
– Impfkalender
– Entwicklungskalender
– Gesundheitskalender

Presse- und Informationsamt der Bundesregierung, Berlin (Postfach 080115, 10001 Berlin, Tel. 030–22440 / Broschürenstelle: 030–22441615)
– Informationen für Familien
– Informationen für Frauen
– Bau- und Wohnfibel

Bundesministerium für Justiz (Heinemannstr. 6, 53175 Bonn, Tel. 0228–580)
– Ehe- und Familienrecht
– Gemeinsam leben ohne Trauschein
– Betreuungsrecht

Bildquellen

Baumgart, Ursula: S. 13, 66, 86, 87, 234
Berger, Stella: S. 8, 10/11, 28, 31, 32/33, 35, 44, 46, 54/55, 77, 78, 124, 126, 185, 219, 222, 227, 228, 232
Diekmeyer, Ulrich: S. 23, 49, 60, 71, 96/97, 103, 111, 112, 131, 150, 154/155, 159, 160, 164, 182, 192, 208, 216, 219, 233, 238, 241
Fiebig, Jochen: S. 1, 41, 68, 158, 175, 209, 225
Pfeiffer, Gerd: S. 18/19, 116, 128/129, 197, 201, 242/243
Wild, Katharina: S. 7, 24, 51, 85, 99, 101, 111, 166, 167, 181

Die Firma Treffpunkt Wagner, Papeterie – Büro – Geschenke – Spiel, Olching bei München, Hauptstr. 20, hat uns freundlicherweise Artikel für Fotos leihweise zur Verfügung gestellt.

Register